U0117312

中国文化史

柳诒徵 著

中

吉林人民出版社

第二十七章　诸子之学

子者，男子之通称，非书名也。

《白虎通》："子者，丈夫之通称也。"

以人之称称其书，殆始于申不害。

《史记·老子韩非列传》："申子之学，本于黄、老而主形名。著书二篇，号曰《申子》。"

按《史记》载诸子之书，或称其篇，或称其书，或称其著书。如《管晏列传》论"吾读管氏《牧民》、《山高》、《乘马》、《轻重》、《九府》及《晏子春秋》，详哉其言之也"；《老子传》"于是老子乃著书上下篇，言道德之意五千余言而去"；《庄子传》"其著书十余万言，大抵率寓言也"之类，未尝言其书号曰某子，惟《申子传》称其号曰《申子》，似申子著书之时，即号曰《申子》。

至汉刘向校诸子，刘歆作《诸子略》，于是百家之学，专以子名。

《汉书·艺文志》："成帝时，诏光禄大夫刘向校经传诸子诗赋。向子歆卒父业，有《诸子略》。"

至《隋书·经籍志》遂有子部之目，

> 《隋书·经籍志》："《汉书》有诸子、兵书、数术、
> 方伎之略，今合而叙之，为十四种，谓之子部。"

其名虽不当，今亦无以易之也。《七略》所列诸子，始于神农、黄帝，其书既多出于伪托，亦不称子。称子之书，最古者以《鬻子》为首，次则《管子》、《晏子》、《老子》诸书。

> 《汉书·艺文志》："《鬻子》二十二篇。《鬻子说》
> 十九篇。"

按小说家尚有《务成子》十一篇，似先于《鬻子》，然志已称其非古语，故以《鬻子》为称子之书之首。

此皆后人追题，非当时即称为某子也。自春秋以降，其书益多，且多称某子，至秦、汉而渐衰，则谓诸子之书，以战国为最盛可也。

诸子之学，各有家法，主奴是非，言人人殊。以今所传诸书考之，自战国及西汉学者评论诸子之说甚夥。如：

> 《孟子·滕文公》："杨朱、墨翟之言盈天下，天下
> 之言，不归杨，则归墨。杨氏为我，是无君也；墨氏兼
> 爱，是无父也。无君无父，是禽兽也。"《尽心》："杨
> 子取为我，拔一毛而利天下，不为也；墨子兼爱，摩顶
> 放踵利天下，为之。"

则专论杨子、墨子者也。

　　《庄子·天下篇》："墨翟、禽滑釐之意则是，其行则非也。……虽然，墨子真天下之好也，将求之不得也，虽枯槁不舍也。才士也夫！""宋钘、尹文周行天下，上说下教，虽天下不取，强聒而不舍也。故曰上下见厌而强见也。虽然，其为人太多，其自为太少。""慎到之道，非生人之行，而至死人之理，适得怪焉。田骈亦然，学于彭蒙，得不教焉。……其所谓道非道，而所言之韪，不免于非。彭蒙、田骈、慎到不知道。虽然，概乎皆尝有闻者也。""关尹、老聃乎！古之博大真人哉！""庄周以谬悠之说，荒唐之言，无端崖之辞，时恣纵而不傥，不以觭见之也。以天下为沉浊，不可与庄语。以卮言为曼衍，以重言为真，以寓言为广。独与天地精神往来，而不敖倪于万物，不谴是非，以与世俗处。其书虽瑰玮而连犿无伤也。其辞虽参差而諔诡可观。""惠施多方，其书五车，其道舛驳，其言也不中。""桓团、公孙龙辩者之徒，饰人之心，易人之意，能胜人之口，不能服人之心，辩者之囿也。惠施日以其知与人之辩，特与天下之辩者为怪，此其柢也。"

则遍论墨翟、禽滑釐、宋钘、尹文、慎到、田骈、彭蒙、关尹、老聃、惠施、桓团、公孙龙诸子，而兼述周之所独得者也。

　　《荀子·非十二子篇》："纵情性，安恣睢，禽兽行，不足以合文通治；……是它嚣、魏牟也。忍情性，綦溪利跂，苟以分异人为高，不足以合大众，明大分；……是陈仲、史䲡也。不知壹天下建国家之权称，上功用，大俭约而僈差等，曾不以容辨异、县君臣，……是墨翟、宋钘也。尚法而无法，不循而好作，上则取听于上，下则取从于俗，终日言成文典，反纟川察之，则偶然无所归宿，不可以经国定分；……是慎到、田骈也。不法先王，不是礼义，而好治怪说，玩琦辞，甚察而不惠，辩而无用，多事而寡功，不可以为治纲纪；……是惠施、邓析也。略法先王而不知其统，犹然而材剧志大，闻见杂博。案往旧造说，谓之五行，甚僻远而无类，幽隐而无说，闭约而无解。……子思唱之，孟轲和之，……是则子思、孟轲之罪也。"《解蔽篇》："墨子蔽于用而不知文，宋子蔽于欲而不知得，慎子蔽于法而不知贤，申子蔽于势而不知知，惠子蔽于辞而不知实，庄子蔽于天而不知人。"

则杂论它嚣、魏牟、陈仲、史鳅、墨翟、宋钘、慎到、田骈、惠施、邓析、子思、孟轲、申不害、庄周诸家者也。

《韩非子·显学篇》："世之显学，儒、墨也。儒之所至，孔丘也。墨之所至，墨翟也。自孔子之死也，有子张之儒，有子思之儒，有颜氏之儒，有孟氏之儒，有漆雕氏之儒，有仲良氏之儒，有孙氏之儒，有乐正氏之儒。自墨子之死，有相里氏之墨，有相夫氏之墨，有邓陵氏之墨。故孔、墨之后，儒分为八，墨离为三，取舍相反不同，而皆自谓真孔、墨，孔、墨不可复生，将谁使定世之学乎？"

则论孔、墨二家，兼及其徒之传其学者也。

　　《吕氏春秋·不二篇》："老聃贵柔，孔子贵仁，墨
　　翟贵廉，关尹贵清，子列子贵虚，陈骈贵齐，阳生贵
　　己，孙膑贵势，王廖贵先，兒良贵后。"

则论老聃、孔子、墨翟、关尹、列子、田骈、杨朱、孙膑、王
廖、兒良诸子，而各以一字揭其主义者也。

　　《淮南子·要略》："孔子修成康之道，述周公之
　　训，以教七十子。使服其衣冠，修其篇籍，故儒者之学
　　生焉。""墨子学儒者之业，受孔子之术，以为其礼烦扰
　　而不说，厚葬靡财而贫民，久服伤生而害事，故背周
　　道而用夏政。""齐桓公忧中国之患，苦夷狄之乱，欲
　　以存亡继绝，崇天子之位，广文、武之业，故管子之
　　书生焉。""齐景公内好声色，外好狗马……故晏子之
　　谏生焉。""六国诸侯……力征争权……故纵横修短生
　　焉。""申子者，韩昭釐之佐。韩，晋别国也……晋国之
　　故礼未灭，韩国之新法重出……新故相反，前后相缪；
　　百官背乱，不知所用，故刑名之书生焉。""秦国之俗，
　　贪狠强力，寡义而趋利，可威以刑而不可化以善。可劝
　　以赏而不可厉以名……故商鞅之法生焉。"

则论孔子、墨子、管子、晏子、申子、商子及纵横长短之学之
发源也。综而观之，诸家所论，自孔、老、管、晏、史鳍、关
尹、邓析之外，皆战国时之学者。按其学派，则子思、孟轲，儒
家也，列子、杨朱、庄周，道家也，墨翟、禽滑釐，墨家也，慎
到、申不害、商鞅，法家也，尹文、惠施、公孙龙，名家也，孙
膑、兒良，兵家也。其学派不明，而可以其并举之人推测者，如

《庄子》以宋钘、尹文并举，《荀子》以墨翟、宋钘并举，则宋钘之学，兼有墨家、名家之性质矣。《庄子》以田骈、彭蒙与慎到并举，《荀子》亦以田骈与慎到并举，则田骈、彭蒙为法家矣。它嚣、魏牟，不知为何家，杨倞谓魏牟即《艺文志》道家之公子牟，则它嚣疑亦近于道家。桓团与惠施、公孙龙并称，亦名家也。王廖与兒良并称，亦兵家也。惟陈仲子见于《荀子》，亦见于《孟子》，而其学派无可归附耳。

诸子所论之外，则有《史记》诸子之传，老、庄、申、韩、商君等既各有传，而《孟子荀卿列传》中，复杂举驺衍、淳于髡、环渊、接子、驺奭、剧子、李悝、尸子、长卢、吁子等人，而谓世多有其书。

> 《史记·孟子荀卿列传》："自驺衍与齐之稷下先生，如淳于髡、慎到、环渊、接子、田骈、驺奭之徒，各著书言治乱之事。""赵有公孙龙，为坚白同异之辩，剧子之言；魏有李悝尽地力之教；楚有尸子、长卢；阿之吁子焉。自如孟子至于吁子，世多有其书，故不论其传云。"

是又孟、荀、庄、吕，刘安所未论列，而其学皆能成家者也。然诸子所指斥及称道者，既各挟己见，未足尽当时之学派；史公作传，又以世有其书，略而不详。欲知战国诸子之学之大纲，及其源流派别，舍刘歆《诸子略》及班固所述为《艺文志》者，蔑有更备焉。予尝就《艺文志》所引诸书，国别而家析之，以期推见当时风气之梗概，为表如后。

下表皆确有国籍可考。其仅知为六国时人之书，不能定为何国何人者，如：

〔儒家〕《景子》三篇。《公孙尼子》二十八篇。《王孙子》一篇。《李氏春秋》二篇。

〔道家〕《黄帝君臣》十篇。《杂黄帝》五十八篇。《力牧》二十二篇。《孙子》十六篇。《王狄子》一篇。《宫孙子》二篇。

〔阴阳家〕《公梼生终始》十四篇。《公孙发》二十二篇。《乘丘子》五篇。《容成子》十四篇。《将巨子》五篇。

〔墨家〕《我子》一篇。《随巢子》六篇。《胡非子》三篇。

〔农家〕《神农》二十篇。《野老》十七篇。

综计诸家之书，凡七十九家，千二百四十三篇。而屈原、宋玉之词赋，孙膑、吴起之兵法，尚不与焉。何战国时人之著作，若是之盛欤！以作者言，则儒家为多；以篇章言，则阴阳家多；以国籍言，则齐人为多。而卫有商君，韩有韩非子，作者虽少，已足为其国光。辜榷诸邦，惟燕最逊，庞煖之书，合之兵家所载，仅得五篇，今亦不传（《艺文志》兵权谋十三家中，有《庞煖》三篇）。燕为晚进之国，其文化劣于中土，即此可见矣。

《庄子》谓诸子之学出于古之道术，《艺文志》称诸家皆出于官守，其言至当而不可易。其个人师授之源流，亦略可考见。墨子师史角之后。

《吕氏春秋·当染篇》："鲁惠公使宰让请郊庙之礼于天子，桓王使史角往，惠公止之。其后在于鲁，墨子学焉。"

又有得于儒家，禽滑釐受业于子夏，

> 《史记·儒林传》："如田子方、段干木、吴起、禽
> 滑釐之属，皆受业于子夏之伦，为王者师。"

（按史称子夏之伦，未必即为子夏。孙诒让之《墨子间诂》谓其与田子方、段干木、吴起受业于子夏，故仍之。若以吴起为例，则当为曾子弟子，非子夏弟子也。）后又学于墨子，

> 《吕氏春秋·当染篇》："禽滑釐学于墨子。"

而为墨家大师。孟子受业子思之门人，

> 《史记·孟子传》："轲，邹人也。受业子思之
> 门人。"

其门人有孟仲子，兼学于李克，授《诗》于根牟子，递传至荀卿。史但称荀卿"游学于齐"，

> 《史记·荀卿传》："荀卿，赵人，年五十始来游学
> 于齐。"

而不言其所师何人。实则荀卿之学，远承子夏，近承孟子。其《非十二子篇》之诋孟子、子夏，及论性恶与孟子相反，犹之墨翟、禽滑釐同出于儒家，而其后自立学派，后极诋孔子也。（按荀卿之师，自根牟子之外，又有虞卿、穀梁俶、馯臂子弓诸人。刘向《别录》云："左丘明授曾申，曾申授吴起，起授其子期，

国别\家别	儒家	道家	阴阳家	法家	名家	墨家	纵横家	杂家	小说家
周	宁越一篇						苏子三十一篇		
鲁	曾子十八篇 子思子二十三篇 漆雕子十三篇 孟子十一篇 宓子十六篇					墨子七十一篇	阙子一篇	尸子二十一篇	
卫				商君二十九篇					
郑		列子八篇 郑长者一篇	冯促十三篇	申子六篇					
宋	徐子四十二篇	庄子五十二篇			惠子一篇				
韩			黄帝泰素二十篇 杜文公五篇	韩子五十五篇					
魏	魏文侯六篇 李克七篇	公子牟四篇	闾丘子十三篇	李子三十二篇			张子十篇	尉缭子二十九篇	
赵	孙卿子三十三篇 虞氏春秋十五篇			处子九篇 慎子四十二篇	公孙龙子十四篇 毛公九篇	田俅子二篇			
齐	世子十八篇 公孙固一篇 鲁仲连子十四篇	黔娄子四篇 田子二十五篇 捷子二篇	邹子四十九篇 邹子终始五十六篇 邹奭子十二篇 周伯十一篇		尹文子一篇				
秦	羊子四篇				成公生五篇 黄公四篇		零陵令信一篇	吕氏春秋二十六篇	
楚	世子二十一篇（注）	鹃子十三篇 长卢子十九篇 鹖冠子一篇	南公三十一篇				庞煖二篇		
燕									

注：世子、陈人，其时陈已亡，故属于楚。

期授楚铎椒，椒作《钞撮》八卷授虞卿，卿作《钞撮》九卷授孙卿，卿授张苍。"是荀卿受《左传》于虞卿也。杨士勋《穀梁疏》云："穀梁子，名俶，字元始，一名赤，鲁人。受经于子夏，为经作传，授孙卿，卿传鲁人申公。"是荀卿受《穀梁传》于穀梁子也。荀卿书累称仲尼、子弓，自唐韩愈以为子弓即《仲尼弟子列传》之馯臂子弓。）苏秦、张仪俱事鬼谷先生，

> 《史记·苏秦传》："苏秦者，东周雒阳人也。东事师于齐，而习之于鬼谷先生。"《史记·张仪传》："张仪者，魏人也。始尝与苏秦俱事鬼谷先生，学术，苏秦自以不及张仪。"

鬼谷先生不知为何人，据应劭说，为六国时纵横家。

> 《史记集解》（裴骃）：骃按《风俗通义》："鬼谷先生，六国时纵横家。"

世多以从横之术为仪、秦所倡，观《史记·吴起传》及苏秦之言，则秦之先已有驰说纵横者。

> 《史记·吴起传》："要在强兵，破驰说之言从横者。"《史记·苏秦传》："说赵肃侯曰：夫衡人者，皆欲割诸侯之地以予秦。……又夫衡人日夜务以秦权恐愒诸侯。"

鬼谷先生之为纵横家，当非悬测之言也。商君师尸佼，

　　《汉书·艺文志》中《尸子》二十篇注："名佼，
鲁人。秦相商君师之。鞅死，佼逃入蜀。"王应麟曰：
"《史记》：'楚有尸子。'注引刘向《别录》：'疑谓其
在蜀。'今按《尸子》书，晋人也，名佼，秦相卫鞅客
也。鞅谋事画计，立法理民，未尝不与佼规也。商君被
刑，佼恐并诛，乃逃入蜀，造二十篇书，凡六万余言。"
王先谦曰："注'鲁'乃'晋'之讹。"

韩非师荀卿，

　　《史记·韩非传》："非与李斯俱事荀卿，自以为不
如非。

而二人者皆不说学，

　　《商子·农战篇》："境内之民皆化而好辩乐学；
事商贾，为技艺，避农战。如此，则不远矣。""虽有
《诗》、《书》，乡一束，家一员，独无益于治也。"《去
强》："国有礼、有乐、有诗、有书、有善、有修、有
孝、有悌、有廉、有辩。国有十者。上无使战，必削之
亡；国无十者，上有使战，必兴至王。"
　　《韩非子·五蠹篇》："今境内之民，皆言治，藏
商、管之法者家有之，而国愈贫，言耕者众，执耒者寡
也。境内皆言兵，藏孙、吴之书者家有之，而兵愈弱，
言战者多，被甲者少也。""乱国之俗，其学者则称先王
之道，以藉仁义，盛容服，而饰辩说，以疑当世之法，
而贰人主之心。其言古者，为设诈称，借于外力，以成

其私，而遗社稷之利……此邦之蠹也。"《显学篇》："藏书策，习谈论，聚徒役，服文学而议说，世主必从而礼之，曰：'敬贤士，先王之道也。'夫吏之所税，耕者也，而上之所养，学士也。耕者则重税，学士则多赏，而索民之疾作而少言谈，不可得也。"

故亦无弟子传其学。杨朱师老聃，

《列子·黄帝篇》："杨朱南之沛，老聃西游于秦，邀于郊。至梁而遇老子。老子中道仰天而叹曰：'始以汝为可教，今不可教也。'杨朱不答。至舍，进涫漱巾栉，脱履户外，膝行而前曰：'向者夫子仰天而叹曰：始以汝为可教，今不可教。弟子欲请，夫子辞行不闲，是以不敢。今夫子闲矣，请问其过。'老子曰：'而睢睢而盱盱，而谁与居？大白若辱，盛德若不足。'杨朱蹴然变容曰：'敬闻命矣。'"

列子师壶丘子、老商氏，

《列子·黄帝篇》："有神巫自齐来，处于郑，命曰季咸，知人生死、存亡、祸福、夭寿，期以岁、月、旬、日，如神。郑人见之，皆避而走。列子见之而心醉，而归以告壶丘子曰：始吾以夫子之道为至矣，则又有至焉者矣。"《仲尼篇》："子列子既师壶丘子林。"《黄帝篇》："列子师老商氏，友伯高子。进二子之道，乘风而归。"《仲尼篇》："子列子学也，三年之后，心不敢念是非，口不敢言利害，始得老商一眄而已。五年之后，心更念是非，口更言利害，老商始一解颜而笑。七年之后，从心之所念，更无是非，从口之所言，更无利害。夫子始一引吾并席而坐。九年之后，横心之所念，横口之所言，亦不知我之是非利害欤？亦不知彼之是非利害欤？外内进矣，而后眼如耳，耳如鼻，鼻如口，口无不同。心凝形释，骨肉都融；不觉形之所倚，足之所履，心之所念，言之所藏。如斯而已。"

其弟子甚多，

《列子·仲尼篇》："子列子而与南郭子连墙，二十年不相谒请；……门之徒役，以为子列子与南郭子有敌，不疑。有自楚来者，问子列子曰：'先生与南郭子奚敌？'子列子曰：'南郭子貌充心虚，耳无闻，目无见，口无言，心无知，形无惕。往将奚为？虽然，试与汝偕往。'阅弟子四十人同行。"《天瑞篇》："子列子适卫，食于道。从者见百岁髑髅，攓蓬而指。顾谓弟子伯丰曰：唯予与彼知而未尝生未尝死也。"

然《列子》多寓言，亦未必可尽信。

《列子·黄帝篇》："杨朱南之沛，遇老子。"注："杨朱不与老子同时，此皆寓言也。"

要而论之，战国时传授学术者，犹以齐、鲁为多，子思、孟子、尸佼之类，皆鲁人也。苏秦、张仪、荀卿俱至齐游学，而荀卿在齐最为老师。

《史记·荀卿传》："齐襄王时，而荀卿最为老师。齐尚修列大夫之缺，而荀卿三为祭酒焉。"

《列子》称齐、鲁多机，明其时齐、鲁人材独多矣。

《列子·仲尼篇》："伯丰子之从者曰：大夫不闻齐、鲁之多机乎？有善治土木者，有善治金革者，有善治声乐者，有善治书数者，有善治军旅者，有善治宗庙者，群才备也。"

诸子之学之影响及于当时者，其初以墨学为最盛，南被楚、越，

《墨子·鲁问篇》："楚惠王将攻宋，墨子自鲁至郢止之。""子墨子游公尚过于越，公尚过说越王，越王大说。谓公尚过曰：'先生苟能使子墨子至于越而教寡人，请裂故吴之地方五百里以封子墨子。'"

西及秦国，

《吕氏春秋·去宥篇》："东方之墨者谢子，将西见秦惠王，惠王问秦之墨者唐姑果。"

故其时有东方之墨者，西方之墨者，南方之墨者。

《庄子·天下篇》："相里勤之弟子五侯之徒，南方之墨者，苦获、己齿、邓陵子之属。"

世称为显学，且曰其言盈天下，而其后遂日微。今之论者，谓由于儒家、法家反对其说，及墨家诡辩太微妙之故。吾以为别有三因焉。

一则刻苦太过，不近人情。

《庄子·天下篇》："墨翟、禽滑釐之意则是，其行则非也。将使后世之墨者，必自苦以腓无胈、胫无毛，相进而后已矣。乱之上也，治之下也。"

一则互相猜忌，争为巨子。

《庄子·天下篇》："南方之墨者……倍谲不同，相谓别墨，以坚白同异之辩相訾，以觭偶不仵之辞相应，以巨子为圣人，皆愿为之尸，冀得为其后世，至今不决。"《吕氏春秋·去宥篇》："唐姑果恐王之亲谢子贤于己也，对曰：'谢子，东方之辩士也。其为人甚险，将奋于说以取少主也。'王因藏怒以待之。谢子至，说王。王弗听，谢子不说，遂辞而行。"

一则骛外徇名，易为世夺。

《吕氏春秋·上德篇》："墨者巨子孟胜，善荆之阳城君。阳城君令守于国，毁璜以为符，约曰：'符合听之。'荆王薨，群臣攻吴起，兵于丧所。阳城君与焉，荆罪之。阳城君走，荆收其国。孟胜曰：'受人之国，与之有符，今不见符而力不能禁，不能死，不可。'其弟子徐弱谏曰：'死而有益阳城君，死之可矣。无益

413

也，而绝墨者于世，不可。'孟胜曰：'不然。吾于阳城君也，非师则友也，非友则臣也。不死，自今以来，求严师，必不于墨者矣；求贤友，必不于墨者矣；求良臣，必不于墨者矣。死之，所以行墨者之义，而继其业者也。我将属巨子于宋之田襄子。田襄子，贤者也，何患墨者之绝世也！'徐弱曰：'若夫子之言，弱请先死以除路。'还殁头前于孟胜，因使二人传巨子于田襄子。孟胜死，弟子死之者八十三人，二人以致令于田襄子，欲反死孟胜于荆。田襄子止之，曰：'孟子已传巨子于我矣。'不听，遂反死之。"

此皆其骤盛于一时，而卒不能不同化于他派之故，不可专病异己者之排击也。墨学衰而法家、纵横家大盛。商君之威严，殆有过于今之督军。

　　《史记·商君传》："君之出也，后车十数，从车载甲，多力而骈胁者为骖乘，持矛而操闟戟者旁车而趋。此一物不具，君固不出。"

苏秦之智术，亦几为当时天下之泰斗。

　　《史记·苏秦传》："苏秦死，苏代复重于燕。燕使约诸侯从亲，如苏秦时，或从或不，而天下由此宗苏氏之从约。代、厉皆以寿死，名显诸侯。太史公曰：苏秦兄弟三人，皆游说诸侯以显名。……世言苏秦多异，异时事有类之者皆附之苏秦。"

三晋之士，人人攘臂言纵横矣。

　　《史记·张仪传赞》："太史公曰：三晋多权变之士，
夫言从横强秦者，大抵皆三晋之人也。"

同时与法家、纵横家颉颃者，则有阴阳家。

　　《史记·孟子荀卿列传》："驺衍睹有国者益淫侈，
不能尚德，若《大雅》整之于身，施及黎庶矣。乃深观
阴阳消息，而作怪迂之变，《终始》、《大圣》之篇十万
余言。其语闳大不经，必先验小物，推而大之，至于无
垠。先序今以上至黄帝，学者所共术，大并世盛衰，因
载其禨祥度制，推而远之，至天地未生，窈冥不可考而
原也。先列中国名山大川，通谷禽兽，水土所殖，物类
所珍，因而推之，及海外人之不能睹。称引天地剖判以
来，五德转移，治各有宜，而符应若兹。以为儒者所谓
中国者，于天下乃八十一分居其一分耳。中国名曰赤县
神州。赤县神州内自有九州，禹之序九州是也，不得为
州数。中国外如赤县神州者九，乃所谓九州也。于是有
裨海环之，人民禽兽莫能相通者，如一区中者，乃为一
州。如此者九，乃有大瀛海环其外，天地之际焉。其术
皆此类也。然要其归，必止乎仁义节俭，君臣上下，六
亲之施，始也滥耳。王公大人初见其术，惧然顾化，其
后不能行之。是以驺子重于齐。适梁，梁惠王郊迎，执
宾主之礼。适赵，平原君侧行撇席。如燕，昭王拥彗先
驱，请列弟子之座而受业，筑碣石宫，身亲往师之。作
《主运》。其游诸侯见尊礼如此，岂与仲尼菜色陈、蔡，

孟轲困乎齐、梁同乎哉！”

迄汉代，其学尤盛，而儒、道二家，初未尝得权凭势而有所为，与世枘凿，王公大人不能器之。

> 《孟子荀卿列传》："道既通，游事齐宣王，宣王不能用。适梁，梁惠王不果所言，则见以为迂远而阔于事情。当是之时，秦用商君，富国强兵；楚、魏用吴起，战胜弱敌；齐威王、宣王用孙子、田忌之徒，而诸侯东面朝齐。天下方务于合纵连衡，以攻伐为贤，而孟轲乃述唐、虞、三代之德，是以所如者不合。""梁惠王谋欲攻赵，孟轲称太王去邠。此岂有意阿世俗苟合而已哉！持方枘欲内圆凿，其能入乎？"又《老庄列传》："周尝为漆园吏，与梁惠王、齐宣王同时。其学无所不窥，然则要本归于老子之言。……其言洸洋自恣以适己，故自王公大人不能器之。"

讲学著书皆无与于当时之风气，而其及于后世之影响，乃转过于诸家，是知公理自在人心，不可徒以一时之盛衰计也。

诸子之学，大都相因而生。有因前人之学，而研之益深者；有因他人之说，而攻之甚力者。如杨朱、列御寇之学，皆出于老聃，而其言天人性命之故，则进于老子；墨翟学说，既与杨、列相反。（墨子攻击儒家最甚，攻杨子者颇少，惟《兼爱》下篇别君之言曰："吾恶能为吾万民之身？若为吾身，此泰非天下之情也。人之生乎地上之无几何也，譬之犹驷驰而过隙也"云云，正是指斥杨家之言。）又专攻孔子，而以先圣之学，别立一宗。孟子承孔子之学，言性言政，皆进于孔子，而力辟杨、墨二家之

说。然其痛恨当世穷兵黩武之风，则与墨子同。宋钘、尹文救民之斗，禁攻寝兵，似与墨同矣，而其以心为主与墨异，

> 《庄子·天下篇》："语心之容，命之日心之行，以聏合欢，以调海内，请欲置之以为主。"是宋钘、尹文之主张，专以人心之不乐战斗为主，不似墨之归本于"天志"也。

以利为言与孟异。

> 《孟子·告子》："宋牼将之楚。孟子遇于石丘，曰：'先生将何之？'曰：'吾闻秦、楚构兵，我将见楚王，说而罢之。楚王不悦，我将见秦王，说而罢之。二王我将有所遇焉。'曰：'轲也请无问其详，愿闻其指，说之将何如？'曰：'我将言其不利也。'曰：'先生之志则大矣，先生之号则不可。先生以利说秦、楚之王，秦、楚之王悦于利，以罢三军之师，是三军之士乐罢而悦于利也。为人臣者怀利以事其君，为人子者怀利以事其父，为人弟者怀利以事其兄，是君臣、父子、兄弟终去仁义，怀利以相接，然而不亡者，未之有也。'"

庄子之学，又进于杨朱、列御寇，亦称述孔、墨，而以《齐物论》为归，然与慎到等之齐万物者又不同。（按慎到等齐万物以为首，笑天下之尚贤，非天下之大圣，庄子斥为非生人之行，而至死人之理。盖庄子之齐物，自有所谓内圣外王之道在，慎到等惟持万物平等之观，而于原始之道未有所见也。）荀子宗孔而非墨，而其言性恶，与孟子相反。其治名学，又进于孔、孟而与墨

同源焉。故诸子之学。固皆角立不相下，然综合而观之，适可为学术演进之证。其所因于他人者，有正有反，正者固已究极其归宿，反者乃益搜集其剩余，而其为进步，乃正相等也。

诸子之书，家别人异。欲究其全，当别为专书。近人喜言诸子之学，尤喜掇拾其破碎不完者，以傅会西人之说。（如清季学者，震于西人制造之学，则盛称墨子之格术。如刘岳云《墨子格术解》曰："日光具红、黄、绿、紫、橙黄、靛、蓝七色，试以三棱透镜即见。若物尽受全日之光，则为白色：若灭其入质之线，则为黑色。照相之巧，全在用其白、黑二色，以为阴阳向背之别，而数千年前之墨子已发其理。"近人习于西人逻辑之学，则又标举墨子及惠施、公孙龙等之名学，如梁启超《墨学微》曰："墨子所谓说，即论理学所谓名辞；墨子所谓辞，即论理学所谓名题；墨子所谓说，即论理学所谓前提等。"）

而于牖民觉世之大义，或反弃之不讲。如孟子之辩义利，（孟子时功利主义极盛，如商君曰："苟可以强国，不法其故；苟可以利民，不循于礼。"以社会进化历史变迁之理观之，固亦可成一说。然专以强利为目的。其流极必至于不顾人道群德；易言之，则可曰：苟可以强国，不顾公理；苟可以利民，不问人格。今世强国侵略主义，即此耳。孟子生其时，力持正义，如曰："行一不义，杀一不辜，而得天下，君子不为也。"又曰："枉尺而直寻者，以利言也，如以利，则枉寻直尺而利，亦可为欤？"皆极端与功利论相反。当时虽不见从，而后世服习其说，凡士大夫之所主张，皆以重义轻利为立国根本。）墨子及孟子之非攻战，（孟子、墨子皆抱非兵主义，惟墨子尚欲以器械制善战者，孟子则一律斥之，此其异也。《孟子》曰："争地以战，杀人盈野；争城以战，杀人盈城。此所谓率土地而食人肉，罪不容于死。"其言痛切极矣。后世人君，虽多有以武功立国者，而凡儒者之言论，史家之记载，文人之歌咏，恒斥其非，而专以尚德恤民为美。此亦可证之近事，而知吾民德之高尚有自来矣。近世西人之误，在以国家与个人不同，日逞其弱肉强食之谋，而墨子则早见及之。其《非攻篇》曰："杀一人谓之不义，必有一死罪矣；杀十人，十重不义，必有十死罪矣；杀百人，百重不义，必有百死罪矣。今至大为攻国不义，则不之非，从而誉之谓之义。"又曰："今小为非，则知而非之。大为非攻国，则不知非，从而誉之，谓之义。可为知义与不知义之辨乎？"盖墨子以国家与个人无别，悉当以义为断，其理至明；而当时谓攻国为义者，殆亦必有如近世国家学者之说，歧国家道德与人民道德为二也。吾国兵祸之烈，极于战国，而其时之学者，即大倡反对之论，此亦可见吾民觉悟之早，与其爱好和平之性之独优矣。）子思、孟子之论性，（子思作《中庸》，首揭"天命之谓性，率性之谓道"，即示人以性善也。性如不善，则率之不得为道矣。孟子畅言性善之旨，其原实出于子思。然当举世大乱之时，不因人类之残贼凶恶，而怀憎恶厌弃之意，且极力推明人皆可以为尧、舜，尤有功于教育。盖人心之观念，每因环境而变，见环境之多善人，则以人性为善；见环境之多恶人，则以人性为不善。惟究极性道之原者，能不为环境所囿，不就人心之现状及结果而论，而就第一念指示人群，使人憬然有以自勉，而绝去其自暴自弃之萌，其为功于人类何如哉！荀子言性恶，已为当世恶人所囿，而不能免于愤激，而欲以礼义教化矫之。如曰："今人之性生而有好利焉，顺是，故争夺生而辞让亡焉；生而有疾恶焉，顺是，故残贼生而忠信亡焉；生而有耳目之欲，有好声色焉，顺是，故淫乱生而礼义文理亡。然则从人之性，顺人之情，必出于争夺，合于犯分乱理，而归于暴。故必将有师法之化，礼义之道，然后出于辞让。合于文理，而归于治。用此观之，然则人之性恶明矣，其善者伪

419

也。"盖荀子之时，争夺残贼淫乱之人，殆又甚于孟子之时。荀子疾其所为，因谓其性固如此，而不知是说已大悖于教育原理。使人之性本不具有辞让合理之德，虽有师法，何能动之？郝兰皋等解"伪"字作"为"字，以为荀子辩护；不知"为"字亦是强勉矫饰，非出于自然也。）列子、荀子之论学，（《列子》书中，教人为学之法最多。如壶丘子示季咸以未始出吾宗，然后列子自以为未始学而归，三年不出。又学于老商九年，然后心凝形释，既自以其为学诏人。又如《汤问篇》所述师文学琴，薛谭学讴，纪昌学射，造父学御等，皆示人以专心壹志学道之功，非徒教人以虚无诞妄之说也。荀子言性虽异于孟子，以其注重于人为，故力言积学之益。如《劝学篇》曰"真积力久则入"，《儒效篇》"积善而全尽，谓之圣人"，《强国篇》云"能积微者速成"。自《劝学篇》以下，反复譬喻，一本此旨。积则一好，一好则通类，故曰"并一而不二，所以成积也"。《修身篇》亦曰"凡治气养心之术，莫神一好"。《劝学篇》又曰："伦类不通，仁义不一，不足谓善学。"《儒效篇》又曰："以浅持博，以古持今，以一持万，苟仁义之类也。虽在鸟兽之中，若别黑白，倚物怪变，所未尝闻也，所未尝见也。卒然起一方，则举类统而应之，无所儓怎。"为学之法，殆莫有外此者也。）列子、庄子之言宇宙原理，（列、庄之学，皆推极于无始以前，如《天瑞篇》曰："有生不生，有化不化；不生者能生生，不化者能化化；生者不能不生，化者不能不化，故常生常化。常生常化者，无时不生，无时不化。阴阳尔，四时尔，不生者疑独。"不化者往复，往复其际不可终，疑独其道不可穷。盖原始之道，不生不化，非一非多，降而至于生化，则人之所见，阴阳四时，有推迁变化之迹矣。然从往复疑独推之，仍自不可终，不可穷，世人徒以物质求之，终无是处也。《齐物论》曰："有始也者，有未始有始也者，有未始有夫未始有始也者；有有也者，有无也者，有未始有无也者，有未始有夫未始有无也者。俄而有无矣，而未知有无之果孰有孰无也。"其言原始，既极之于未始有夫有无之时，然初非示人以无有无无也，故曰："若有真宰，而特不得其联。"又曰："其有真君存焉。"亦曰："夫道有情有信，无为无形，可传而不可受，可得而不可见；自本自根，未有天地，自古以固存。"盖确见天地之根本，在有无胥泯之时，而仍有情有信，惟陷溺于世俗知识者，不可见耳。列、庄皆从此用功得力，故俯视一切，而自信其独与天地精神往来。不知其道者，则目之为消极，为社会学术进步之阻力。不知人人皆消极于世俗之荣辱得丧，而积极于精神之稠适上遂。则人类之进步，何可限量？惟役役于世俗之荣辱得丧，自命进步，实则毫无进步可言，乃真庄、列之所悲耳。自魏、晋以来，崇拜庄、列之说者，似亦专宗其消极主义，然真能得其道者，和光同尘，泯然于言说迹象，世亦无从知之。姑就浅近立论，则列、庄之说，即无大功效，亦足使人开拓心胸，消除执滞。佛学未入中国之先，吾国有此等先觉，洵异事也。）皆大有功于人类，弃周鼎而宝康瓠，未足为善言学也。

　　诸子之学，既各有功于世，而其文之精美，又进于春秋之世，而各成为后世文章之宗，是亦战国之特色也。综观诸子之文，约分为五：一曰纪事，二曰笺释，三曰论辩，四曰寓言，五曰韵文。战国以前之文，虽有此五体，而发挥光大，至是始盛；其尤盛者，则后之三体也。孟、墨论辩，最工设喻，已近寓言；而杜撰事实，庄、列为多。如称晏婴与管仲同时，

《列子·杨朱篇》："晏平仲问养生于管夷吾。"

孔子与柳下季为友，

《庄子·盗跖篇》："孔子与柳下季为友。"

以意为之，羌无故实；甚至古代本无此人，随意造一名字，如鸿蒙、云将、副墨、雒诵之类，尤前此之所无也。后世赋家，假设主客，小说家幻托人事，皆原于此。此则庄、列以前，文多纪实；庄、列以后，文字直分纪实与寓言为两宗矣。《老子》、《管子》已有韵文，而未别名一体；《荀子·成相篇》既为长短句之祖，赋云、赋蚕，又就诗之六艺，抽取其一而名篇。宋玉之徒，踵兴于楚，赋乃代诗而兴，是亦文章进化之关键也。《汉书·艺文志》、《孙卿子》三十三篇，已著录于儒家，而《诗赋类》又列《孙卿子》十篇，明赋之始于孙卿也。观其序意与屈原并重。

《汉书·艺文志》："大儒孙卿及楚臣屈原，离谗忧国，皆作赋以讽，咸有恻隐古诗之义。"

北荀南屈，相望于列强黩武之时；而文章光焰，腾焯千古。故知个人之力，不必为当世权势所屈矣。

第二十八章　秦之统一

春秋、战国之时，已渐由封建而变为郡县。周赧王二十七年十月，秦昭王称西帝。十二月，齐湣王称东帝。虽皆复称王，天下已非周有矣。当是时，东西二周，地小力微，不足当一诸侯。

《史记·赵世家》云："赵成侯七年，与韩攻周；八年，与韩分周以为两。"

按赵成侯八年，当周显王八年，事在赧王之前。《周本纪》："赧王时，东西周分治。"盖补纪之也。东西周之别有二。平王之后，所谓西周者，丰镐也；东周者，洛阳也。显王之后，所谓西周者，河南也；东周者，洛阳也。盖河南在瀍水之西，即周初所谓王城；洛阳在瀍水之东，即周初所谓成周。赧王初居成周，后居王城，而东周则有东周君，故史称为东西二周。至秦昭襄王五十一年，而周赧王卒。庄襄王元年，而东周君卒。二周之地，尽入于秦，天下不复思周也。越二十年，秦先灭韩，以次灭魏、灭赵、灭楚、灭燕、灭齐，周之强侯尽矣。而中原有卫君角，江南有越君，西南夷有滇王，为封建之制之仅存者。

《日知录》："古封建之国，其未尽灭于秦始皇者，《卫世家》言'二世元年，卫君角为庶人'，是始皇时

卫未尝亡也。《赵世家》言'赵以此散，诸族子争立，
或为王，或为君，滨于江南海上，服朝于楚'。《秦始
皇本纪》言'二十五年，王翦遂定荆江南地，降越君'。
汉兴，有东海王摇、闽越王无诸之属，是越未尝亡也。
《西南夷传》又言'秦灭诸侯，唯楚苗裔尚有滇王'。
然则，谓秦灭五等而立郡县，亦举其大势然耳。"

秦、楚之际，六国之裔复起，卒归夷灭。汉又大封宗室，至景、
武之世，诸侯王始削弱焉。故封建之变为郡县，自春秋至汉，凡
更五百四十五年，始蜕化而臻固定。是可知论帝王之家谱，可据
一氏一代而言，论政俗之变迁，万不可囿于朝代。周、秦、汉之
相嬗，特元首之氏号不同耳，其全国各种社会消长盛衰之迹，固
无截然之界域也。虽然，周与秦之界域，亦有截然可指之一时。
秦王政二十六年，王绾、冯劫、李斯等上尊号议，谓为自上古以
来未尝有。

《史记·秦始皇本纪》："丞相绾、御史大夫劫、廷
尉斯等皆曰：'昔者五帝地方千里，其外侯服夷服，诸
侯或朝或否，天子不能制。今陛下兴义兵，诛残贼，平
定天下，海内为郡县，法令由一统。自上古以来未尝
有，五帝所不及。"

盖嬴政称皇帝之年，实前此二千数百年之结局，亦为后此二千数
百年之起点，不可谓非历史一大关键。惟秦虽有经营统一之功，
而未能尽行其规划一统之策。凡秦之政，皆待汉行之。秦人启其
端，汉人竟其绪。亦有秦启之而汉未竟之者。故吾论史，以秦与
汉相属，而不分焉。

秦与六国并立时，其内政已完善，见称于孙卿。

> 《荀子·强国篇》："应侯问孙卿子曰：'入秦何见？'孙卿子曰：'……入境，观其风俗，其百姓朴，其声乐不流污，其服不挑，甚畏有司而顺，古之民也。及都邑官府，其百吏肃然，莫不恭俭敦敬，忠信而不楛，古之吏也。入其国，观其士大夫，出于其门，入于公门，出于公门，归于其家，无有私事也。不比周，不朋党，偶然莫不明通而公也，古之士大夫也。观其朝庭，其朝闲，听决百事不留，恬然如无治者，古之朝也。故四世有胜，非幸也。数也。'"

至吞并六国，规模益大，长驾远驭，非有适应时势之法，不足以为治也。尉缭、李斯之徒，诸尝学帝之术者，（《史记·李斯传》："从荀卿学帝王之术。"）为秦立法，未尝不善。二世之亡，罪在赵高，非法之罪也。世徒以秦祚短，遂病其法。实则始皇时代之法制，实具伟大之精神，以一政府而辖制方数千里之中国，是固国家形式之进化，抑亦其时思想之进化也。

秦之政策最大者，即以诸侯之地，分为三十六郡之法。（按秦郡之数，异说甚多。据裴骃说，三十六郡者，三川、河东、南阳、南郡、九江、鄣郡、会稽、颍川、砀郡、泗水、薛郡、东郡、琅邪、齐郡、上谷、渔阳、右北平、辽西、辽东、代郡、钜鹿、邯郸、上党、太原、云中、雁门、九原、上郡、陇西、北地、汉中、巴郡、蜀郡、黔中、长沙，凡三十五郡，与内史为三十六郡。此外，又有闽中、南海、桂林、象郡，不在三十六郡之数。）盖分地过小，则稽核太繁；过大，则控制不易。秦所置郡，虽多因各国旧制，

　　《史记·始皇本纪》："政代立为秦王，当是之时，
秦地已并巴、蜀、汉中，越宛有郢，置南郡矣；北收
上郡以东，有河东、太原、上党郡；东至荥阳，灭二
周，置三川郡。""五年，攻魏……取二十城，初置东
郡。""十七年，攻韩，得韩王安，尽纳其地，以其地为
郡，命曰颍川。""二十五年，定荆江南地，降越君，置
会稽郡。"

然分据险要，形势厘然，非深谙地理之学者，不能规画。史屡称
秦图书，

　　《史记·萧相国世家》：萧何入咸阳，"收秦丞相御
史律令图书……具知天下阨塞、户口多少、强弱之处。"
　　《汉书·地理志·代郡班氏县注》："秦地图书班氏。"

是秦时丞相御史规画地域，必按地图而定，非漫漫然为因为革
也。西汉之初，当国者皆无学识，猥欲参用周、秦之制，卒归于
偏用秦法。又以秦郡太大，稍复开置，而分郡太多，难于检察，
又并为十三部。

　　《汉书·地理志》："秦分天下作三十六郡。汉兴，
以其郡太大，稍复开置，又立诸侯王国。武帝开广三
边。故自高祖增二十六，文、景各六，武帝二十八，昭
帝一，讫于孝平，凡郡国一百三。""至武帝攘却胡、
越，开地斥境，南置交趾，北置朔方之州，兼徐、梁、
幽、并，夏、周之制，改雍曰凉，改梁曰益，凡十三
部，置刺史。"

盖增郡既多，不得不求以简驭繁之法。以此较之，则知秦制之精，后汉虽有增损，大致同于前汉，是亦仍秦之法也。

统一国家，不独规画区域之不易也，设官分职，亦有至大之关系。秦之官制绝简，而纲举目张，汉亦因之，特名目时有变迁耳。考秦之制，内官之要职凡三：丞相，和天子，助理万机；太尉，掌武事；御史大夫，掌副丞相，其属丞，督外官，领侍御史，受公卿奏事。外官之要职凡三：郡守，掌治郡；尉，掌佐守、典职、甲卒；监，掌监郡。盖内外官制，同一系统。丞相与守掌民事，太尉与尉掌军事，军民分治，厥谊至精。而御史与监，则纠察此治民、治军之官者也。（汉守治郡，亦兼治军，其职权大于尉。王鸣盛《十七史商榷》曰："《百官表》虽言'守治郡，尉典武职'，而实守兼掌之。韩延寿为颍川太守，传中述其都试、讲武甚备；翟义为东郡太守，以九月都试日，勒车骑材官士起事，如淳曰：'太守、都尉、令长、丞尉会都试，课殿最也。'"《后汉书·耿弇传》："弇见郡尉试骑士，建旗鼓，隶驰射，由是好将帅之事。"注引《汉官仪》曰："岁终郡试之时，讲武勒兵，因以校猎，简其材力也。"弇事虽当王莽时，其实沿汉旧制，故注引《汉官仪》以明之。又《后汉书·百官志》五，李贤注引《汉官仪》云："八月，太守、都尉、令长、相丞尉会都试，课殿最。水家为楼船，亦习战射行船。边郡太守，各将万骑行鄣塞，烽火追虏。"或言八月，或九月，或岁终，大约总在秋冬。《淮南王安传》："安欲发兵反，先令人作旁近郡太守、都尉印。"可见守、尉互掌兵权也。）后世官制，变化繁赜，而其原理，不能出于治民、治军、监察官吏三者之外；此亦可见秦之定制，非漫然而设矣。

分天下为郡县，则内外之隔阂殊甚，且地域辽阔，非如列国时方千里之地之易理也。于是有岁计之法。考战国时，各国外吏，已以期年上计。

> 《韩非子·外储说左下》："西门豹为邺令，清悫洁
> 克，秋毫之端无私利也；而甚简左右，左右相与比周而
> 恶之。居期年，上计，君收其玺。""田婴相齐，人有说
> 王者曰：'终岁之计，王不一以数日之间自听之，则无
> 以知吏之奸邪得也。'"

盖沿周岁会之法，而推及于地方长官也。秦以十月为正，每岁九
月，即定来岁之预算。

> 《吕氏春秋·季秋纪》："是月也……天子合诸侯，
> 制百县。为来岁受朔日，与诸侯所税于民轻重之法，贡
> 职之数，以远近土地所宜为度，以给郊庙之事，无有
> 所私。"

而郡县计，亦断以九月，其详可以《汉志》参之。

> 《续汉书·百官志》五："凡群国皆掌治民、进贤、
> 劝功、讼决、检奸，常以春行所主县，劝民农桑，振救
> 乏绝。秋冬遣无害吏，按讯诸囚，平其罪法，论课殿
> 最。岁尽，遣吏上计。"注引卢植《礼注》曰："计断九
> 月，因秦以十月为正故。"

秦以各郡岁岁上计，故丞相、御史府中所藏之书，备具天下
阨塞、户口多少，汉初犹沿其法。计相之职最重。

　　《汉书·张苍传》："苍明习天下图书计籍，高祖故令以列侯居相府，领主郡国上计。"

其后计相并于丞相，而人主犹时责为相者考核名实。

　　《汉书·万石君传》："武帝责石庆曰：'今流民愈多，计文不改，君不绳责长吏……朕失望矣。'"《汉书·宣帝纪》：黄龙元年诏曰："上计簿，文具而已；务为期谩，以避其课。三公不以为意，朕将何任？"

盖非计簿得实，不足以统计天下之盈虚得失也。

　　秦、汉政体，虽为君主专制，而其地方行政，犹有周代人民自治之遗意。观其县、乡官吏之制可见。

　　《汉书·百官表》："县令、长，皆秦官，掌治其县。万户以上为令……减万户为长……皆有丞、尉……是为长吏。百石以下有斗食、佐史之秩，是为少吏。大率十里一亭，亭有长。十亭一乡，乡有三老，有秩、啬夫、游徼。三老掌教化。啬夫职听讼，收赋税。游徼徼循禁贼盗。县大率方百里，其民稠则减，稀则旷。乡、亭亦如之，皆秦制也。"《高帝纪》三年二月，令"举民年五十以上有修行、能率众为善，置以为三老，乡一人。择乡三老一人为县三老，与县令、丞、尉以事相教，复勿繇戍"。

顾亭林论乡亭之职，谓三代明王之治，亦不越乎此。

《日知录》：《汉书·百官表》云云，"此其制不始
于秦、汉也，自诸侯兼并之始，而管仲、芛敖、子产之
伦，所以治其国者，莫不皆然。而《周礼·地官》，自
州长以下，有党正、族师、间胥、比长；自县正以下，
有鄙师、酂长、里宰、邻长。则三代明王之治，亦不越
乎此也。夫惟于一乡之中，官之备而法之详，然后天下
之治，若网之在纲，有条而不紊。……柳宗元之言曰：
有里胥而后有县大夫，有县大夫而后有诸侯，有诸侯而
后有方伯连帅，有方伯连帅而后有天子。由此论之，则
天下之治始于里胥，终于天子，其灼然者矣。故自古及
今，小官多者其世盛，大官多者其世衰。兴亡之涂，罔
不由此。"

夫三老出于选举，而其权可与县令、丞、尉以事相教，是固无异
于今之县、市、乡自治职员矣。而汉之三老，对于天子王侯，可
直接言事。

《史记·高祖本纪》二年，汉王"至雒阳、新城，
三老董公庶说汉王，以义帝死故"。《汉书·高帝纪》：
"三老董公庶说汉王曰：'臣闻顺德者昌，逆德者亡，兵
出无名，事故不成。故曰明其为贼，敌乃可服。项羽为
无道，放杀其主，天下之贼也。夫仁不以勇，义不以
力，三军之众，为之素服，以告之诸侯，为此东伐，四
海之内，莫不仰德，此三王之举也。'汉王曰：'善。非
夫子无所闻也。'"又《武五子传》："太子兵败，亡，
不得。上怒甚，群下忧惧，不知所出。壶关三老茂上书
云云。书奏，天子感悟。"

其啬夫、亭长，兼可自制科条，役使游惰。其善者，至于上掩郡、县长吏之名。

> 《后汉书·爰延传》："为乡啬夫，仁化大行，民但闻啬夫，不知郡县。"《仇览传》："为浦亭长，劝人生业，为制科令。至于果采为限，鸡豕有数。农事既毕，乃令子弟群居，还就黉学。其剽轻游恣者，皆役以田桑，严设科罚，躬助丧事，赈恤穷寡，期年称大化。"

可知秦、汉之时，人民言论甚自由，而地方之事，多由人民自主，民治且盛于官治也。呜呼！秦以专制，为世诟病，而其时人民转有自治之权。今虽号为民国，而地方自治之说，乃若为政府所骇闻，其古之民德特隆欤，抑今之执政者学识出王绾、李斯下也？

秦时道路之政最重，开通道路，无有障塞，著于《月令》。

> 《吕氏春秋·季春纪》："是月也，命司空曰：时雨将降，下水上腾，循行国邑，周视原野，修利堤防，导达沟渎，开通道路，无有障塞。"

决通川防，夷去险阻，见于刻石。

> 《史记·秦始皇本纪》："堕坏城郭，决通川防，夷去险阻。地势既定，黎庶无繇，天下咸抚。"

而其尤有功于统一者，莫如开通四方之大道。

《史记·秦始皇本纪》："二十七年治驰
道。""三十五年，除道，道九原，抵云阳，堑山堙谷，
直通之。"

据贾山《至言》及《蒙恬传》则二十七年所治之道，为东西之
道；三十五年之道，为南北之道。

贾山《至言》："秦为驰道于天下，东穷燕、齐，
南极吴、楚。江湖之上，滨海之观，毕至。道广五十
步，三丈而树，厚筑其外，隐以金椎，树以青松。"
《史记·蒙恬传》："始皇欲游天下，道九原，直抵
甘泉。乃使蒙恬通道，自九原抵甘泉，堑山堙谷千百八
里。道未就……始皇崩。""太史公曰：吾适北边，自直
道归，行观蒙恬所为秦筑长城亭障，堑山堙谷，通直
道，固轻百姓力矣。"

燕、齐、吴、楚，皆为三十丈之广道，沿途植松树，其规模之大
为何如乎！《方舆纪要》谓"秦驰道旧迹阔五丈余"，盖经千数
百年，其道已堙耳。

《方舆纪要》（顾祖禹）："湖广永州府零陵县有驰
道，阔五丈余，类大河道。《史记》：'秦始皇命天下修
驰道，以备游幸。'此其旧迹也。"

汉因秦制，亦有驰道。

《史记·滑稽列传》：褚先生记西门豹事。曰："到

汉之立，而长史以为十二渠桥，绝驰道，相比近，不
可。欲合渠水且至驰道，合三渠为一桥。"

道侧植树，著于官守。

> 《续汉书·百官志》："将作大匠……掌修作宗庙、
> 路寝、宫室、陵园木土之功，并树桐梓之类，列于
> 道侧。"

而秦时道路所不通者，复随时兴作。如张卬、唐蒙、司马相如、
郑弘等，皆以开通道路，著于史策。

> 《史记·河渠书》："人有上书，欲通褒斜道……天
> 子以为然。拜张卬为汉中守，发数万人，作褒斜道五百
> 余里。"又《平准书》："唐蒙、司马相如开路西南夷，
> 凿山通道千余里，以广巴、蜀。"
> 《后汉书·郑弘传》："旧交趾七郡，贡献转运，皆
> 从东冶泛海而至，风波艰阻，沉溺相系，弘奏开零陵、
> 桂阳峤道，于是夷通。至今遂为常路。"

险远之地，以次交通，其策无异于今之修铁路、开国道，而劳费
过之。然一举而辟数百里、千余里，此可知古人任事之力矣。

第二十九章　秦之文化

秦之文化，自周宣王时始开，

> 《诗·车邻·小序》："《车邻》，美秦仲也。秦仲始大，有车马、礼乐、侍御之好焉。"《郑氏诗谱》："周孝王为伯翳能知禽兽之言，子孙不绝，故封非子为附庸，邑之于秦谷。至曾孙秦仲，宣王又命作大夫，始有车马、礼乐、侍御之好。国人美之，秦之变风始作。"

文公时，始有史以纪事，

> 《史记·秦本纪》："襄公以兵送周平王，平王封襄公为诸侯，赐之岐以西之地，……襄公于是始国，与诸侯通使聘享之礼。……十二年，伐戎而至岐，卒。生文公。……文公十三年，初有史以纪事，民多化者。十六年，文公以兵伐戎，戎败走。于是，文公遂收周余民有之，地至岐。"

足见秦民开化之迟，盖虽居周岐丰之地，而其文教实别为一系统，与周之故俗不相衔接。（如《史记》称襄公用骝驹、黄牛、羝羊各三，祠上帝西畤。文公初为鄜畤，用三牢。十九年，得陈

宝。二十年，法初有三族之罪之类，皆非周之礼也。）其后之强，率以用客卿之故，秦固无杰出之人也。商鞅、韩非皆务愚民，

《商子·垦令篇》："民不贵学，则愚，愚则无外交；无外交，则勉农而不偷。"

《韩非子·五蠹篇》："事智者众则法败，用力者寡则国贫，此世之所以乱也。故明主之国，无书简之文，以法为教；无先王之语，以吏为师。"

不用文士，惟吕不韦稍好士，尚文艺。

《史记·吕不韦传》："是时诸侯多辩士，如荀卿之徒，著书布天下。吕不韦乃使其客人人著所闻，集论以为《八览》、《六论》、《十二纪》，二十余万言，以为备天地万物古今之事，号曰《吕氏春秋》。布咸阳市门，悬千金其上，延诸侯游士、宾客，有能增损一字者，予千金。"

然其书固类书之体，不足为一家言也。

秦既一统，始尚文教，使天下文字皆同于秦文。

《史记·始皇本纪》："一法度衡石丈尺。车同轨，书同文。"《琅邪刻石》："器械一量，同书文字。"

而其时作者亦辈出。《仓颉》、《爰历》、《博学》诸篇，皆秦文也。

《说文序》："七国田畴异亩，车涂异轨，律令异法，

衣冠异制，言语异声，文字异形。秦始皇帝初并天下，丞相李斯乃奏同之，罢其不与秦文合者。斯作《仓颉篇》，中车府令赵高作《爰历篇》，太史令胡毋敬作《博学篇》，皆取史籀大篆，或颇省改，所谓小篆者也。"

　　《汉书·艺文志》："《仓颉》一篇上七章，秦丞相李斯作。《爰历》六章，车府令赵高作。《博学》七章，太史令胡毋敬作。"

虽小篆之字不多，似不敷用。

　　《说文注》（段玉裁）："李之七章，赵之六章，胡毋之七章，各为一篇。《汉志》冣目，合为《仓颉》一篇者，因汉时闾里书师，合为三篇，断六十字以为一章，凡五十五章，并为《仓颉篇》故也。六十字为一章者，凡五十五，然则自秦至司马相如以前，小篆只有三千三百字耳。"

然当时书为八体，不仅用小篆一种。

　　《说文序》："秦书有八体。一曰大篆，二曰小篆，三曰刻符，四曰虫书，五曰摹印，六曰署书，七曰殳书，八曰隶书。"

而隶书尤约易，便于书写。

　　《说文序》："是时秦烧灭经书，涤除旧典，大发吏卒，兴戍役，官狱职务繁。初有隶书，以趣约易，而古

文由此绝矣。""左书即秦隶书，秦始皇帝使下杜人程邈
所作也。"

其功不独为秦统一之用，且为数千年来中国全境及四裔小国所通
用。其体势结构，可独立为美术之一品，是亦至可纪念者也。

篆隶兴而古文废，犹不足为秦重也。所奇者，金石文辞，光
耀海内；文字之美，与其流传之久，皆为史记所仅见，是岂不尚
文教者所能乎？《始皇纪》载刻石凡六。

> 《史记·秦始皇本纪》："二十八年，上邹峄山，立
> 石，与诸儒生议，刻石颂秦德，……乃遂上泰山，禅梁
> 父，刻所立石。""南登琅邪，大乐之。留三月，……作
> 琅邪台，立石刻，颂秦德，明德意。""二十九年，登之
> 罘。刻石，其辞曰……其东观曰……""三十二年，之
> 碣石，刻石门。""三十七年，上会稽，祭大禹，望于南
> 海，而立石刻颂秦德。"

至今琅邪台铭文，犹存十三行，泰山亦存十字。

> 《语石》（叶昌炽）："秦始皇东巡，刻石凡六。始
> 于邹峄，次泰山，次琅邪，次之罘，由碣石而会稽，遂
> 有沙丘之变。今惟琅邪台一刻尚存诸城海神祠内，通行
> 拓本皆十行，惟段松苓所拓精本，前后得十三行。翁、
> 阮、孙三家著录者，皆是也。泰山二十九字，先在岳顶
> 玉女池上，后移置碧霞元君庙。乾隆五年，毁于火，今
> 残石仅存十字耳。之罘、碣石、会稽三刻久亡。峄山，
> 唐时焚于野火，当时即有摹本，杜诗所谓'枣木传刻肥

失真'者也。"

而他石拓本钩摹影印者，世尚有之。二千一百余年之古刻，证据极确，非檀山石刻及石鼓之出于推测者可比。世人虽极斥秦，于此独宝存之，知其文字之美，为千载所共推矣。三代金文最多，至秦始尚刻石，亦可见秦之各事，皆不蹈袭前人，大书深刻，悉李斯、王绾等之意匠也。然秦以刻石著，亦非不善镂金，其权量刻文，尤极精美。

《陶斋吉金录》载秦铜权十八，椭量四，方量一。

学小篆者，近且由秦石而进言秦金。是秦之文学美术，不惟不逊于三代，甚且过之矣。顾亭林论秦刻石，谓其坊民正俗之意，未始异于三王。

《日知录》："秦始皇刻石凡六，皆铺张其灭六王并天下之事。其言黔首风俗，在泰山则云：'男女礼顺，慎遵职事。昭隔内外，靡不清净。'在碣石门则云：'男乐其畴，女修其业。'如此而已。惟会稽一刻，其辞曰：'饰省宣义，有子而嫁。倍死不贞，防隔内外。禁止淫泆，男女洁诚。夫为寄豭，杀之无罪。男秉义程，妻为逃嫁，子不得母。'感化廉清，何其繁而不杀也。考之《国语》，自越王勾践栖于会稽之后，惟恐国人之不蕃，故令壮者无取老妇，老者无取壮妻。女子十七不嫁，其父母有罪；丈夫二十不取，其父母有罪。生丈夫，二壶酒，一犬；生女子，二壶酒，一豚；生三人，公与之母；生二人，公与之饩。《内传》子胥之言亦曰：'越十年生聚.'《吴越春秋》至谓勾践以寡妇淫泆过犯，皆输山上。士有忧思者，令游山上，以喜其意。当其时，盖欲民之多，而不复禁其淫泆。传至六国之末，而其风犹在。故始皇为之厉禁，而特著于刻石之文，以此与灭六王并天下之事并提而论，且不著之于燕、齐，而独著之于越。然则秦之任刑虽过，而其坊民正俗之意，固未始异于三王也。汉兴以来，承用秦法以至今日者多矣。世之儒者，言及于秦，即以为亡国之法，亦未之深考乎！"

观其刻辞，固可见秦之注重民俗，而辞中所言多男女并举，尤为秦俗男女平等之证。夫淫他室，杀者无罪，是秦人初不专责女子以节义也。责女子以节义，而视男子之淫泆若无睹，是鄙秦者，乃真未喻秦代法制之意也。古俗不禁女子改嫁，亦无旌表守节之事。考守节树坊之始，盖本于始皇之奖巴寡妇清。

《史记·货殖列传》："巴蜀寡妇清，其先得丹穴而擅其利数世，家亦不訾。清，寡妇也，能守其业，用财自卫，不见侵犯。秦始皇帝以为贞妇而客之，为筑女怀清台。"

然其筑台而客之，以清能用财经营事业，为女子之杰出者，似不徒专以其为贞妇也。

秦之为世口实者，曰"焚书坑儒"。此文化史上最大之罪恶也。然刘海峰《焚书辩》为秦平反，最得事理之实。

《焚书辩》（刘大櫆）："《六经》之亡，非秦亡之，

汉亡之也。何则？李斯恐天下学者道古以非今，于是
禁天下私藏《诗》、《书》百家之语，其法至于'偶语
《诗》、《书》者弃市'，而吏见知不举，则与之同罪。
噫，亦烈矣！然其所以若此者，将以愚民，而固不欲以
之自愚也。故曰：'非博士官所职，诣守尉杂烧之。'然
则博士之所藏具在，未尝烧也。迨项羽入关，杀秦降王
子婴，收其货宝妇女，烧秦宫室，火三月不灭，而后
唐、虞三代之法制，古先圣人之微言，乃始荡为灰烬。
昔萧何至咸阳，收秦丞相御史律令图书，于秦博士所藏
之书，独不闻其收而宝之。设使萧何能与其律令图书，
并收而藏之，则项羽不烧，则圣人之全经犹在也。"

且据《汉志》，秦于诸经，亦未尽燔。

> 《汉书·艺文志》："秦燔书，而《易》为卜筮之事，
> 传者不绝。……诗三百五篇，遭秦而全者，以其讽诵，
> 不独在竹帛故也。"

秦之博士甚多，

> 《汉书·百官表》："博士，秦官。掌通古今，秩比
> 六百石，员多至数十人。"

其遗献皆能优游论著，

> 《秦献考》（章炳麟）："秦博士七十人，掌通古今。
> 识于太史公书者，叔孙通、伏生最著。仆射周青臣用

面谀显，淳于越相与牴牾，衅成而秦燔书。其他《说
苑》有鲍白令之斥始皇行桀、纣之道，乃欲为禅让，比
于五帝，其骨鲠次淳于。《汉书·艺文志》儒家有《羊
子》四篇，凡书百章。名家四篇则《黄公》，黄公名
疵，作歌诗，二子皆秦博士也。京房称赵高用事，有正
先用非刺高死。最在古传纪，略得八人，七十员者九一
耳。青臣朴樕不足齿，其七人，或直言无挠辞，不即能
制作，造为琦辞，遗令闻于来叶，其穷而在蒿艾。与外
吏无朝籍。烂然有文采论纂者，三川有成公生，与黄公
等同时。当李斯子由为三川守，而成公生游谈不仕，著
书五篇，在名家。从横家有《零陵令信》一篇，难秦相
李斯。然秦虽钳语烧《诗》、《书》，然自内外荐绅之士，
与褐衣游公卿者，皆抵禁无所惧，是岂无说哉？！"

（按《集韵》引《炅氏谱》："桂贞为秦博士，始皇坑儒，改姓
吞。"宋濂《桂氏家乘序》亦述其事。是秦博士尚有一桂贞。）及
孔鲋为陈涉博士，亦秦时人也。

　　《史记·孔子世家》："孔鲋年五十七，为陈王涉博
　　士，死于陈下。"

第执"焚书坑儒"一语，遽以为秦之对于古代文化摧灭无余，是
实不善读史耳。
　　秦法，民之欲学者，以吏为师。

　　《史记·秦始皇本纪》："若欲有学法令，以吏
　　为师。"

吏主行政，师主教育，二者似不可兼，且专以法令为学，学之途尤隘矣。而章实斋盛称其法，谓为三代旧典。

> 《文史通义》（章学诚）："以吏为师，三代之旧法也。秦人之悖于古者，禁《诗》、《书》而仅以法律为师耳。三代盛时，天下之学，无不以吏为师。《周官》三百六十，天人之学备矣。其守官举职而不坠天工者，皆天下之师资也。东周以外，君师政教不合于一，于是人之学术，不尽出于官司之典守。秦人以吏为师，始复古制，而人乃狃于所习，专以秦人为非耳。秦之悖于古者多矣，犹有合于古者，以吏为师耳。"

盖以吏为师，犹能通知当世之务，视专读古书而不知时事者，其为教犹近古而较善耳。周代教民，最重读法，汉之学童，亦籀尉律。

> 《说文序》："尉律，学童十七以上，始试讽籀书九千字，乃得为吏。"段玉裁曰："讽，谓能背诵尉律之文；籀书，谓能取尉律之义，推演发挥，即缮写至九千字之多。"

是周、汉皆使人民学法令，以吏为师也。秦法虽亡，其遗文犹存于汉律。

> 《汉书·刑法志》："萧何捃摭秦法，取其宜于时者，作律九章。"

言法律者，溯其渊源，不能外乎秦律；虽谓秦吏所授止于法令，其关系亦至巨矣。（按吾国刑法，见于《书·尧典》、《吕刑》及《周官·司寇》职文者，均刑律之渊源。春秋时复有刑书，然不名律。言律，实始于秦。按《唐律疏》，魏文侯李悝，集诸国刑典，造《法经》六篇，一盗法，二贼法，三囚法，四捕法，五杂法，六具法。商鞅传授，改法为律。汉相萧何，更加悝所造户、兴、厩三篇，谓九章之律。魏因汉律为一十八篇，改汉具律为刑名第一。晋命贾充等增损汉魏律为二十篇，于魏刑名律中，分为法例律。宋、齐、梁及后魏因而不改。爰至北齐，并刑名法例为名例；后周复为刑名；隋因北齐更为名例；唐因于隋，相承不改。此吾国旧律传授之源流。自宋迄清，亦多沿唐律。至清季始改定新刑律，因吾国之习惯，采欧洲之法意，然亦未能尽变旧法也。）政府立法，恃国民之推行，民力不充，虽有良政府亦无如之何。民能自立，政府虽强暴压制，亦不能阻其进取也。吾观秦史，颇见秦民进取之迹。如：

《汉书·高帝纪》："诏曰：粤人之俗，好相攻击，前时秦徙中县之民南方三郡，使与百粤杂处。会天下诛秦，南海尉它居南方，长治之，甚有文理，中县人以故不耗减，粤人相攻击之俗益止。"

《史记·货殖传》："蜀卓氏之先，赵人也，用铁冶富。秦破赵，迁卓氏。卓氏见虏略，独夫妻推辇，行诣迁处。众迁虏少有余财，争与吏，求近处，处葭萌。唯卓氏曰：'此地狭薄。吾闻汶山之下，沃野，下有蹲鸱，至死不饥。民工于市，易贾。'乃求远迁。致之临邛，大喜。即铁山鼓铸，运筹策，倾滇、蜀之民。"

由此推之，秦时南越、滇、蜀，皆赖中夏之民为之开化。尉佗之文理，卓氏之筹策，特其著者耳。吾国人民之优秀实冠绝于四裔，虽为政府强迫迁徙，亦能自立于边徼。故秦代谪戍移民之法，虽在当时为暴虐，而播华风于榛狉之地，使野蛮之族皆同化于中县，其所成就，正非当时政府意计所及也。

第三十章 汉代内外之开辟

秦室统一，才十二年，而陈、项起，战乱七年，而天下为刘氏一家所有。自高祖至平帝，凡二百零七年；光武至献帝，凡百六十五年；中隔新莽更始，凡十九年。抚略言之，西汉之世，实吾国行郡县制以后统一最久之时，故外人皆称吾国人为汉人。而吾人自夸其政俗之美，亦津津曰"两汉"。实则汉之政治，多沿秦法，间参以儒家之言。

> 《汉书·元帝纪》："元帝柔仁好儒，见宣帝所用多文法吏，以刑名绳下。……尝侍宴，从容言：'陛下持刑太深，宜用儒生。'宣帝作色曰：'汉家自有制度，本以霸王道杂之，奈何纯任德教，用周政乎！'"

初无特别之建设，其风俗则各地不同，亦未可以概论。惟其时之人有功于吾国最大者，实在外拓国家之范围，内辟僻壤之文化，使吾民所处炎黄以来之境域，日扩充而日平实焉。是不可以无述也。

汉承战国及秦之后，用民之力最重，民亦习于力役，不以为苦也。其时人人习兵，为正卒。

> 《汉书·高帝纪注》："《汉仪注》云：民年二十三

为正，一岁为卫士，一岁为材官骑士，习射御驰战陈。年五十六衰老，乃得免为庶民，就田里。"

给役当地，兼须戍边；不戍边而纳赋者，谓之"过更"。

《汉书·昭帝纪注》："如淳曰：更有三品，有卒更，有践更，有过更。古者正卒无常人，皆当迭为之，一月一更，是谓卒更也。贫者欲得顾更钱者，次直者出钱顾之，月二千，是谓践更也。天下人皆直戍边三日，亦名为更，律所谓繇戍也。虽丞相子亦在戍边之调。不可人人自行三日戍，又行者当自戍三日，不可往便还，因便住一岁一更。诸不行者，出钱三百入官，官以给戍者，是谓过更也。"

论者谓汉之力役三十倍于古，实尚不止三十倍也。此外，又有七科谪戍之法，

《汉书·武帝纪》："天汉四年，发天下七科谪。"注："张晏曰：吏有罪一，亡命二，赘婿三，贾人四，故有市籍五，父母有市籍六，大父母有市籍七。凡七科也。"

时时徙民于边，

《汉书·武帝纪》："元朔二年，募民徙朔方十万口。元狩五年，徙天下奸猾吏民于边。"

而人民莫之怨畔。故吾谓汉代人民，最能尽国民之义务。汉之国威膨胀，因亦迥绝古今，不可第归美于一二帝王将相也。（汉时田租十五税一，文景以后，皆三十税一，且有时全除其租，可谓轻矣。然其时人民有算赋，自十五至五十六，出钱人百二十。又有口赋，自七岁至十四，出钱人二十。又有赀算，人赀万钱。取算百二十七，贫民亦以衣履釜鬵为赀而算之。其往来徭戍者，道巾衣装悉自备，汉民负担之重，盖前此所未有也。）

战国时，燕、赵、秦、楚皆务拓地。至秦统一，尤锐意为之，而多未竟。至汉承其业，益猛进焉。今为分述于下：

（一）东方之开拓。朝鲜自周初立国，已被商、周之文化。然中间交通不盛，燕、秦筑塞至浿水，燕、齐、赵人往者益多，于是燕人卫满逐箕准而自王。吾国民之力及于朝鲜者，视周代盖已大进，至汉武帝元封三年，朝鲜相参杀其王右渠来降，以其地为乐浪、临屯、玄菟、真番四郡。汉之疆域，遂奄有今日朝鲜京畿、江原二道以北之地。昭帝时，罢临屯、真番二郡，又置乐浪东部都尉。至东汉光武建武六年，始省都尉官，弃单单大岭以东之地，然乐浪、玄菟犹内属也。《史记·货殖列传》称燕民东绾秽貉、朝鲜、真番之利，是汉之拓东境，大有益于商业也。《后汉书·东夷传》称："自武帝灭朝鲜，倭使驿通于汉者三十许国。建武中元二年，倭奴国奉贡朝贺，光武赐以印绶。"是汉之声教，且由朝鲜而及于日本也。

（二）北方之开拓。古代北方诸族，曰匈奴，曰乌桓，曰鲜卑。秦、汉时匈奴最强，乌桓、鲜卑皆为所屏。惟吾国人能抗匈奴，始则以长城为界，继且出塞筑朔方郡，又收河西地，置酒泉、武威、张掖、敦煌四郡。汉之北境，轶于秦二千余里，而匈奴或降或徙，乌桓亦为汉用焉。东汉时，匈奴分为南北。南匈奴附汉，入宅河南；北匈奴为汉所破，漠北以空。而乌桓、鲜卑渐以强盛。论者多谓异族侵入中土，为汉族渐衰之端。然异族之人，实沐汉之文化。如匈奴古无文书，以言语为约束。至东汉时，单于比使人奉地图求内附，是匈奴亦如华夏，有文字图籍矣。

（三）西方之开拓。秦之西界，不过临洮，汉武置四郡，始通西域。而张骞使大夏，见邛竹杖、蜀布，知汉人之通西域久矣。汉之设官西域，自宣帝开始。天山南北、葱岭东西诸国，悉属汉之都护。治乌垒城，实今新疆之中心也。自西汉神爵三年，至东汉永初元年，汉威远播，凡百六十载。其后，犹设西域长史，屯柳中，辖葱岭以东之地，虽各国自有君长，实与汉地无异。近年墩煌所出竹简，有小学、术数、方技及屯戍文牍，意汉之文教，必远及于葱岭内外。小学诸书，即其时学校课本。今所发见者，虽在敦煌，其行于敦煌以西，固可必也。

（四）西南及南方之开拓。秦、汉之间，西南各地氐、羌、蛮、夷、闽、粤诸族，与汉族错处，或辟为郡县，而其俗未化；或仍其国族，而时烦征伐，经营累世，始渐同于中夏。其事复杂，与西北二方不同，宜以今地区分而研究之。（甲）两广及安南之地。秦辟扬粤，仅置三郡。赵佗自立，役属骆越，其地始及于安南。佗传国五世，至武帝元鼎六年灭之，分置六郡。其珠崖、儋耳二郡，至元帝初元三年，复罢之。《后汉书》曰："凡交趾所统，虽置郡县，而言语各异，重译乃通，人如禽兽，长幼无别……后颇徙中国罪人，使杂居其间，乃稍知言语，渐见礼化。光武中兴，锡光为交趾，任延守九真，于是教其耕稼，制为冠履，初设媒娉，始知姻娶，建立学校，导之礼义。"此汉人开化越南之功也。建武十八年，马援远征，随山刊道千余里，立铜柱，为汉之极界。《后汉书》称援所过，辄为郡县，治城郭，穿渠灌溉，以利其民。条奏越律与汉律驳者十余事，与越人申明旧制以约束之。自后，骆越奉行马将军故事，今其民号曰"马留人"，以此也。（乙）四川云贵之地。秦、汉之时，巴蜀虽已置郡，而其地犹有巴氏蛮、板楯蛮等，不尽以汉法治之也。其西南，又有夜郎、滇、筰、邛都、嶲、昆明诸国，皆曰西南夷。汉武帝使唐蒙通道夜郎，置犍为，牂柯二郡。又以邛都为越嶲郡，筰都为沈黎郡，冉駹为汶山郡，滇为益州郡。后汉明帝时，又以哀牢夷地置永昌郡。于是汉郡至今云南保山县澜沧江之南，而徼外之掸人亦归化，与大秦时通商焉。《汉书》称："景帝末，文翁为蜀郡守，见蜀地僻陋，有蛮夷风，欲诱进之。乃选郡县小吏，遣诣京师，受业博士，或学律令。数岁，成就还归，以为右职。又修起学官于成都市中，招下县子弟，以为学官弟子，蜀人由是大化。学于京师者，比齐、鲁焉。"《后汉书》称："章帝时，王追为益州太守，始兴起学校，渐迁其俗。桓帝时，牂柯人尹珍，自以生于荒裔，不知礼义，乃从汝南许慎、应奉受经书图纬，学成还乡里教授。于是南域始有学焉。"此四川、云南、贵州以此开化之证也。（丙）湖北湖南之地。秦昭王始置黔中郡，汉改为武陵。其地蛮族，仍各自为部落。至后汉时，犹有澧中蛮、零阳蛮、充中蛮诸名；是今之澧县及慈利、永定等地，皆当时蛮夷所居也。顺帝时，武陵太守以蛮夷率服，可比汉人，增其租赋。然其后蛮人犹时反叛，屯结深山。盖其开化反迟于川、滇之地矣。建武中，南郡蛮反，徙之置江夏，号曰沔中蛮。和帝时，又徙巫县蛮于江夏，于是江夏蛮数反，与庐江贼相接。是东汉时湖北、黄州、德安一带之地，实多蛮族，后且蔓延至于安徽也。《后汉书·度尚传》："抗徐守宣城长，移深林远薮椎髻鸟语之人，置于县下。"盖其时安徽各地，亦多未开化之民矣。（丁）浙江福建之地。汉初，封无诸为闽粤王，都冶；又立摇为东海王，都东瓯。其后，东瓯悉众徙中国，处江淮之间，而闽粤分立东粤。未

几，又徙其民于江、淮。故西汉会稽郡虽广，而自今临海、黄岩
以南，殆虚无人居。东汉时，设章安、永宁、侯官等县，海滨之
地，始渐开拓矣。

由此观之，汉之南部，虽立郡县，其文化远逊于江淮以北。
经数百年，始渐同于中土。先民劳苦经营，遂告成中国大半之
地。而南北风气之暌隔，亦由于开化之时有迟速之不同，读史者
所最宜究心者也。又其时陕、甘之地，亦未尽开化，武帝以白马
氏地，置武都郡，即今武都、宁羌等县也。宣帝时，先零羌扰河
湟，赵充国以屯田之策制之。至王莽时，置西海郡，则辟地至今
之青海矣。东汉之世，氐羌诸族，时服时叛，或徙其人，或置屯
田，皆劳汉族之力以镇抚之，故今日甘肃各地回族，自为风气，
其来有自。

> 《后汉书·西羌传》："湟中月氏胡，其先大月氏之
> 别也。依诸羌居止，遂与共婚姻。月氏分散来降，与汉
> 人错居，其被服饮食言语，略与羌同。"（按大月氏为土
> 耳其族，湟中月氏与羌人混合，实今日甘肃回人之祖。）

而异族杂处，仍无碍于吾国郡县之制，亦可以见汉族势力之伟
矣。虽然，汉代治地之法，亦有区别。《汉书·百官公卿表》曰：
"有蛮夷曰道。"西汉之道，凡三十二。至东汉时，有改为县者，
有仍为道者；比而观之，亦可见其进化之迹焉。

西汉县道表

【地名】	【所属】	【沿革】	【今地】
翟道	左冯翊	东汉无	中部县西北

续表

【地名】	【所属】	【沿革】	【今地】
除道	北地	东汉无	未详
义渠道	北地	东汉无	宁县西北
戎邑道	天水	东汉无	清水西北
豲道	天水	东汉同	陇西东南
氐道	陇西	东汉无	秦县东南
羌道	陇西	东汉同	岷县东南
严道	蜀郡	东汉同	荥经
汶江道	蜀郡	东汉同	茂县
刚氐道	广汉	东汉同	平武
武都道	武都	东汉同	成县东
狄道	陇西	东汉同	今县
略畔道	北地	东汉无	今合水庆阳
雕阴道	上郡	东汉县	鄜县北
略阳道	天水	东汉无	秦安东北
绵诸道	天水	东汉无	秦县东
予道	陇西	东汉无	狄道西南
月氏道	安定	东汉无	镇原东北
湔氐道	蜀郡	东汉同	松潘
甸氐道	广汉	东汉同	文县东北
阴平道	广汉	东汉同	文县
故道	武都	东汉同	凤县西北
平乐道	武都	东汉无	成县西南
修成道	武都	东汉无	成县南
僰道	犍为	东汉同	宜宾

【地名】	【所属】	【沿革】	【今地】
夷道	南郡	东汉县	宜都
泠道	零陵	东汉县	道县
嘉陵道	武都	东汉无	礼县
下辨道	武都	东汉县	武都
灵关道	越嶲	东汉同	泸山西北
营道	零陵	东汉县	宁远西南
连道	长沙	东汉县	湘邻

第三十一章　两汉之学术及文艺

　　周、秦之学术思想，至两汉而结局。凡汉人之所从事，大抵为古人作功臣，不能特别有所创造。然因古代文明之递嬗，亦能于保存之中演为新制，而国基大定，疆域辽廓，又足以生国民宏大优美之思想，未可概以因袭鄙之也。又凡汉人之著作，与其所研究者，不尽传于后，观《汉书·艺文志》及钱大昭《补续汉书艺文志》，其书之亡逸者夥矣。以今所存，遽下定论，殊为未安。姑就著于世者，比而论之，其学术文艺，犹有千门万户之观。是可知汉人于吾国之文明，既善继往，兼能开来，非如后之言汉学者，第以经义训诂为一朝之学也。

　　世多谓汉武帝绌诸子，崇儒学，为束缚思想之主因。然古先圣哲思想之流传，实武帝之功。以功为罪，正与事实相反。观《艺文志》，即可知其说之不然。

　　　　《汉书·艺文志》：“汉兴，改秦之败，大收篇籍，广开献书之路。迄孝武世，书缺简脱，礼坏乐崩，圣上喟然称曰：‘朕甚闵焉。’于是建藏书之策，置写书之官，下及诸子传说，皆充秘府。”

　　盖汉初犹存挟书之律，惠帝虽除之，

《汉书·惠帝纪》:"四年,除挟书律。"

其民间之收藏隐秘,犹未尽敢公布。至孝武而后,诸子传说与六艺之文,始并充于秘府。恶得以董仲舒、卫绾之言,遽谓武帝"罢黜百家"乎?

《汉书·董仲舒传》:"自武帝初立,魏其、武安侯为相,而隆儒矣。及仲舒对册,推明孔氏,抑黜百家,立学校之官,州郡举茂材、孝廉,皆自仲舒发之。"又《汉武帝纪》:"建元元年,冬十月,诏丞相、御史、列侯、中二千石、二千石、诸侯相举贤良方正直言极谏之士。丞相绾奏:'所举贤良,或治申、商、韩非、苏秦、张仪之言,乱国政,请皆罢。'奏可。"

武帝以后,学者犹兼治诸子百家之学,

《汉书·艺文志》:"成帝时,以书颇散亡,使谒者陈农求遗书于天下。诏光禄大夫刘向校经传诸子诗赋,步兵校尉任宏校兵书,太史令尹咸校数术,侍医李柱国校方技。每一书已,向辄条其篇目,撮其指意,录而奏之。会向卒,哀帝复使向子侍中奉车都尉歆卒父业。歆于是总群书而奏其《七略》。故有《辑略》,有《六艺略》,有《诸子略》,有《诗赋略》,有《兵书略》,有《术数略》,有《方技略》。"

使武帝时禁人攻习异端,则向、歆父子,何必校定诸书乎?

汉以经书立学官,亦沿古者官学之法,如《王制》所谓"乐正崇四术立四教，春秋教以礼、乐；冬夏教以诗、书"，非汉人之创制也。至平帝时，广征学者。

> 《汉书·平帝纪》："元始五年，征天下通知逸经、古记、天文、历算、钟律、小学《史篇》、方术《本草》及以五经、《论语》、《孝经》、《尔雅》教授者，在所为驾一封轺传，遣诣京师。至者数千人。"

复不限于经生。足知西汉末年，人之为学，广出诸途，不第专以经学教授也。汉初已有博士，

> 《汉书·儒林传》："辕固，齐人也。以治《诗》，孝景时为博士。""韩婴，燕人也。孝文时为博士。""胡毋生，字子都，齐人也。治《公羊春秋》，为景帝博士。"
>
> 《后汉书·翟酺传》："孝文皇帝始置一经博士。"

武帝时，初置五经博士，至东汉时，凡十四家。

> 《宋书·百官志》："汉武建元五年，初置五经博士，宣、成之世，《五经》家法稍增，经置博士一人，至东京凡十四人。"《续汉书·百官志》："博士祭酒一人，六百石。本仆射，中兴转为祭酒。博士十四人，比六百石。"本注曰："《易》四，施、孟、梁丘、京氏。《尚书》三：欧阳、大小夏侯氏，《诗》三：鲁、齐、韩氏。《礼》二：大小戴氏。《春秋》二：公羊、严颜氏。掌教弟子。国有疑事，掌承问对。本四百石，宣帝增秩。"

其任用出于保举，

> 《后汉书·朱浮传》注引《汉官仪》曰："博士，秦
> 官也。武帝初置五经博士，后增至十四人。太常差选有
> 聪明咸重一人为祭酒，总领纲纪。其举状曰：'生事爱
> 敬，丧没如礼；通《易》、《尚书》、《孝经》、《论语》，
> 兼综载籍，穷微阐奥。隐居乐道，不求闻达。身无金痍
> 痼疾，卅六属不与妖恶交通、王侯赏赐。行应四科，经
> 任博士。'下言某官某甲保举。"

然后策试，盖重其选也。

> 《后汉书·朱浮传》："旧事，策试博士，必广求详
> 选，爰自畿夏，延及四方，是以博举明经，唯贤是登。"

学官弟子，初置五十人，后以次增至数千人。

> 《汉书·儒林传》："为博士官置弟子五十人，复
> 其身。太常择民年十八以上，仪状端正者，补博士弟
> 子。郡国县官有好文学，敬长上，肃政教，顺乡里，出
> 入不悖，所闻，令相长丞上属所二千石。二千石谨察可
> 者，常与计偕，诣太常，得受业如弟子。""昭帝时，举
> 贤良文学，增博士弟子员满百人，宣帝末增倍之。""元
> 帝……更为设员千人。""成帝末……增弟子员三千
> 人。""平帝时王莽秉政，增元士之子得受业如弟子，勿
> 以为员。"

后汉国学尤盛，顺帝以降，太学至三万余生。

> 《后汉书·儒林传》："建武五年，乃修起太学……
> 其后复为功臣子孙、四姓末属，别立校舍，搜选高能，
> 以受其业。""自安帝览政，薄于艺文，博士倚席不讲，
> 朋徒相视怠散，学舍颓敝，鞠为园疏。""顺帝……更修
> 黉宇，凡所造构，二百四十房，千八百五十室。""自是
> 游学增盛，至三万余生。"

按东汉太学，有二百四十房，千八百五十室，是盖从古未有之大
学校也。以三万余学生，居千八百室，殆六室而居百人。就《后
汉书》考之，其时太学生所居之室，盖甚宽大。如《仇览传》
称："览入太学时，诸生同郡符融，有高名，与览比宇，宾客盈
室。览常自守，不与融言。融乃谓曰：'与先生同郡壤，邻房牖，
守之何固！'览不与言。融以告郭林宗，因与融赍刺就房谒之，
遂请留宿，林宗嗟叹，下床为拜。"是学生所居之室，日中可接
宾客，夜可留宾止宿，必大于今日学校寄宿舍矣。又其时讲舍与
宿舍异处，如《朱祐传》："祐初学长安，帝往候之。祐不时相劳
苦，而先升讲舍。后车驾幸其第，帝因笑曰：'主人得无舍我讲
乎！'"是其学生宿舍，与讲舍不连之证。宿舍中有客至，而学生
升舍听讲，不与宾相劳苦，殆讲授有定时，不敢缺席之故欤？学
生之势力，至于左右朝政，则兴学之效也。

> 《后汉书·党锢传》："太学诸生三万余人……更相
> 褒重……危言深论，不隐豪强。自公卿以下，莫不畏其
> 贬议，屣履到门。"

武帝以前，郡同未有学校，而闾里自有书师。自文翁在蜀立学堂，

> 《汉书·循吏传》："文翁，卢江舒人也。……景帝末，为蜀郡守。……见蜀地僻陋，有蛮夷风，文翁欲诱进之，乃选县小吏，开敏有材者张叔等十余人，亲自饬厉，遣诣京师，受业博士，或学律令。减省少府用度，买刀布蜀物，赍计吏，以遗博士。"颜师古曰："文翁学堂，在今益州城内。"《水经注》："文翁为蜀守，立讲堂，作石室于城南。永初后，学堂遇火，后守更增二石室。"

武帝乃令天下郡国皆立学校官。王莽柄国，特尚学术，郡国乡聚，皆有学校。

> 《汉书·平帝纪》："元始三年，立官稷及学官。郡国曰学，县、道、邑、侯国曰校。校、学置经师一人。乡曰庠，聚曰序。序、庠置《孝经》师一人。"

东汉开国君臣，大都其时学校所养成也。

> 《后汉书·光武本纪》："王莽天凤中，乃之长安，受《尚书》，略通大义。"《邓禹传》："年十三，能诵《诗》，受业长安。时光武亦游学京师。"《耿纯传》："父艾，为王莽济平尹。纯学于长安，因除为纳言士。"《景丹传》："少学长安，王莽时举四科。"《卓茂传》："茂，元帝时，学于长安，事博士江生，习《诗》、《礼》及

历算，究极师法，称为通儒。"《东观汉记》："光武受
《尚书》于中大夫卢江许子威，资用乏，与同舍生韩子
合钱买驴，令从者僦以给诸公费。"

班固《东都赋》曰："四海之内，学校如林，庠序盈门。"以《后
汉书》诸传证之，北至武威，

> 《后汉书·任延传》："延为武威太守……造立校官，
> 自掾史子孙，皆令习业。"

南至桂阳，

> 《后汉书·卫飒传》："为桂阳太守……下车，修庠
> 序之仪。"

僻壤蛮陬，并有学校。

> 《后汉书·李忠传》："为丹阳太守……以丹阳越俗，
> 不好学……乃为起学校，习礼容。"
> 《金石萃编》（王昶）："《溧阳长潘乾校官碑》云：
> 远人聆声景附，乐受一廛。既来安之，复役三年。惟泮
> 宫之教，反失俗之礼。构修学官，宗懿招德。"

信其语为不诬矣。
　　西汉大师，弟子之多，不过千余人。

> 《汉书·儒林传》："申公归鲁，退居家教，终身不

出门，复谢宾客，独王命召之乃往。弟子自远方至受业者千余人。"

东汉诸儒，家居教授者，指不胜屈，其弟子之多，亦过于西汉之经师。

《后汉书·牟长传》："诸生讲学者，常有千余人，著录前后万人。"《宋登传》："教授数千人。"《杜抚传》："弟子千余人。"《丁恭传》："诸生自远方至者，著录数千人。"《楼望传》："诸生著录九千余人。"《谢该传》："门徒数百千人。"《蔡玄传》："门徒常千人，其著录者万六千人。"

师各有录，载其门徒。

《后汉书·李膺传》："膺诣诏狱考死，妻子徙边，门生、故吏及其父兄，并被禁锢。时侍御史蜀郡景毅子顾为膺门徒，而未有录牒，故不及于谴。毅乃慨然曰：'本谓膺贤，遣子师之，岂可以漏夺名籍，苟安而已！'遂自表免归，时人义之。"

门徒之多，不能遍教，则使高业弟子，以次相传。

《后汉书·马融传》："融才高博洽，为世通儒，教养诸生，常有千数。涿郡卢植，北海郑玄，皆其徒也。……弟子以次相传，鲜有入其室者。"《郑玄传》："造太学受业，师事京兆第五元，先始通《京氏易》《公

羊春秋》、《三统历》、《九章算术》。又从东郡张恭祖
受《周官》《礼记》《左氏春秋》《韩诗》《古文尚书》。
以山东无足问者，乃西入关，因涿郡卢植事扶风马融。
融门徒四百余人，升堂进者五十余生。融素骄贵，玄在
门下三年，不得见，乃使高业弟子传受于玄。玄日夜寻
诵，未尝怠倦。会融集诸生考论图纬，闻玄善算，乃召
见于楼上，玄因从质诸疑义。"

私家传授之盛，古所未有也。

汉人讲学，必从师者，以家无书籍，传写不易，非专家之
师，授以章句，无由得师而成学也。

《汉书·儒林传》："孝文时，求能治《尚书》者，
天下亡有。闻伏生治之，欲召。时伏生年九十余，老
不能行，于是诏太常使掌故朝错往受之。""孟喜好自
称誉，得《易》家候阴阳灾变书，诈言师田生且死时，
枕喜膝，独传喜。诸儒以此耀之。"《后汉书·荀悦传》
"家贫无书，每之人间，所见篇牍，一览多能诵记。"

后汉时虽已有卖书于肆者，疑亦只京师有之，而僻壤遐陬，仍苦
无书。

《后汉书·王充传》："家贫无书，常游洛阳市肆，
阅所卖书，一见辄能诵忆。"

以此之故，从师受业者，往往不远千里，或佣作执苦，以助读书
之资。其时书籍，尚多用简帛。

《汉书补注》（沈钦韩）："刘向上《晏子》、《列子》奏，并云以杀青书可缮写。然则其录奏者，并先杀青书简也。《御览》六百六引《风俗通》云：刘向《别录》杀青者，直治竹作简书之耳。新竹有汗，善朽蠹，凡作简者，皆先火上炙干之，陈、楚间谓之汗。汗者，去其汁也。吴、越曰杀，杀亦治也。向为孝成皇帝典校书籍二十余年，皆先书竹，改易刊定，可缮写者，以上素也。"

《后汉书·吴祐传》："父恢，为南海太守。祐年十二，随从到官，恢欲杀青简以写经书，祐谏曰：'此书若成，则载之兼两。'"

后汉时，始有蔡侯纸，

《后汉书·蔡伦传》："自古书契，多编以竹简，其用缣帛者，谓之为纸。缣贵而简重，并不便于人。伦乃造意，用树肤、麻头及敝布、鱼网以为纸。元兴元年，奏上之，帝善其能，自是莫不从用焉。故天下咸称'蔡侯纸'。"

是实吾国文化之一大利器也。顾传写虽便，而经籍未有定本亦难免于讹误，于是有石经之刻。

《后汉书·蔡邕传》："邕以经籍去圣久远，文字多谬，俗儒穿凿，疑误后学，熹平四年，乃与五官中郎将堂谿典、光禄大夫杨赐、谏议大夫马日磾、议郎张驯、韩说、太史令单飏等，奏求正定《六经》文字，灵帝许之。邕乃自书丹于碑，使工镌刻，立于太学门外。于是后儒晚学，咸取正焉。及碑始立，其观视及摹写者，车乘日千余两，填塞街陌。"注引《洛阳记》曰："太学在洛阳城南开阳门外，讲堂长十丈，广二丈。堂前《石经》四部。本碑凡四十六枚：西行，《尚书》、《周易》、《公羊传》十六碑存，十二碑毁；南行，《礼记》十五碑悉崩坏；东行，《论语》三碑，二碑毁。《礼记》碑上有谏议大夫马日䃅、议郎蔡邕名。"

其议倡于蔡邕，而成于李巡等。

《金石萃编》："《蔡邕传》称：同奏者有五官中郎将堂谿典、光禄大夫杨赐、谏议大夫马日䃅、议郎张驯、韩说、太史令单飏等，而《公羊传》后别有谏议大夫赵喊、议郎刘宏、郎中张文、苏陵、傅桢；《论语》后别有博士左立、郎中孙表。疑当时同与此事者尚多，而史略不载也。考《卢植传》，植由庐江太守征拜议郎，与谏议大夫马日䃅、议郎蔡邕、杨彪、韩说等并在东观，校中书《五经》传记，是杨彪、卢植亦尝同校《五经》。又《吕强传》称：汝阳李巡白帝，与诸儒共刻《五经》文于石，于是蔡邕等正定其文。则刻经之议，虽创于邕，而其得蒙诏许，实由李巡之功。"

自熹平四年至光和六年，凡九年始毕。其工之艰巨，亦自古所未有也。迄今阅千七百余年，而是经之残字犹存于世，是岂宋、元板本所可及耶！

《金石萃编》："汉石经残字，共十二段。翁方纲汇摹其文，刻于南昌官舍，石经残字存者止此。而读其遗文，犹可以见鸿都之旧。"

两汉同重经学，而学术风气不同。西汉多治今文，罕治古文；东汉则今古文并立。前汉今文说，专尚微言大义，后汉治古文，多详章句训诂。此两汉经学之别也。

《经学历史》（皮锡瑞）："今文者，今所谓隶书……古文者，今所谓籀书……隶书汉世通行，故当时谓之今文……籀书，汉已不通行，故当时谓之古文。……许慎谓孔子写定六经，皆用古文。然则孔氏与伏生所藏书，亦必是古文。汉初发藏，以授生徒，必改为通行之今文，乃便学者诵习。故汉立博士十四，皆今文家，而当古文未兴之前，未尝别立今文之名。《史记·儒林传》云：'孔氏有《古文尚书》，而安国以今文读之。'乃就《尚书》之今古文字而言；而鲁、齐、韩《诗》，《公羊春秋》，《史记》不云今文家也。至刘歆始增置《古文尚书》、《毛诗》、《周官》、《左氏春秋》。既立学官，必创说解。后汉卫宏、贾逵、马融又递为增补，以行于世，遂与今文分道扬镳。"

近人以孟、荀、墨、韩、吴子及司马法诸书，多与今文家说合，并引为今学。

《今古学考·今学书目表》（廖平）：《王制》、《穀梁春秋》、《公羊春秋》、《仪礼记》、《戴记》今学各篇、

《孟子》、《荀子》、《墨子》、《司马法》、《韩非子》、《吴子》、《易纬》、《尚书大传》、《春秋繁露》、《韩诗外传》、《公羊何氏解诂》。又《古学书目表》：《周礼》、《左氏春秋》、《仪礼经》、《戴记》古学各篇、《逸周书》、《国语》、《说文》。

则今古文之范围，兼当包括诸子矣。两汉之人，多专一经；东汉则多兼通，所著解说，动辄数十万言。

《后汉书·周防传》："撰《尚书杂记》三十二篇，四十万言。"《伏恭传》："为《齐诗章句》二十万言。"《景鸾传》："著述凡五十余万言。"

是亦学术进步之证。郑玄兼治今古文家法，遍注群经，凡百余万言。黄巾军皆知其名，不犯其境。东汉人之知重学者，亦一最美之风气也。

《后汉书·郑玄传》云："凡玄所注《周易》、《尚书》、《毛诗》、《仪礼》、《礼记》、《论语》、《孝经》、《尚书大传》、《中候》、《乾象历》，又著《天文七政论》《鲁礼禘祫义》、《六艺论》、《毛诗谱》、《驳许慎五经异义》、《答临孝存周礼难》，凡百万余言。""建安元年，自徐州还高密，道遇黄巾贼数万人，见玄皆拜，相约不敢入县境。"

汉人之学，不专治经也。周、秦诸子之学，汉时实能综括而章明之。《七略》所载诸子，凡百八十九家，四千三百二十四篇。至

魏、晋以降，始次第沦佚，故有功于诸子者，莫若汉也。以两
《汉书》诸传考之，有专治一家之学者，有以一家之学教授后生
者，其风气盖与经学家无殊。如盖公善治黄、老，曹参请之言
治；司马谈习道论于黄子；杨王孙学黄老之术；耿况学《老子》
于安丘先生；淳于恭善说《老子》；范升习《老子》，教授后生；
矫慎少学黄老；是皆道家之学，不独窦太后好黄、老，楚王英喜
黄、老也。晁错学申、商刑名于轵张恢生所；阳球好申、韩之
学；是申、商、韩非之学，实绵延于两汉，而汉世以法律名者尤
夥，虽不尽传诸子之说，要当属于法家。（西汉以法学著者，如
路温舒学律令，杜延年明法律，郑昌、郑弘皆通法律，于定国少
学法于父，郑崇父宾明法律，丙吉治律令，及文翁遣小吏诣京师
学律令，皆见于《汉书》诸传。东汉郭躬父弘，习小杜律，躬少
传父业，讲授，徒众常数百人。自弘后数世皆传法律。侯霸从钟
宁君受律，钟皓善刑律，以律教授，皆见于《后汉书》。）主父
偃学长短纵横术，著书二十八篇，与蒯通、徐乐、严安、聊苍等
所著之书，皆著于《艺文志》，是皆汉之纵横家也。田蚡学《盘
盂》书，为杂家；而淮南王、东方朔之书，亦著于志。其农家之
董安国、尹都尉、氾胜之等，皆汉人也。小说家有虞初《周说》
九百四十三篇，《百家》百三十九卷。张衡《西京赋》至谓小说
本自虞初，则其盛可想。通计汉之学术，逊于战国者，惟名家及
墨家。然汉人所见名家、墨家之书犹伙，非若今之抱残守缺，徒
摭拾一二语，以断定某家性质之比也。

汉之经师，多通阴阳之学，如董仲舒以《春秋》灾异推阴
阳所以错行，高相专说阴阳灾异，京房长于灾变，翼奉好律历阴
阳之占，皆西汉之经学大师也。其后则由阴阳家而变为谶纬。据
《后汉书·樊英传》，则谶纬之学，与《京氏易》同出于一原。

　　《后汉书·方术传》："樊英少受业三辅，习《京氏
易》，兼明《五经》，又善风角、星算《河》《洛》七纬，
推步灾异。"注："七纬者，《易》纬：《稽览图》、《乾
凿度》、《坤灵图》、《通卦验》、《是类谋》、《辨终备》也；
《书》纬：《璇玑钤》、《考灵耀》、《刑德放》、《帝命验》、
《运期授》也；《诗》纬：《推度灾》、《记历枢》、《含神
雾》也；《礼》纬：《含文嘉》、《稽命征》、《斗威仪》也；
《乐》纬：《动声仪》、《稽耀嘉》、《汁图征》也；《孝经》
纬：《援神契》、《钩命决》也；《春秋》纬：《演孔图》、
《元命苞》、《文耀钩》、《运斗枢》、《感精符》、《合诚图》、
《考异邮》、《保乾图》、《汉含孳》、《佑助期》，《握诚图》、
《潜谭巴》、《说题辞》也。"

后汉学者，大抵皆攻此学。

　　《后汉书·李通传》："通好星历谶记。"《苏竟传》：
"善图律，能通百家之言。"《翟酺传》："尤善图谶。"
《刘瑜传》："善图谶。"《魏朗传》："学《春秋图纬》。"
《薛汉传》："善说灾异谶纬。"《廖扶传》："尤明天文谶
纬。"《韩说传》："尤善图纬之学。"

或以《汉书》不载纬书疑之，然自史传外，当代碑版，称述
尤甚。

　　《说纬》（朱彝尊）："纬谶之书，相传始于西汉哀、
平之际。而《小黄门谯敏碑》称其先故国师谯赣深明
典奥谶录图纬，能精征天意，传道与京君明。则是纬

467

谶远本于谯氏、京氏也。东汉之世，以通《七纬》者为内学，通《五经》者为外学。其见于范史者无论。谢承《后汉书》称姚浚尤明图纬秘奥，又称姜肱博通《五经》，兼明星纬，载稽之碑碣。于有道先生郭泰，则云考览《六经》，探综图纬。于太傅胡广，则云探孔子之房奥。于琅邪王傅蔡朗，则云包洞典籍，刊摘沉秘。于中郎周勰，则云总《六经》之要，括《河》、《洛》之机。于大鸿胪李休，则云既综七籍，又精群纬。于国三老袁良，则云亲执经纬，隐括在手。于太尉杨震，则云明《河》、《洛》纬度，穷神知变。于山阳太守祝睦，则云七典并立，又云该洞七典，探赜穷神。于咸阳令唐扶，则云综纬《河》、《洛》，咀嚼《七经》。于酸枣令刘熊，则云效《五经》之纬图，兼核其妙，七业勃然而兴。于高阳令杨著，则云穷七道之奥。于郃阳令曹全，则云甄极毖纬，靡文不综。于薰长蔡湛，则云少耽七典。于从事武梁，则云兼通《河》、《洛》。于冀州从事张表，则云该览群纬，靡不究穷。于广汉属国都尉丁鲂，则云兼究秘纬。于广汉属国侯李翊，则云通经综纬。盖当时之论，咸以内学为重。"

俞氏谓"纬在太史，不在秘书"，说颇有理。

《癸巳类稿·纬书论》（俞正燮）："《汉书·艺文志》不载者，以纬在太史，不在秘书也。后汉，纬始入秘府。《隋书·经籍志》有纬八十一种，《唐六典·秘书郎·甲部九》曰：'图纬，以纪《六经》谶候。'注云：'《河图》等十三部九十二卷。'知东汉至唐皆在秘书，

更魏、隋焚纬，但书民间传本，廷臣议礼，师儒说经，
犹检纬，则《汉志》不载纬，无可疑也。"

欲知汉代学者之家法，不可不知纬学也。

汉人之学，兼通天人。故定儒者之名义，以通天地人为
标准。

《杨子·法言》："通天地人为儒。"

《汉志》所载天文、历谱、五行诸书，其学皆本于太古，而其书
多出于汉。

《汉书·艺文志》："天文二十一家，四百四十五
卷。""历谱十八家，六百六卷。""五行三十一家，
六百五十二卷。

汉之史官，又有世传天文之书，不在《艺文志》引诸书之内。太
史公著《天官书》，史家之专门学也。

《史记索隐》："案《天文志》，此皆《甘氏星经》
文，而志又兼载石氏……石氏名申夫，甘氏名德。"
《后汉书·天文志》："唐、虞之时，羲仲、和仲，
夏有昆吾，汤则巫咸，周之史佚、苌弘，宋之子韦，楚
之唐蔑，鲁之梓慎，郑之裨灶，魏石申夫，齐国甘公，
皆掌天文之官，仰占俯视，以佐时政。……秦燔《诗》、
《书》以愚百姓，《六经》典籍，残为灰炭，星官之
书，全而不毁。……汉兴，景、武之际，司马谈，谈子

迁，以世黎民之后，为太史令，迁著《史记》，作《天官书》。"

元、成之时，刘向专说灾异，撰《洪范五行传》，其说多穿凿附会。东汉诸儒，精于天文星算者尤众。如：

"杨厚受天文推步之术于父统"，"襄楷善天文阴阳之术"，"蓟瑜善天文历算之学"，"任文孙晓天官风星秘要"，"廖扶尤明天文推步"等。

而张衡之制作，尤为汉代一大事。

《后汉书·张衡传》："衡善机巧，尤致思于天文、阴阳、历算。……为太史令，遂乃研核阴阳，妙尽璇玑之正，作浑天仪，著《灵宪》、《筭罔论》，言甚详明。……阳嘉元年，复造候风地动仪。以精铜铸成，员径八尺，合盖隆起，形如酒尊，饰以篆文山龟鸟兽之形。中有都柱，傍行八道，施关发机。外有八龙，首衔铜丸，下有蟾蜍，张口承之。其牙机巧制，皆隐在尊中，覆盖周密无际。如有地动，尊则振龙机发吐丸，而蟾蜍衔之。振声激扬，伺者因此觉知。虽一龙发机，而七首不动，寻其方面，乃知震之所在。验之以事，合契若神。"同时崔瑗称之日："数术穷天地，制作侔造化。"

盖汉人之学，皆重实验，积往古之学说，因当时之风气，遂有发明制造之专家，恶得以其器之不传，遂谓汉学无足称哉！

吾国医药之学，其源甚远，而《本草》、《素问》等书，皆至汉始显。（"本草"之名，见于《汉书·平帝纪》，又《楼护传》有"诵医经、本草、方术数十万言"之语。）

> 《玉海》六十三引张仲景《伤寒卒病论》云："撰用《素问》。"

《汉志》详载医经、经方等书：

> "医经七家，二百一十六卷。""经方十一家，二百七十四卷。"

太史公作《扁鹊仓公传》，胪举其方术，知汉人极重医学矣。秦不焚医药之书，故古书至汉俱在。

> 《史记·扁鹊仓公传》："意受阳庆禁方，传黄帝、扁鹊之脉书，五色诊病。"

俞跗解剖之术，至汉末犹有能之者。

> 《史记·扁鹊仓公传》："上古之时，医有俞跗，治病不以汤液醴酒。镵石挢引，案抚毒熨，一拨见病之应。因五脏之输，乃割皮解肌，诀脉结筋，搦髓脑，揲荒爪幕，湔浣肠胃，漱涤五脏，练精易形。"
> 《后汉书·华佗传》："佗精于方药……针药所不能及者，乃令先以酒服麻沸散，既醉无所觉，因刳破腹背，割积聚。若在肠胃，则断截湔洗，除去疾秽，既而缝合，傅以神膏，四五日创愈，一月之间皆平复。"

盖古人精于全体之学，剚杀剖割，初非异事，与今世西人之治病相同。王莽以狱囚解剖，亦此意也。

> 《汉书·王莽传》："捕得翟义党王孙庆，使太医尚方与巧屠共刳剥之，量度五脏，以竹筳导其脉，知所终始，云可以治病。"

世称《难经》出于黄帝，历传至华佗，以及黄公、曹元。

> 《黄帝八十一难经序》（王勃）："歧伯以授黄帝，黄帝历九师以授伊尹，伊尹以授汤，汤历六师以授太公，太公以授文王，文王历九师以授医和，医和历六师以授秦越人，秦越人始定立章句，历九师以授华佗，华佗历六师以授黄公，黄公以授曹元。"

而汉史谓佗临死烧其书，

> 《后汉书·华佗传》："佗临死出一卷书与狱吏曰：'此可以活人。'吏畏法，不敢受。佗不强与，索火烧之。"

岂所烧者止破腹断肠之法，而《难经》则先已传于人软？后世医家独祖张机，于一切病惟恃诊脉处方之术，是汉代实古今医法变迁之枢。张机之名，不见于史，疑汉时其名并不甚著，然依其法以治病，讫今独有甚验者。知汉人之于医术，实积古代千万年之经验，而有专门之师授，初未可以厚非也。

《四库书目》："《金匮要略》，汉张机撰。机字仲景，南阳人。尝举孝廉。建安中，官至长沙太守。此书……上卷论伤寒，中论杂病，下载其方，并疗妇人。自宋以来，医家奉为典型，与《素问》、《难经》并重，得其一知半解，皆可以起死回生，则亦歧、黄之正传，和、扁之嫡嗣矣。"

汉时小学，兼重书算。

《汉书·律历志》："数者一、十、百、千、万也，所以算数事物，顺性命之理也。""其法在算术，宣于天下，小学是则，职在太史，羲和掌之。"

盖仍周代保氏教"六书九数"之法。故汉人多通算学。郑玄通《九章算术》，著于史传。

《后汉书·郑玄传》："通《九章算术》。"注："《九章算术》，周公作也。凡有九篇：《方田》一，《粟米》二，《差分》三，《少广》四，《均输》五，《方程》六，《旁要》七，《盈不足》八，《钩股》九。"

而《艺文志》不载《九章》，其小学十家，四十五篇，但载讲授文字之书。盖《九章算术》，职在太史，非秘书所掌，故向、歆校书，不存其目。后世不知汉代官学之系统，仅据《汉志》，目文字为小学，此学术名义所当改正者也。

汉代文字，随时增益。其初教小学之书，仅三千余字，后以次增至九千余字。

《说文序》："凡《仓颉》以下十四篇，凡五千三百四十字，群书所载，略存之矣。"段玉裁注："《仓颉》以下十四篇，谓自《仓颉》至于《训纂》，共十有四篇，篇之都数也；五千三百四十字，字之都数也。《艺文志》曰：'汉兴，闾里书师，合《仓颉》、《爰历》、《博学》三篇，断六十字以为一章，凡五十五章，并为《仓颉篇》'。此谓汉初《仓颉篇》只有三千三百字也。《志》又曰：'武帝时，司马相如作《凡将篇》，无复字。元帝黄门令史游作《急就篇》，成帝时，将作大匠李长作《元尚篇》，皆《仓颉》中正字也。《凡将》则颇有出矣。'此谓三家所作，惟《凡将》之字有出《仓颉篇》外者也。《志》又曰：'至元始中，征天下通小学者以百数，各令记字于庭中。扬雄取其有用者以作《训纂篇》，顺续《仓颉》，又易《仓颉》中重复之字，凡八十九章。'此谓雄所作《训纂》凡三十四章，二千四十字；合五十五章，三千三百字，凡八十九章，五千三百四十字也。""自扬雄作《训纂》以后，班固作十三章。和帝永元中，郎中贾鲂又作《滂喜篇》"，"怀瓘《书断》云：'《仓颉》、《训纂》八十九章，合贾广班三十四章，凡百二十章文字备矣。'按八十九章，五千三百四十字，又增三十四章，二千四十字，凡七千三百八十字。""许全书凡九千三百五十三字，盖五千三百四十字之外，他采者四千十三字。"

司马相如、扬雄、班固、贾鲂、许慎等所增之字，或出采辑，或出创造，未可断定。然四百年间，人民通用之字，增至六千五十有奇，文化之进步可想矣。汉人小学文字之书，盖有二体。一取便于记诵,《凡将》、《训纂》之类是也;一取详于解说,许慎《说文解字》是也。后世童蒙读本,以三字、四字或七字为句,皆源于汉。而研究许书者,独标汉学之名,且自诩为专门,亦未得汉人教学之全也。

段玉裁曰:"自《仓颉》至彦均,章皆六十字,凡十五句。句皆四言,许引'幼子承诏',郭注《尔雅》引'考妣延年'是也。《凡将》七言,如《蜀都赋》注引'黄润纤美宜制禪',《艺文类聚》引'钟磬竽笙筑坎侯'是也。《急就》今尚存,前多三言,后多七言。"

秦人刻石颂始皇功德,汉代不师其制,武帝立石泰山,无文字也。近世所得石刻,以鲁孝王"五凤石刻"为西汉石刻之始。

《语石》:"欧阳公《集古录》石刻无西汉文字,公于《宋文帝神道碑跋》云:'余家集古所录三代以来钟鼎彝铭刻备有,至后汉以后始有碑文,欲求前汉时碑碣,卒不可得。'是则冢墓碑自后汉以来始有也。赵明诚仅收建元二年郑三益阙一种,可知其鲜矣。然刘聪、符坚皆以建元纪年,未必为汉石也。鲁孝王五凤石刻,金明昌二年得于太子钓鱼池侧,今尚存曲阜孔庙。此外赵二十二年,群臣上寿刻石,出永年;河平三年麃孝禹刻石,出肥城;元凤中广陵王中题字,出甘泉。皆欧、赵所未见也。至居摄、坟坛二刻,及莱子侯刻石,已在新室篡汉后矣。"

而南越王胡墓木刻,则在汉武帝时,

《东方杂志》十四卷第一号载谭镳《上朱省长保存汉初木刻字书》云:"台山商人黄燮石,于广州城东里许东山庙前,购得官产龟冈地一段,建筑楼房,掘土丈余,发见一南越贵人遗冢。""冢堂铺地各木端,搜索得汉初隶书木刻字,其可辨者,尚有甫五、甫六、甫七、甫九、甫十、甫十二、甫十五、甫十八、甫二十等字。'甫'为'铺'之古字,其字画方整,间有参差,不作俯仰姿势,纯为西汉隶法。其'五、七、九'字,尚沿篆体。'甫'字亦有沿篆体作山头者,异于东汉诸碑。""冢中所得古钱,据工人言,合以《钱谱》,秦大半两,约数十枚,汉吕后八铢之半两,百余,汉文帝四铢之小半两,千余,而汉武帝之五铢不过数十。此外更无别式之钱。以此推想其营葬时代,必秦半两钱未停废,而汉五铢钱已流布;其为汉武未灭南越时,越之贵人遗冢已无疑义。镳意此冢当为南越文王胡冢。"

则西汉之特色,当以刻木为首矣。东汉石刻极夥,门生故吏,为其府主伐石颂德者,遍于郡邑。

《语石》:"东汉以后,门生故吏为其府主伐石颂德,遍于郡邑。然以欧、赵诸家校郦道元《水经注》所引,仅十存四五而已;以兰泉、渊如诸家校欧、赵著录,及洪文惠《隶释》、《隶续》,十仅存二三而已。古刻沦胥,良可慨叹。然荒崖峭壁,游屐摩挲,梵刹幽宫,耕犁发掘,往往为前贤所未见。"

其书有篆有隶,而隶体为多,或纵横宕逸,或谨严流丽,后之碑

版，靡得而逾焉。惟其作文及书碑者，多不著名，而出钱立碑之
人，往往附著碑阴，记其职掌及出钱多少。可以见其时风气，尚
公而重义矣。

汉之文章，初承战国之习，有纵横之余风。文、景以后，提
倡经术，其文多尔雅深厚。

> 《汉书·儒林传》："诏书律令下者，明天人分际，
> 通古今之谊，文章尔雅，训辞深厚。"

而史学大家司马迁生于武帝之世，萃《尚书》、《春秋》、《国语》、
《世本》诸书之体，创为《史记》，立本纪、世家、表、书、列传
之目，遂为文学、历史两家之祖。治文学者师其义法，

> 《史记·十二诸侯年表序》："约其辞文，去其烦重，
> 以制义法。"

修史策者袭其体裁，

> 《史通》(刘知幾)："《史记》家者，其先出于司马
> 迁，自是汉之史官所续，至梁武帝撰成《通史》，王晖
> 业著《科录》，李延寿《南北史》诸作，皆《史记》之
> 流也。"

是亦汉代之特色也。其后，褚少孙、扬雄、刘歆等多踵为之，而
班彪及子固相继为《汉书》，遂为断代史之祖。

> 《史通》："《汉书》家者，其先出于班固。自东汉

以后，作者相仍，皆袭其名号，无所变革。惟《东观》
曰'记'，《三国》曰'志'，然称谓虽别，而体制皆同。
历观自古史之所载也。《尚书》记周，事终秦穆；《春
秋》述鲁，文止哀公。《纪年》不逮于魏亡，《史记》唯
论于汉始。如《汉书》者，究西都之首末，穷刘氏之废
兴，包举一代，撰成一书。言皆精练，事甚该密，故学
者寻讨，易为其功，自尔迄今，无改斯道。"

吾国立国数千年，而朝野上下之典章制度、风俗文物胥有可考，
实赖历朝史书之记载。其专崇君主，则时代为之，不可以今日之
眼光，病当时之作者也。

汉人所著子书，多沿周、秦以来之学说，不能出其范围。如
《淮南子》杂出众手，既不足成一家之书，《论衡》专事诋諆，仅
足以供游谈之助。

> 《汉书·淮南王传》："安招致宾客方术之士数千人，
> 作为《内书》二十一篇，《外书》甚众。"
> 《后汉书·王充传》注："袁山松书曰：'充所作
> 《论衡》，中土未有传者，蔡邕入吴始得之，恒秘玩以
> 为谈助。'"

其颂述老、墨，问刺孔、孟，涂虽不同，沿袭一也。惟汉人之诗
文辞赋，则多创为新体。枚乘、苏武为五言诗，武帝及诸臣为七
言诗，而乐府之三言、四言诗体，亦于三百篇之外，别成一格。
降及后汉，诗人益多，而《孔雀东南飞》一篇，为焦仲卿妻作
者，凡千七百四十五字，实为叙事诗之绝唱，虽不知作者之名，
然可以见汉之诗人，实多开创，无所谓定格成法也。诗之外，创

制之体，如《答客难》、《封禅书》、《七发》之类，亦多新格。而赋体之多，尤为汉人所独擅；大之宫室都邑，小之一名一物，铺陈刻画，穷形尽相，而其瑰伟宏丽之致，实与汉之国势相应。盖人类之思想，不用于此，必注于彼。以两周之经籍、子家衡两汉，诚觉汉人之思想迥不及古，而就其所独至者观之，则前人仅构其萌芽，至汉而始发荣滋长者，亦未易偻数。故论史者贵观其通，而不可限于一曲之见也。

第三十二章　建筑工艺之进步

春秋、战国以降，建筑之进步，以城为最。周代城郭有定制，兴建亦有定时。

> 《左传》庄公二十九年："凡土功，龙见而毕务，戒事也；火见而致用，水昏正而栽，日至而毕。"

《春秋》纪鲁城筑，凡二十有三，率以示城筑之时否。

> 《左传》庄公二十九年："冬十二月，城诸及防，书时也。"文公十二年："城诸及郓，书时也。"

然即此亦可见当时各国都邑，初非皆有城郭，绵世历年，陆续营建，而后重要之地。始各有城耳。吴王阖闾筑城，已违周制。

> 《吴越春秋》："阖闾曰：'夫筑城郭，立仓库，因地制宜，岂有天气之数，以威邻国者乎？'子胥曰：'有。'阖闾曰：'寡人委计于子。'子胥乃使相土尝水，象天法地，造筑大城。周回四十七里，陆门八，以象天八风；水门八，以象地八聪。筑小城周十里，陵门三，不开东西者，欲以绝越明也；立阊门者，以象天门，通

　　闾阖风也；立蛇门者，以象地户也。"

战国时筑城，则仅为兵事计，不问城筑之时矣。如《史记·六国表》书"秦城南郑，魏城少梁"，有年而无时。盖仅以其为兵事而城，不计其时否，与《春秋》所书异趣。当时用兵注重攻城，有一举而得城数十者。

　　《史记·六国表》："楚顷襄王元年，秦取我十六城。""秦昭王十八年，客卿错击魏至轵，取城大小六十一。""秦庄襄王二年，蒙骜击赵榆次新城狼孟，得三十七城。"

墨家学者所传备城门诸法，凡敌之以临、冲、钩、梯、堙、水、穴、突、空洞、蚁傅、轒辒、轩车相攻者，胥有以制之，则攻城守城，盖为兵家专科之学矣。

　　战国时，内地战事，无关于民族之存亡，其筑城与攻守之法，皆不足称述。惟当时各国备御边患，竞筑长城，则为史策一大事。《说文》曰："城所以盛民也。"是城之为制，必周匝而无所缺。然至战国时之城，则有二式。一则都邑之城，仍为周匝之式；一则边境之城，变为广长之式。或缺其一面，或空其三面，不必周匝如环。盖其城纯为对外而设，绵亘千里百里，劳费已巨，其不设防之地，可不必城也。列国筑长城之事，详于顾氏《日知录》：

　　《日知录》："春秋之世，田有封洫，故随地可以设关，而阡陌之间，一纵一横，亦非戎车之利也。……至于战国，井田始废，而车变为骑，于是寇钞易而防守难，不得已而有长城之筑。《史记·苏代传》：'燕王曰：齐有长城巨防，足以为塞。'《竹书纪年》：'梁惠成王二十年，齐闵王筑防以为长城。'《续汉志》：'济北国卢有长城，至东海。'《泰山记》：'泰山西有长城，缘河经泰山，一千余里至琅邪台入海。'此齐之长城也。《史记·秦本纪》：'魏筑长城，自郑滨洛以北有上郡。'《苏秦传》：'说魏襄王曰：西有长城之界。'《竹书纪年》：'惠成王十二年，龙贾帅师筑长城于西边。'此魏之长城也。《续汉志》：'河南郡卷有长城，经阳武到密。'此韩之长城也。《水经注》：'盛弘之云：叶东界有故城，始犨县，东至濒水，达沘阳，南北数百里，号为方城，一谓之长城。'《郡国志》曰：'叶县有长城，曰方城。'此楚之长城也。若《赵世家》：'成侯六年，中山筑长城。'又言'肃侯十七年，筑长城'。则赵与中山亦有长城矣。以此言之，中国多有长城，不但北边也。其在北边者，《史记·匈奴传》：'秦宣太后起兵伐残义渠，于是秦有陇西、北地、上郡，筑长城以拒胡。'此秦之长城也。《魏世家》：'惠王十九年，筑长城，塞固阳。'此魏之长城也。《匈奴传》又言'赵武灵王北破林胡、楼烦，筑长城自代并阴山下至高阙为塞，而置云中、雁门、代郡。'此赵之长城也。燕将秦开袭破东胡，东胡却千余里'燕亦筑长城，自造阳至襄平，置上谷、渔阳、右北平、辽西、辽东郡，以拒胡。'此燕之长城也。'秦灭六国，而始皇帝使蒙恬将十万之众北击胡，悉收河南地，因河为塞，筑四十四县城，临河，徙谪戍以充之，而通直道，自九原至云阳，因边山险堑，溪谷可缮者，治之，起临洮至辽东万余里，又度河据阳山北假中。'此秦并天下之后所筑之长城也。"

世徒称始皇筑长城，不知此事之始末，故详录之。大抵七国分立时，燕、赵、魏、秦各筑长城，不相连续，秦既统一，因前人之功，而加广焉。其中之不相属者，则为合；故能起临洮至辽东，袤延数千里。侈言之，则曰"万里长城"，实则此数千里之城，决非数年之功所可就也。然即曰诸国分筑，经营百数十年之久，而吾民能为国家任此重役，成此宏功，亦世界所仅见矣。自秦成长城，而汉族与北方诸族，遂以长城为绝大之界域。

《汉书·匈奴传》："孝文帝遗匈奴书曰：先帝制，长城以北，引弓之国，受令于单于；长城以内，冠带之室，朕制之。""乌珠留单于曰：孝宣皇帝哀怜，为作约束，自长城以南天子有之，长城以北单于有之。"

自汉以降，时加修缮。

《日知录》："汉武帝元朔二年，遣将军卫青等击匈奴，取河南地，筑朔方，复缮故秦时加官进蒙恬所为塞，因河为固。魏明元帝泰常八年二月戊辰，筑长城于长川之南，自赤城西至五原，延袤二千余里。太武帝太平真君七年五月丙戌，发司、幽、定、冀四州十万人筑城上塞围；起上谷，西至河，广袤皆千里。北齐文宣帝天保三年十月乙未，起长城，自黄栌岭北至社平戍四百余里，立三十六戍。六年，发民一百八十万，筑长城，自幽州北夏口至恒州，九百余里。先是自西河总秦戍筑长城，东至于海，前后所筑，东西凡三千余里。率十里一戍，其要害置州镇凡二十五所。八年，于长城内筑重城，自库洛拔而东至于坞纥戍凡四百余里。而《斛律羡传》云：'羡以北卤屡犯边，须备不虞，自库堆戍东距于海，随山屈曲二千余里。其间二百里中，凡有险要，或斩山筑城，或断谷起障，并置立戍逻五十余所。'周宣帝大象元年六月，发山东诸州民修长城，立亭障，西自雁门，东至碣石。隋文帝开皇元年四月，发稽胡修筑长城。五年，使司农少卿崔仲方发丁三万。于朔方、灵武筑长城，东距黄河，西至绥州，南至勃出岭，绵历七百里。六年二月丁亥，复令崔仲方发丁十五万，于朔方以东，缘边险要，筑数十城。七年，发丁男十万余人修长城。大业三年七月，发丁男百余万筑长城，西逾榆林，东至紫河。四年七月辛巳，发丁男二十余万筑长城，自榆林谷而东。此又后史所载继筑长城之事也。"

周代宫室之制，前为中堂，后为房室，与今人居宅迥异。余历考诸书，不知何时以堂后之房室移于堂之两旁，为三间五间之式。惟《礼记·儒行》有"环堵之室"之语。

> 《儒行》："儒有一亩之宫，环堵之室，筚门圭窬，蓬户瓮牖。"注："环堵，面一堵也。"

疑春秋战国时贫民之居，四面皆有墙，非如定制，虚其前为堂也。环堵之室，有室而无堂，不可以别内外，故于其中隔为三间；以中室为堂，而名两旁为内。至汉时平民之居，多为一堂二内之制。

> 《汉书·晁错传》："古之徙远方，以实广虚也……
> 先为筑室，家有一堂、二内，门户之闭。""张晏曰：
> '二内，二房也。'"

王氏鸣盛仍以古制释之，疑未当也。

> 《十七史商榷》（王鸣盛）："此论徙民，似指庶民
> 居多，而容或有大夫士。盖前为堂，后为室，而室之
> 东旁为一房，此大夫至庶人皆同者。张晏混言二房，
> 非也。"

古代帝王，以卑宫室为嫩，以峻宇雕墙为戒。至春秋诸侯，争为僭侈，楚有章华之台，

> 《国语》："灵王为章华之台，与伍举升焉，曰：'台
> 美矣夫！'"
> 《新书》（贾谊）："翟王使使至楚，楚王夸使者以
> 章华之台，台甚高，三休乃至。"

吴为姑苏之台。

> 《吴越春秋》："阖庐治宫室，立射台于安里。华池
> 在平昌南城，宫在长乐。阖闾出入游卧，秋冬治于城
> 中，春夏治于城外。治姑苏之台，旦食鲲山，昼游苏
> 台；射于鸥陂，驰于游台；兴乐石城，走犬长洲。"

崇高壮丽，非复昔之拘于制度，陈陈相因之式矣。战国之时，诸

侯宫室益盛。齐威王有瑶台，梁惠王有范台，楚襄王有兰台及阳云之台，燕昭王有黄金台，

《水经注》："易水旁有金台，台上东西八十许步，南北如减。北有小金台，台北有兰马台，并悉高数丈。栋堵咸沦，柱础尚存，雕墙败馆，尚传镌刻之石。"

而齐宣王为大室，三百户。

《吕氏春秋·骄恣篇》："齐宣王为大室，大益百亩，堂上三百户。以齐之大，具之三年，而未能成。"

足见其时之宫室，咸以高大相尚矣。七国既一，诸侯宫室之制，悉萃于秦。秦之宫殿，遂极从古未有之大观。

《史记·秦始皇本纪》："秦每破诸侯，写放其官室，作之咸阳北阪上，南临渭，自雍门以东，至泾、渭，殿屋、复道、周阁相属。所得诸侯美人、钟鼓，以充入之。""乃营作朝宫渭南上林苑中。先作前殿阿房，东西五百步，南北五十丈，上可以坐万人，下可以建五丈旗。周驰为阁道，自殿下直抵南山。表南山之颠以为阙。为复道，自阿房渡渭，属之咸阳，以象天极阁道绝汉抵营室也。阿房官未成；成，欲更择令名名之。作宫阿房，故天下谓之阿房宫。隐宫徒刑者七十万余人，乃分作阿房官，或作丽山。发北山石椁，乃写蜀、荆地材皆至。关中计宫三百，关外四百余。"

虽为项羽所烧，而慈石之门，至唐犹在。

　　《元和郡县志》："秦慈石门，在咸阳县东南十五里。
东南有阁道，即阿房宫之北门也，累慈石为之。著铁甲
入者，慈石吸之不得过，羌胡以为神。"

其建筑之根于学理，经久不毁，亦可推见矣。汉代宫室之壮丽，
亦不下于秦，始自萧何，

　　《汉书·高帝本纪》："萧何治未央宫，立东阙、北
阙、前殿、武库、太仓。上见其壮丽，甚怒，谓何曰：
'天下匈匈，劳苦数岁，成败未可知，是何治宫室过度
也！'何曰：'天下方未定，故可因以求宫室。且夫天
子以四海为家，非令壮丽，亡以重威，且亡令后世有以
加也。'"

盛于武帝。其规制犹可考见。

　　《三辅黄图》："未央宫周回二十八里，前殿东西
四十丈，深十五丈，高三十五丈。"

　　《西京杂记》："未央宫周回二十二里，九十五步。
五街道周回七十里，台殿四十三，其三十二在外，其
十一在后宫。池十三，山六，池一，山一，亦在后宫。
门闼凡九十五。"

　　《水经注》："建章宫周二十余里，千门万户。其东
凤阙高七丈五尺，中有神明台、井幹楼，咸高五十余
丈。北有太液池，池中有渐台，高三十丈。南有璧门三

层，高三十余丈，中殿十二间，阶陛咸以玉为之。铸铜凤五丈，饰以黄金。楼屋上椽首，薄以玉璧，因曰璧玉门。""其长乐宫、咸阳宫之间，有渭桥，广六丈，南北三百八十步；六十八间，七百五十柱，百二十二梁。"

汉之官吏，皆有赐室。其大者，谓之"大第室"。

《汉书·高帝纪》："为列侯食邑者，皆佩之印，赐大第室。吏二千石徙之长安，受小第室。"

而外戚权臣，如王氏、梁氏，其宫室亦仿像帝王之居。

《汉书·元后传》："五侯群弟争为奢侈……大治第室，起土山渐台，洞门高廊。阁道连属弥望。""王根大治室第，第中起土山，立两市，殿上赤墀青户琐。"

《后汉书·梁冀传》："冀乃大起第舍，而寿亦对街为宅，殚极土木，互相夸竞。堂寝皆有阴阳奥室，连房洞户。柱壁雕镂，加以铜漆；窗牖皆有绮疏青琐，图以云气仙灵。台阁周通，更相临望；飞梁石蹬，陵跨水道。金玉珠玑，异方珍怪，充积臧室。远致汗血名马。又广开园囿，采土筑山，十里九坂，以象二崤，深林绝涧，有若自然，奇禽驯兽，飞走其间。"

新莽之篡，建立宗庙，尤极奇伟。

《三辅黄图》："王莽时博征天下工匠，起九庙。太初祖庙，东西南北各四十丈，高十七丈，余庙半之，为铜薄栌，饰金银雕文，穷极百工之巧。"

是虽帝王僭窃之侈心，未足为国民之范。然闳工巨制，一一皆出于民力，非其时物力充盛，工巧精进，亦不能遂其侈心也。

古代建筑，多为战争所毁。秦毁于项羽，

《史记·项羽本纪》："烧秦宫室，火三月不灭。"

西汉毁于长安兵众及赤眉，

《汉书·王莽传》："众兵发掘莽妻子父祖冢，烧其棺椁，及九庙、明堂、辟雍，火照城中。""城中少年……趋讙并和，烧作室门，斧敬法闼……莽避火宣室前殿。火辄随之。""更始都长安，居长乐宫，府藏完具，独未央宫烧。""明年，夏，赤眉樊崇等入关，攻更始，遂烧长安宫室市里，长安为虚。城中无人行，宗庙园陵皆发掘。"

东汉毁于董卓，

《后汉书·献帝纪》："董卓焚洛阳宫庙及人家。"
《董卓传》注："《献帝起居注》：旧时宫殿悉坏，仓卒之际，拾摭故瓦材木，工匠无法度之制，所作并无足观也。"

以惩帝皇贵族之奢荡，固当，然所毁之物力几何！累代建筑，皆天下之名材异产，非一时所能聚，又经无限之工作而后造成，非帝王贵族一人所能为也。论者谓欧人多作石室，吾国率土木构造，土木易毁，而石室难焚，故古代宫室存毁之多寡，以此而判。然吾国古代亦有石室，观《水经注》犹多载之。

> 《水经注·渭水篇》："磻溪旁有一石室，盖太公所居也。"《巨洋水篇》："寿光县有孔子石室，中有孔子像，弟子问经。"《河水篇》："龙门崌谷有三石室，因阿结牖，连局接阒，似是栖游隐学之所，昔子夏教授西河，疑即此也。又子夏陵北有子夏石室，南北有二石室，临侧河崖。"

汉有石室藏书。

> 《史记·太史公自序》："䌷史记石室金匮之书。"《索隐》曰："石室金匮，皆国家藏书之处。"

盖亦预防兵火，而为保存文籍垂之久远计也。

古代宫室，多为图画，观《楚辞》可见。

> 《楚辞·天问序》："屈原放逐，忧心愁悴，彷徨山泽，经历陵陆，嗟号旻昊，仰天叹息。见楚有先王之庙，及公卿祠堂，图画天地、山川、神灵、琦玮僪佹，及古贤圣怪物行事，周流罢倦，休息其下。仰见图画，因书其壁呵问之。"

战国诸子，恒记画家之事，虽属寓言，亦足证其画事之盛。

　　《庄子·田子方》："宋元君将画图，众史皆至，受
揖而立，舐笔和墨在外者半。有一史后至者，儃儃然不
趋，受揖不立，因之舍。公使人视之，则解衣槃礴裸。
君曰：'可矣，是真画者也。'"

　　《韩非子·外储说》："客为周君画策者，三年而成，
因观之，与髹策者同状，周君大怒。画策者曰：'筑十
版之墙，凿八尺之牖，而以日始出时，加之其上而观。'
周君为之，望见其状，尽成龙蛇禽兽车马，万物之状备
具，周君大悦。'"客有为齐王画者，齐王问曰：'画孰
最难者？'曰：'犬马最难。''孰易者？'曰：'鬼魅最
易。夫犬马，人所知也。旦暮罄于前，不可类之，故
难。鬼神无形者，不罄于前，故易之也。'"

汉时宫室，亦多有画人物故事，善恶毕备，以昭鉴戒。

　　《鲁灵光殿赋》（王延寿）："图画天地，品类群生。
杂物奇怪，山海神灵，写载其状，托之丹青，千变万
化，事各缪形，随色象类，曲得其情。上纪开辟，遂古
之初，五龙比翼，人皇九头，伏羲鳞身，女娲蛇躯，鸿
荒朴略，厥状睢盱。焕炳可观，黄帝、唐、虞，轩冕以
庸，衣裳有殊。下及三后，嬖妃乱主，忠臣孝子，烈士
贞女，贤愚成败，靡不载叙。恶以诫世，善以示后。"

或专画一二人，

　　《汉书·广川王去传》："其殿门有成庆画，短衣、
大袴、长剑。"又《金日䃅传》："日䃅母教诲两子，甚

有法度，上闻而嘉之。病死，诏图画于甘泉宫，署曰休
屠王阏氏。日䃅每见画，常拜，乡之涕泣，然后乃去。"

或杂画多人，

> 《汉书·苏武传》："甘露三年，单于始入朝。上思
> 股肱之美，乃图画其人于麒麟阁，法其形貌，署其官爵
> 姓名……凡十一人。"
>
> 《后汉书·朱景王杜马刘傅坚马传论》："永平中，
> 显宗追感前世功臣，乃图画二十八将于南宫云台。"

甚或画猥亵之状，

> 《汉书》："广川王海阳坐画屋为男女裸交接，置酒
> 请诸父姊妹饮，令仰视画。……废徙房陵。"

足知汉时之壁画，多为人事，非若后世之写仿山水也。由壁画又
进而有石刻画像，《水经注》多记之。

> 《水经注·济水篇》："荆州刺史李刚墓，有石阙祠
> 堂，石室三间，橡架高丈余，四壁隐起雕刻，为君臣官
> 属，龟龙麟凤之文，飞禽走兽之像，作制工丽。""汉司
> 隶校尉鲁峻冢前，有石祠石庙。四壁皆青石隐起，自书
> 契以来，忠臣、孝子、贞妇、孔子及七十二人形象，皆
> 刻石记之，文字分明。"

今世所传，则有武梁祠石刻画像及孝堂山石室画像，古代车马衣

服之制，胥可赖以考见。又有李翕黾池五瑞图，刻黄龙、白鹿、嘉禾、木连理、甘露及承露人之象，则镌于山崖，而非在石室者。近年山东时有汉画、石刻新发见者，

　　《语石》："齐、鲁村落间，汉画时时出土。"

土人不知宝贵，恒为东西洋嗜古者购去。大抵汉画多简拙，较印度、希腊之石刻，远不及其工细。然彼土雕刻多重神教，吾国汉画则重人事，虽美术有所不迨，而理想则迥不同矣。

　　春秋、战国以来，工学之演进，至可惊诧，各国之专擅一技者，至于夫人能之。

　　《考工记》："粤无镈，燕无函，秦无庐，胡无弓车。粤之无镈也，非无铸也，夫人而能为镈也。燕之无函也，非无函也，夫人而能为函也。秦之无庐也，非无庐也，夫人而能为庐也。胡之无弓车也，非无弓车也，夫人而能为弓车也。"

而记载工学之专书，如《考工记》者，即成于其时。《周礼正义》引《士冠礼疏》："《考工记》，六国时所录。"又引江永云："《考工记》，东周后齐人所作也。其言'秦无庐'，'郑之刀'，厉王封其子友，始有郑；东迁后，以西周故地与秦，始有秦。故知为东周时书。其言'橘逾淮而北为枳，鸲鹆不逾济，貉逾汶则死'，皆齐、鲁间水。而'终古'、'戚速'、'稗荼'之类，郑《注》皆以为齐人语，故知齐人所作也。"盖古者工皆世官，以业为氏。

　　《考工记·贾疏》曰："某氏者，其义有二。一者，

官有世功，则以官为氏，若韦氏、裘氏、冶氏之类是
也；二者，族有世业，以氏名官，若兔氏、粟氏之等
是也。"

积其经验，专其责成，又因地利、天时、人事之所重，而各地之
特产以著。

《考工记》："郑之刀，宋之斤，鲁之削，吴粤之剑，
迁乎其地而弗能为良，地气然也。燕之角，荆之干，妢
胡之笴，吴粤之金锡，此材之美者也。天有时以生，有
时以杀；草木有时以生，有时以死；石有时以泐；水有
时以凝，有时以泽者，天时也。"

始则工必在官者，继则人能为工焉。

《考工记》所载之工，仅三十种：

攻木之工，轮、舆、弓、庐、匠、车、梓；攻金
之工，筑、冶、凫、栗、段、桃；攻皮之工，函、鲍、
韗、韦、裘；设色之工，画、缋、钟、筐、慌：刮摩之
工，玉、楖、雕、矢、磬；抟埴之工，陶、旊。

似未足以尽其时之工巧。观诸子所言公输、墨翟之事，

《墨子·鲁问篇》："公输子削竹木以为鹊，成而飞
之，三日不下，公输子自以为至巧。"《公输篇》："公
输盘为楚造云梯之械成，子墨子解带为城，以牒为械。
公输盘九设攻城之机变，子墨子九距之。公输盘之攻械

尽，子墨子之守圉有余。"

《韩非子·外储说》："墨子为木鸢，三年而成，蜚
一日而败。"

则战国时之机械工艺，异常发达，必不仅此日用之器具已也。然
墨子虽精制器，仍以适用于人为贵。

《墨子·鲁问篇》："子墨子谓公输子曰：子之为鹊
也，不如匠之为车辖，须臾刘三寸之木，而任五十石之
重。故所谓功，利于人谓之巧，不利于人谓之拙。"

《吕览》"月令"屡以淫巧为戒。

《吕氏春秋·季春纪》："是月也，命工师，令百工，
审五库之量，金铁、皮革筋、角齿、羽箭干、脂胶丹
漆，无或不良。百工咸理，监工日号，无悖于时，无或
作为淫巧，以荡上心。"《孟冬纪》："是月也，工师效
功，陈祭器，按度程，无或作为淫巧，以荡上心，必功
致为上。物勒工名，以考其诚。工有不当，必行其罪，
以穷其情。"

故秦时虽犹有能为机械者，而学者弗道其法也。

《史记·秦始皇本纪》："始皇初即位，穿治郦山，
及并天下，天下徒送诣七十余万人，穿三泉，下铜而致
椁，宫观百官奇器珍怪徙藏满之。令匠作机弩矢，有所
穿近者辄射之。以水银为百川江河大海，机相灌输。上

具天文，下具地理。以人鱼膏为烛，度不灭者久之。"

观《考工记》所述，古代工艺之术，可得四义：

一曰分工之多。有一工而分数器者，如梓人为饮器，梓人为侯，梓人为筍簴；车人为耒；车人为车之类。盖虽同名一工，而为饮器之梓人，与为侯之梓人，实分工也。有一器而分数工者，如轮人为轮，轮人为盖，舆人为车，辀人为辀，车人为车之类。一车之事，数工任之也。分工逾多，则制器逾精，可以推知。

一曰定名之密。古人精于起物，往往一器而细别为多名。如凫氏为钟，两栾谓之铣，铣间谓之于，于上谓之鼓，鼓上谓之钲，钲上谓之舞，舞上谓之甬，甬上谓之衡，钟县谓之旋，旋虫谓之干，钟带谓之篆，篆间谓之枚，枚谓之景，于上之攠谓之隧。非若后世工人制物，随意立名，而学者多不能别也。

一曰度数之精。其制一器，所定度数，皆有相连之关系。如毂人为车，轮崇、车广、衡长，参如一，谓之参称。参分车广去一以为隧；参分其隧，一在前，二在后，以揉其式。以其广之半，谓之式崇；以其隧之半。为之较崇之类。综三十官之文，言度数者居十之六七，故古器犹可考其制造之法，而秦、汉以后之器物，虽有载于史传者，反不能推明其度数，是亦可见古人之细心矣。

一曰雕刻之美。雕刻各物，必穷极形似。如梓人为筍簴，凡攫閷援噬之类，必深其爪，出其目，作其鳞之而；深其爪，出其目，作其鳞之而，则于眡必拨尔而怒，且其匪色必似鸣矣之类。观其状况刻画之得失，可知其不得率尔从事矣。又古人治器有六法：

《尔雅·释器》："金谓之镂，木谓之刻，骨谓之切，象谓之磋，玉谓之琢，石谓之磨。"

竹木易朽，其所刻者不传，骨象之器亦罕见。玉器据吴氏《古玉图考》所载玉敦、琪角之类观之，其刻文之精细，已为难能可贵，而镂金之法，尤为后世所不及。

> 刘师培曰："古人之镂金其法有二。一为阳文。铸器既成，书之以漆，凡漆书所未加者，悉施镵削之工，使所书之字，隆起于其间，其形为凸，即《诗》所谓'追琢其章'也。一为阴文，铸器既成，亦书之以漆，复于所书之文，凿之使深，与近世刻石之法略同，其形为凹，荀子所谓'锲而不舍，金石可镂'也。"

观今日所传钟鼎，其器之四周，咸萦以云雷盘屈之文，皆铸成之后，始加以刻镂者。视后世镵字于范，熔金橅之，其难易迥殊矣。金玉之器，惟汉与周相上下。阮元《积古斋钟鼎款识》载汉之鼎、铲、壶、洗、镫、盘、弩、机、戈剑、符斗、钩铃八十余器，多记制作年月及作器者之姓名。吴大澂《古玉图考》载汉玉钫、玉印、刚卯之类，亦数十器，所镌文字皆极精美。而新莽之时，制作尤精。观《积古斋》所载《新莽铜权款识》及《愙斋吉金录》所载新莽残量之文，其镌刻之精细，殆突过两汉矣。（按王莽篡汉无足取，而其人极有思想，故各地人民，亦多新奇可喜之事。史称莽访有奇技术可以攻匈奴者，待以不次之位。言便宜者以万数，或以能度水，不用舟楫；或言不持斗粮，服食药物，三军不饥；或言能飞，一日千里，可窥匈奴。莽辄试之。取大鸟翮，为两翼，头与身皆著毛，通引环纽，飞数百步坠。可见其时之人，多有奇想，飞者既能通引环纽，飞数百步，其中必有机巧；惜未能引申研究，如今日之制飞机耳。）盖汉代崇尚工艺，少府有考工室，各地有工官。

> 《汉书·地理志》称河内郡怀县、南阳郡宛县、济南郡东平陵县、泰山郡奉高县、广汉郡雒县，均有工官。他若陈留郡襄邑县、齐郡临淄县，有服官。南郡有发弩官，皆官工之类。而铁官之布在各地者尤多。

史称孝宣之世，政事、文学、法理之士，咸精其能。至于技巧、工匠、器械，自元、成间，鲜能及之。足知汉人之重工艺，恒以之觇政俗之盛衰，故虽非孝宣时所制者，传至今日，犹觉其制作具有古法，且见进步焉。

第二编　中古文化史

第一章　诸族并兴及其同化

　　自汉献帝建安元年，至隋文帝开皇九年，凡三百九十三年，为中国扰乱分裂之时。视两汉之统一，历年相若也。以帝王篡窃之氏号别之，则其中有魏、蜀、吴三国之六十年，西晋统一之二十二年，东晋偏安之百有三年，华夷杂糅之僭窃与晋对峙之百三十五年。而南北朝截然画分，南朝之宋五十九年，齐二十三年，梁五十五年，陈三十二年。北朝之魏统一九十四年，其后为西魏二十三年，东魏十六年，又为北齐二十八年，北周二十四年，而南北始归于一。治史者以此时期为最繁难，实则政治主权者转移与分裂，虽为若干界限，而民族地方之发展，不必拘拘于此界限。欲考其时民族之强弱变化，正当汇而观其通耳。此时期中，谓为异族蹂躏中夏之时期可，谓为异族同化于中夏之时期亦可。盖华夏之文化，冠绝东方，且夙具吸收异族灌输文化之力。如春秋、战国时，所谓蛮夷戎狄之地，后皆化于华夏，武力虽或不逮，而文教足使心折，是固吾国历史特著之现象也。惟汉以前，政治主权完全在夏族，而他族则以被治者而同化。汉以后政治主权不全在夏族，而他族则以征服夏族者而同化。盖夏族自太古至汉，经历若干年，已呈老大之象，而他族以骁雄劲悍之种性，渐被吾之文教，转有新兴之势。新陈代谢，相磨相镞而成两晋、南北朝之局。其变化迁嬗之迹，固可按史策而推知也。

　　两晋、南北朝勃兴之种族有五，世谓之五胡，其实氐、羌之类，不得谓之胡也。史称诸族之由来，多出于古代之圣哲。

《史记·匈奴列传》："匈奴，其先祖夏后氏之苗裔也，曰淳维。"

《后汉书·西羌传》："西羌之本，出自三苗，姜姓之别也。"

《晋书·载记》："慕容廆字弈洛瑰，昌黎棘城鲜卑人也。其先有熊氏之苗裔。"又："姚弋仲，南安赤亭羌人也。其先有虞氏之苗裔，禹封舜少子于西戎，世为羌酋。"

《魏书·序纪》："昔黄帝有子二十五人，或内列诸华，或外分荒服。昌意少子，受封北土，国有大鲜卑山，因以为号。其后世为君长，统幽都之北，广漠之野，畜牧迁徙，射猎为业，淳朴为俗，简易为化，不为文字，刻木纪契而已。世事远近，人相传授，如史官之纪录焉。黄帝以土德王，北俗谓土为拓，谓后为跋，故以为氏。其裔始均入仕尧世，逐女魃于弱水之北，民赖其勤，帝舜嘉之，命为田祖。爰历三代以及秦、汉、獯鬻、猃狁、山戎、匈奴之属，累代残暴，作害中州，而始均之裔不交南夏，是以载籍无闻焉。"

其为附会，无足深论。两汉之世，诸族颇多杂乱。

《后汉书·鲜卑传》："和帝永元中，大将军窦宪，遣右校尉耿夔去破匈奴，北单于逃走，鲜卑因此转徙据其地。匈奴余种留者，尚有十余万落，皆自号鲜卑，鲜卑由此渐盛。"

《晋书·载记》："吕光字世明，略阳氐人也。其先吕文和，汉文帝初，自沛避难徙焉，世为酋豪。"其后迁徙内地，益与汉族杂居。

《晋书·匈奴传》："前汉末，匈奴大乱，五单于争立，而呼韩邪单于失其国，携率部落，入臣于汉。汉嘉其意，割并州北界以安之。于是匈奴五千余落，入居朔方诸郡，与汉人杂处。呼韩邪感汉恩，来朝，汉因留之，赐其邸舍，犹因本号，听称单于，岁给绵绢钱谷，有如列侯。子孙传袭，历代不绝。其部落随所居郡县，使宰牧之，与编户大同，而不输贡赋。多历年所，户口渐滋，弥漫北朔，转难禁制。后汉末，天下骚动，群臣竞言胡人猥多，惧必为寇，宜先为其防。建安中，魏武帝始分其众为五部，部立其中贵者为帅，选汉人为司马以监督之。魏末，复改为帅都尉。其左部都尉所统可万余落，居于太原故兹氏县；右部都尉可六千余落，居祁县；南部都尉可三千余落，居蒲子县；北部都尉可四千余落，居新兴县；中部都尉可六千余落，居大陵县。武帝践阼后，塞外匈奴大水，塞泥、黑难等二万余落归化，帝复纳之，使居河西故宜阳城下。后复与晋人杂居。由是平阳、西河、太原、新兴、上党、乐平诸郡，靡不有焉。"

《后汉书·西羌传》："建武九年，班彪上言，今凉州部皆有降羌，羌胡被发左衽，而与汉人杂处。""十一年夏，先零种寇临洮，陇西太守马援破降之，后悉归服，徙置天水、陇西、扶风三郡。"

《晋书·载记》："李特，字玄休，巴西宕渠人。其先，廪君之苗裔也。……秦并天下……谓之賨人。……

汉末，张鲁居汉中，以鬼道教百姓，賨人敬信巫觋，多
往奉之。值天下大乱，自巴西之宕渠迁于汉中杨车坂，
抄掠行旅，百姓患之，号为'杨车巴'。魏武帝克汉中，
特祖将五百余家归之，魏武帝拜为将军，迁于略阳，北
土复号之为巴氏。特父慕，为东羌猎将。特少仕州郡，
见异当时。"

虽异族多仍故俗，犹以部落为别，

《晋书·匈奴传》："北狄以部落为类，其入居塞者，
有屠各种、鲜支种、寇头种、乌谭种、赤勒种、捍蛭
种、黑狼种、赤沙种、郁鞞种、萎莎种、秃童种、勃蔑
种、羌渠种、贺赖种、钟跂种、大楼种、雍屈种、真树
种、力羯种，凡十九种。皆有部落，不相杂错。"

且语言形貌，亦与华夏不同。

《晋书·载记》："石闵诛胡羯时，高鼻多须，至有
滥死者半。"

《隋书·经籍志》："后魏初定中原，军容号令，皆
以夷语。后染华俗，多不能通，故录其本言，相传教
习，谓之国语。"

然向慕华风，交通婚媾，冒姓养子，谱谍不明者甚多。

《晋书·载记》："初，汉高祖以宗女为公主，以妻
冒顿，约为兄弟，故其子孙遂冒姓刘氏。"又："冉闵，

字永曾，小字棘奴，季龙之养孙也。父瞻，字弘武，本姓冉，名良，魏郡内黄人也。其先汉黎阳骑都督，累世牙门。勒破陈午，获瞻，时年十二，命季龙子之……闵幼而果锐，季龙抚之如孙。"

《魏书·序记》："诘汾皇帝无妇家，力微皇家无舅家。"

故谓诸族皆出于夏族者固非，谓其纯粹为异族而排斥之，亦不尽然也。

两汉之世，华戎杂居，所以徕远示恩，彰其归化之盛也。至魏武时，反倚羌胡实边助国，其势渐成为反客为主，故至晋而益不可制。观郭钦、江统诸人之论可见。

《通鉴》卷八十一："汉魏以来，羌、胡、鲜卑降者多处之塞内诸郡。其后数因忿恨杀害长吏，渐为民患。侍御史西河郭钦上疏曰：'戎狄强犷，历古为患。魏初民少，西北诸郡，皆为戎居，内及京兆、魏郡、弘农，往往有之。今虽服从，若百年之后有风尘之警，胡骑自平阳、上党不三日而至孟津，北地、西河、太原、冯翊、安定、上郡尽为狄庭矣。宜及平吴之威，谋臣猛将之略，渐徙内郡杂胡于边地，峻四夷出入之防，明先王荒服之制，此万世之长策也。'帝不听。"又卷八十三："太子洗马陈留江统，以为戎、狄乱华，宜绝其原，乃作《徙戎论》以警朝庭曰：'……秦始皇并天下，兵威旁达，攘胡，走越，当是时，中国无复四夷也。汉建武中，马援领陇西太守，讨叛羌，徙其余种于关中，居冯翊、河东空地。数岁之后，族类蕃息，既恃其肥强，且苦汉人侵之。永初之元，群羌叛乱，覆没将守，屠破城邑，邓骘败北，侵及河内，十年之中，夷、夏俱敝，任尚、马贤，仅乃克之。自此以后，余烬不尽，小有际会，辄复侵叛，中世之寇，惟此为大。魏兴之初，与蜀分隔，疆埸之戎，一彼一此。武帝徙武都氐于秦川，欲以弱寇强国，捍御蜀虏，此盖权宜之计，非万世之利也。今者当之，已受其敝矣。……当今之宜，宜及兵威方盛，众事未罢，徙冯翊、北地、新平、安定界内诸羌，著先零、罕开、析支之地，徙扶风、始平、京兆之氐，出还陇右，著阴平、武都之界……且关中之人百余万口，率其少多，戎、狄居半。……并州之胡，本实匈奴桀恶之寇也。建安中，使右贤王去卑诱质呼厨泉，听其部落散居六郡。……今五部之众，户口数万，人口之盛，过于西戎。其天性骁勇，弓马便利，倍于氐、羌。若有不虞，风尘之虑，则并州之域可为寒心。……'朝廷不能用。"

近人论史者，专归咎于汉人之失策，盖仅知其远因，而不见近因也。

《中国历史》（夏曾佑）："西北诸游牧族，本与中国杂居。至战国之末，诸侯力政，诸戎乃为中国所灭。余类奔进，逸出塞外。其后族类稍繁，又复出为中国患。两汉之世，竭天下之力，历百战之苦，仅乃克之。而后乌桓、鲜卑、匈奴、氐羌、西域之众，悉稽首汉廷称臣仆，汉之势可谓盛矣。然汉人之所以处置之者，其法甚异，往往于异族请降之后，即迁之内地。宣帝时纳呼韩邪，居之亭障，委以候望。赵充国击西羌，徙之于金城郡。光武时亦以南庭数万众，徙入西河，亦转至五原，连延七郡。而煎当之乱，马援迁之三辅。在汉人之意，以为迁地之后即不复为患，不知其后之患转甚于未灭时。董卓之乱，汾、晋萧然，已显大乱之象，故其时深识之士，类能知之。"

异族之祸，以永嘉末年为最甚。石勒、刘曜等所杀晋人不下数十万人，其被驱掠转徙者尚不可胜计。

《通鉴》卷八十七："（永嘉五年）夏四月，石勒率轻骑追太傅越之丧，及于苦县宁平城，大败晋兵，纵骑围而射之，将士十余万人相践如山，无一人得免者。……汉主聪，使前军大将军呼延晏将兵二万七千寇洛阳。比及河南，晋兵前后十二败，死者三万余人。始安王曜、王弥、石勒皆引兵会之。……六月丁酉，王弥、呼延晏克宣阳门，入南宫，升太极前殿，纵兵大掠……士民死者三万余人。遂发掘诸陵，焚宫庙，官府皆尽。曜纳惠帝羊皇后，迁帝及六玺于平阳。"

其后再闵之杀胡羯，数亦相等。

《晋书·载记》：石鉴僭位，以石闵为大将军。龙骧孙伏都等，结羯士三千，欲诛闵等。闵攻斩伏都，"自凤阳至琨华，横尸相枕，流血成渠，宣令内外六夷敢称兵杖者斩之。胡人或斩关，或踰城而出者，不可胜数。……令城内日：'与官同心者住，不同心者各任所之。'敕城门不复相禁。于是赵人百里内悉入城，胡羯

去者填门。闵知胡之不为己用也，班令内外赵人，斩一
胡首送凤阳门者，文官进位三等，武职悉拜牙门。一日
之中，斩首数万。闵躬率赵人，诛诸胡羯，无贵贱男女
少长皆斩之，死者二十余万。尸诸城外，悉为野犬豺狼
所食。屯据四方者，所在承闵书诛之。"

四十年间，胡汉相杀，若循环然，事亦惨矣。而石虎、苻生等杀
人尤极残酷，无复人理。自晋以降之史策，殆血史耳。然自文化
一方观之，则诸族之布在中夏，亦多同化于中国之文教。就其大
者言之，约有数端。

（一）则诸侯酋豪，多躬染中国之文学也。

《晋书·载记》："（刘渊）幼好学。师事上党崔游，
习《毛诗》、《京氏易》、《马氏尚书》，尤好《春秋左
氏传》、孙、吴兵法，略皆诵之。《史》、《汉》、诸子，
无不综览。尝谓同门生朱纪、范隆曰：'吾每观书传，
常鄙随、陆无武，绛、灌无文，道由人弘，一物之不知
者，固君子之所耻也。'""（刘和）……好学夙成，习
《毛诗》、《左氏传》、《郑氏易》。""刘宣，……师事
乐安孙炎，沉精积思，不舍昼夜。好《毛诗》、《左氏
传》。炎每叹曰：'宣若遇汉武，当逾于金日磾也。'学
成而返，不出门闾盖数年。每读《汉书》至《萧何》、
《邓禹传》，未曾不反复咏之曰：'大丈夫若遭二祖，终
不令两公独擅美于前矣！'""（刘聪）幼而聪悟好学，
博士朱纪大奇之。年十四，究通经史，兼综百家之言，
孙、吴兵法靡不诵之。工草隶，善属文，著述怀诗百余
篇、赋颂五十余篇。""（刘曜）读书志于广览，不精思

章句。善属文，工草隶。……尤好兵书，略皆暗诵。常轻侮吴、邓，而自比乐毅、萧、曹。""（石勒）雅好文学，虽在军旅，常令儒生读史书而听之，每以其意论古帝王善恶。朝贤儒士听者，莫不归美焉。尝使人读《汉书》，闻郦食其劝立六国后，大惊曰：'此法当失，何得遂成天下？'至留侯谏，乃曰：'赖有此耳。'其天资英达如此。""（石弘）幼受经于杜嘏，诵律于续咸。""（石虎）虽昏虐无道，而颇慕经学。""（慕容皝）尚经学，善天文。""（慕容俊）博观图书，有文武干略。""（苻坚）八岁，请师就家学。祖洪曰：'汝戎狄异类，世知饮酒，今乃求学耶！'欣而许之……坚性至孝，博学多才艺。""（苻丕）少而聪慧，好学，博综经史。""（姚襄）少有高名，好学博通，雅善谈论。""（姚兴）与舍人梁善等讲论经籍，不以兵难废业。""（姚泓）博学善谈论，尤好诗咏。""（李流）少好学。""（李庠）才兼文武。""（慕容宝）敦崇儒学，工谈论。善属文。""（秃发傉檀）与尚书郎韦宗论六国纵横之规，三家战争之略……机变无穷，辞致清辨。宗叹曰：'命世大才，不必华宗夏士也。'""（慕容德）博观群书，性清慎，多才艺。""（沮渠蒙逊）博涉群史，颇晓天文。"

《魏书》："明元帝好览史传……撰《新集》三十篇，采经史，该洽古传。""（景穆帝）好读经史，皆通大义。"

（二）则诸酋立国，亦多仿中国之教学也。

《晋书·载记》："刘曜，立太学于长乐宫东，小学于未央宫西。简百姓二十五以下十三以上神志可教者，千五百人。选朝贤、宿儒、明经、笃学以教之。""石勒，立太学，简明经善书吏，署为文学掾，选将佐子弟三百人教之……复又增置宣文、宣教、崇儒、崇训十余小学于襄国四门，简将佐豪右子弟百余人以教之。……称赵王后，立经学祭酒、律学祭酒、史学祭酒等官，亲临大小学，考诸生经义，尤高者赏帛有差。咸和六年，造明堂辟雍灵台于襄国城西。……命郡国立学官，每郡置博士祭酒二人、弟子百五十人。""石虎，令诸郡国立五经博士，复置国子博士助教，又遣国子博士诣洛阳写石经。""慕容皝，立东庠于旧宫，以行乡射之礼。每月临观，考试优劣，学徒甚盛，至千余人。""慕容儁，立小学于显贤里，以教胄子。""苻坚，广修学宫，召郡国学生通一经以上充之，公卿以下子孙，并遣受业……坚亲临太学，考学生经义优劣，品而第之……行礼于辟雍，祀先师孔子，其太子及公卿大夫士之元子，皆束修释奠焉。……以安车蒲轮、征隐士乐陵王欢为国子祭酒……禁老、庄、图谶之学。中外四禁、二卫、四军长上将士，皆令修学。课后宫，置典学，立内司以授于掖庭，选阉人及女隶有聪识者置博士以授经。""姚苌，令诸镇各置学官，勿有所废，考试优劣，随才擢叙。""姚兴时，天水姜龛、东平淳于岐、冯翊郭高等，皆耆儒硕德，经明行修，各门徒数百，教授长安，诸生自远而至者，万数千人。兴每于听政之暇，引龛等于儿堂讲道艺，错综名理。凉州胡辨，苻坚之末，东徙洛阳，讲授弟子千有余人。关中后进，多赴之请业。兴敕关尉曰：'诸生咨访道艺，修己励身，往来出入，勿拘常限。'于是学者咸功，儒风盛焉。""冯跋，营建太学，以长乐刘轩、营丘张炽、成周翟崇为博士郎中，简二千石以下子弟年十五以上教之。""秃发利鹿孤，以田玄冲、赵诞为博士祭酒，以教胄子。

（三）则诸国政事，亦多仿中国之法意也。

《晋书·载记》："石勒伪称赵王……依春秋列国、汉初侯王每世称元，改称赵王元年。始建社稷，立宗庙，营东西宫。……遣使循行州郡，劝课农桑。……朝会常以天子礼乐飨其群下，威仪冠冕，从容可观矣。……又下书，禁国人不听报嫂及在丧婚娶，其烧葬令如本俗。……始制轩悬之乐，八佾之舞，为金根大辂，黄屋左纛，天子车旗，礼乐备矣。""慕容廆移居大棘城，教以农桑，法制同于上国。二京倾覆，幽、冀沦陷，廆刑政修明，虚怀引纳，路有颂声。""苻坚僭称大秦天王……修废职，继绝世，礼神祇，课农桑，立学校。鳏寡孤独、高年不自存者，赐谷帛有差。其殊才异行，孝友忠义，德业可称者，令所在以闻。……是秋，大旱，坚减膳撤悬，金玉绮绣皆散之戎士，后宫悉去罗绮，衣不曳地。开山泽之利，公私共之。……坚起明堂，缮南北郊，祀其祖洪以配天，宗祀其伯健于明堂，以配上帝。亲耕籍田，其妻苟氏亲蚕于近郊。……以王猛为侍中、中书令、京兆尹，其中丞邓羌，性鲠直不挠，与猛协规齐志，数旬之间，贵戚强豪诛死者二十有余人。于是百寮震肃，豪右屏气，路不拾遗，风化大行。坚叹曰：'吾今始知天下之有法也，天子之为尊也！'……

王猛整齐风俗，政理称举，学校渐兴，关陇清晏，百姓丰乐。自长安至于诸州，皆夹路树槐柳，二十里一亭，四十里一驿，旅行者取给于途，工商贸贩于道。”

惟其所以同化之故，亦有三因：（一）则杂居既久，习于中国之政教也。（二）则中国政教，根柢深固，虽经三国、两晋之扰乱，其为扶世翼俗之本，固天下所公认也。（三）则诸酋割据，仍多用汉人为政也。唐史臣称石勒“褫毡裘，袭冠带，释介胄，开庠序，邻敌惧威而献款，绝域承风而纳贡。古之为国，曷以加诸？虽曰凶残，亦一时杰也”。殆未知所以造成此时之豪杰之原因，徒美其人之姿禀耳。

诸族之兴，亦非仅同化于中夏也，其输入印度文化，亦有力焉。汉季佛教东来，初未普及。三国时，孙权、孙皓皆致疑于佛教，崇信未深。

《高僧传》：“唐僧会以吴赤乌十年初达建业，营建茅茨，设像行道。时吴国以初见沙门，睹形未及其道，疑为矫异。有司奏曰：‘有胡人入境，自称沙门，容服非恒，事应检察。’权即召会诘问有何灵验，会曰：‘如来仙迹，忽逾千载，遗骨舍利，神曜无方。昔阿育王起塔，乃八万四千。夫塔寺之兴，以表遗化也。’权以为夸诞，乃谓会曰：‘若能得舍利，当为造塔；如其虚妄，国有常刑。’舍誓期三七，果获舍利，明旦呈权，举期集观，权大嗟服，即为建塔。以始有佛寺，故号建初寺，因名其地为佛陀里。由是江左大法遂兴。至孙皓即位，法令苛虐，废弃淫祠，乃及佛寺。并欲毁坏。”

《释氏稽古略》：“皓有疾，请会说法悔罪。会为开

示玄要，及授五戒。少顷，疾愈。由是奉会为师，崇饰
寺塔。"

至石勒、石虎、苻坚、姚兴等，始敬礼佛图澄、鸠摩罗什，

　　《晋书·艺术传·佛图澄传》："石勒屯兵葛陂，专
行杀戮，沙门遇害者甚众。……大将军郭黑略，称澄智
术非常，勒召澄试以道术……信之。勒死，季龙僭位，
倾心事澄，有重于勒。……朝会之日，引之升殿，常侍
以下，悉助举舆，太子诸公，扶翼而上，主者唱大和
尚，众坐皆起，以彰其尊。又使司空李农旦夕亲问，其
太子诸公，五日一朝，尊敬莫与为比。"又《鸠摩罗什
传》："龟兹王闻其名，郊迎之……广说诸经。……苻
坚闻之，密有迎罗什之意。……乃遣骁骑将军吕光等
率兵七万，西伐龟兹。谓光曰：'若获罗什，即驰驿送
之。'光破龟兹，乃获罗什。……还至凉州，闻坚已为
姚苌所害，于是窃号河右。……罗什之在凉州积年，吕
光父子既不弘道，故蕴其深解，无所宣化。姚兴遣姚硕
德西伐，破吕隆，乃迎罗什，待以国师之礼。"

而译学始兴，演说亦盛。

　　《晋书·鸠摩罗什传》："兴使罗什入西明阁及逍遥
园，译出众经。罗什多所暗诵，无不究其义旨，既览旧
经多有纰缪，于是兴使沙门僧睿、僧肇等八百余人，传
受其旨，更出经论，及三百余卷。"又《姚兴传》："兴
如逍遥园，引诸沙门于澄玄堂，听鸠摩罗什演说佛经。

> 罗什通辩夏言，寻览旧经，多有乖谬，不与胡本相应。兴与罗什及沙门僧略、僧迁、道树、僧睿、道坦、僧肇、昙顺等八百余人，更出大品，罗什持胡本，兴执旧经，以相考校，其新文异旧者皆会于理义。续出诸经并诸论三百余卷。今之新经，皆罗什所译。"

州郡化之，事佛者遂十室而九。

> 《晋书·姚兴传》："兴既托意于佛道，公卿以下，莫不钦附，沙门自远而至者五千余人。起浮图于永贵里，立波若台于中宫，沙门坐禅者恒有千数。州郡化之，事佛者十室而九矣。"

释道安之传佛教于南方，亦与澄、什相表里。

> 《魏书·释老志》："沙门常山卫道安……覃思构精，神悟妙赜。……曾至邺，候浮图澄。澄见而异之。澄卒后，中国纷乱。道安乃率门徒南游新野。欲令玄宗在所流布，分遣弟子，各趣诸方。法汰诣扬州，法和入蜀，道安与慧远之襄阳。道安后入符坚……坚宗以师礼。时西域有胡沙门鸠摩罗什，思通法门。道安思与讲释，每劝坚致罗什，什亦承安令问，谓之东方圣人。"

盖异族之信宗教，视夏人为易。故晋世诸族迭兴，一方为吾国儒教所濡染，一方又为印度思想之媒介，不独混合各方之种族，并且混合各方之文化焉，是亦吾国自有历史以来一特别之现象也。

第二章 南北之对峙

吾国疆域辽阔，国民胸襟广大，本无畛域之见。虽《中庸》有"南方之强"、"北方之强"之语，然其所谓南北，并无明确之界限。自封建变为郡县，四海之内，统于一政府，南方未开化之地，日益开辟，陕、洛之人，视楚、越之风气，固有差异，

> 《史记·货殖传》："楚越之地，地广人稀。饭稻羹鱼，或火耕而水耨，果隋蠃蛤，不待贾而足。地势饶食，无饥馑之患。以故呰窳偷生，无积聚而多贫。是故江淮以南，无冻饿之人，亦无千金之家。"
>
> 《汉书·吴王濞传》："上患吴会稽轻悍。"《地理志》："江南卑湿，丈夫多夭。""其失巧而少信。"

然未尝排斥南人也。东汉以降，分为三国，吴之与魏，遂有南北对抗之势。

> 《通鉴》卷六十九：黄初三年，文帝"自许昌南征……曹休在洞口，自陈：'愿将锐卒虎步江南，因敌取资，事必克捷……'帝恐休便渡江，驿马止之。侍中董昭侍侧曰：'窃见陛下有忧色，独以休济江故乎？今者渡江，人情所难，就休有此志，势不独行。'"又卷

七十：黄初六年，帝"如广陵故城，临江观兵，戎卒十余万，旌旗数百里，有渡江之志。吴人严兵固守。时天寒，冰，舟不得入江。帝见波涛汹涌，叹曰：'嗟乎，固天所以限南北也！'遂归。"

吴国人才，多产南土，山越之地，迭经开辟。

《吴志·诸葛恪传》："恪以丹杨山险，民多果劲……出之，三年可得甲士四万。众议以丹杨与吴郡、会稽、新都、鄱阳四郡邻接，周旋数千里，山谷万重，其幽邃民人，未尝入城邑，对长吏，皆仗兵野逸……征伐为难。……权拜恪抚越将军，领丹杨太守。……恪到府，移书四郡属城长吏，令各保其疆界……分内诸将，罗兵幽阻，但缮藩篱，不与交锋，候其谷稼将熟，辄纵兵芟刈。……山民饥穷，渐出降首。……人数皆如本规。"

《十七史商榷》（王鸣盛）："山越事见《恪传》，又见吴主《孙权传》建安五年、嘉禾三年。又见太史慈、孙贲、吴主权、徐夫人、周瑜、黄盖、韩当、朱治、张温、贺齐等传中，或言镇抚，或言讨平，或言山越怀附"云云。

《陈书》三卷《世祖本纪》："授会稽太守，山越深险，皆不宾附。"

《新唐书》百八十二卷《裴休传》："贞元时，浙东剧贼栗锽，诱山越为乱。"盖山越历六朝至唐，为害未息。

南及交广，物产饶衍，故立国江东，不灭于中土也。

晋室平吴，暂复统一。吴人入洛，颇为北人所轻。

　　《晋书·周处传》载陈准曰："周处吴人，有怨无
援。"又《陆机传》："范阳卢志于众中问机曰：'陆逊、
陆抗，于君近远？'机曰：'如君于卢毓、卢珽。'志默
然。既起，云谓机曰：'殊邦遐远，容不相悉，何至于
此？'机曰：'我父祖名播四海，宁不知耶？'"

　　《通鉴》卷八十五："王彰谏成都王颖曰：'陆机吴
人，殿下用之太过，北土旧将皆疾之。'"

惠、愍之际，海内大乱，独江东差安。中国士民避乱，相率南
徙，号曰"渡江"。元帝定都建康，而南方为汉族正统之国者
二百七十余年，中州人士，侨寄不归。

　　《晋书·地理志》："元帝渡江，建都扬州。……是
时司、冀、雍、凉、青、并、兖、豫、幽、平诸州皆
沦没，江南所得，但有扬、荆、湘、江、梁、益、交、
广，其徐州则有过半，豫州惟得谯城而已。……自中原
乱离，遗黎南渡，并侨置牧司在广陵，丹徒南城，非旧
土也。及胡寇南侵，淮南百姓皆渡江。成帝初，苏峻、
祖约为乱于江、淮，胡寇又大至，百姓南渡者转多，乃
于江南侨立淮南郡及诸县，又于寻阳侨置松滋郡，遥隶
扬州。咸康四年，侨置魏郡、广川、高阳、堂邑等诸
郡，并所统县并寄居京邑，改陵阳为广阳。孝武宁康二
年，又分永嘉郡之永宁县置乐成县。是时上党百姓南
渡，侨立上党郡为四县，寄居芜湖。""永嘉之乱，临
淮，淮陵并沦没石氏。元帝渡江之后，徐州所得惟半，

乃侨置淮阳、阳平、济阴、北济阴四郡。又琅邪国人随帝过江者，遂置怀德县及琅邪郡以统之。是时，幽、冀、青、并、兖五州及徐州之淮北流人，相帅过江、淮，帝并侨立郡县，以司牧之。割吴郡之海虞北境，立郯、朐、利城、祝其、厚丘、西隰、襄贲七县，寄居曲阿，以江乘置南东海、南琅邪、南东平、南兰陵等郡，分武进立临淮、淮陵、南彭城等郡，属南徐州，又置顿丘郡，属北徐州。明帝又立南沛、南清河、南下邳、南东莞、南平昌、南济阴、南濮阳、南太平、南泰山、南济阳、南鲁等郡，以属徐、兖二州，初或居江南，或居江北，或以兖州领州。郗鉴都督青、兖二州诸军事、兖州刺史，加领徐州刺史，镇广陵。苏峻平后，自广陵还镇京口，又于汉故九江郡界置钟离郡，属商徐州，江北又侨立幽、冀、青、并四州。穆帝时，移南东海七县出居京口。义熙七年，始分淮北为北徐州。淮南但为徐州。”

始犹以贵族陵蔑南士。

《晋书·周玘传》："玘宗族强盛，人情所归，帝疑惮之。于时中州人士，佐佑王业，而玘自以为不得调，内怀怨望，复为刁协轻之，耻恚愈甚。时镇东将军祭酒东莱王恢，亦为周颙所侮，乃与玘阴谋诛诸执政，推玘及戴若思诸南士，共奉帝以经纬世事。……谋泄，玘忧愤发背而卒。时年五十六。将卒，谓子勰曰：'杀我者诸伧子，能复之，乃吾子也。'吴人谓中州人曰'伧'，故云耳。……勰字彦和。常缉父言。时中国亡官失守之

士，避乱来者，多居显位，驾御吴人，吴人颇怨。飖因
之欲起兵……豪侠乐乱者翕然附之。元帝以周氏奕世豪
望。吴人所宗，故不穷治，抚之如旧。”

或以流人，志图振复。

> 《晋书·祖逖传》：“逖字士稚，范阳道人也。世吏
> 二千石，为北州旧姓。……及京师大乱，逖率亲党数百
> 家，避地淮、泗。……逖多权略，少长咸宗之，推逖为
> 行主。达泗口，元帝逆用为徐州刺史，寻征军谘祭酒，
> 居丹徒之京口。逖以社稷倾覆，常怀振复之志。宾客义
> 徒，皆暴桀勇士，逖遇之如子弟。时扬土大饥，此辈
> 多为盗窃，攻剽富室，逖抚慰问之曰：‘比复南塘一出
> 不？’或为吏所绳，逖辄拥护救解之。”又《王导传》：
> “桓彝初过江，见朝廷微弱，谓周颢曰：‘我以中州多
> 故，来此欲求全活，而寡弱如此，将何以济？’忧惧不
> 乐。往见导，极谈世事，遂还。谓颢曰：‘得见管夷吾，
> 无复忧矣。’过江人士，每至暇日，相要出新亭饮宴。
> 周颢中坐而叹曰：‘风景不殊，举目有江河之异。’皆相
> 视流涕。惟导愀然变色曰：‘当共戮力王室，克复神州，
> 何至作楚囚相对泣耶！’”

泊久而相安，北人遂为南人。而留仕异族及羌胡诸种乃为北人。
学问文章，礼尚风俗，从此有南北之殊矣。

晋时北方纷乱，未有定名。至宋、魏分立，画淮而治，于是
南人呼北人为“索虏”，北人呼南人为“岛夷”。

《晋书·石虎传》："吾南擒刘岳，北走索头。"

《宋书·索虏传》："索虏姓拓跋氏，其先汉将李陵后也。匈奴有数百千种，各立名号，索头亦其一也。晋初，索头种有部落数万家在云中。"

《魏书·僭晋司马睿传》："睿僭即大位，……都于丹阳，因孙权之旧所，即《禹贡》扬州之地，去洛二千七百里。地多山水，阳鸟攸居，厥土惟涂泥，厥田惟下下，所谓'岛夷卉服'者也。"

《通鉴》卷六十九："司马光曰：'汉室颠覆，三国鼎峙。晋氏失驭，五胡云扰。宋、魏以降，南、北分治，各有国史，互相排黜。南谓北为索虏，北谓南为岛夷。'"

虽或通使往来，犹时致其嘲弄。

《洛阳伽蓝记》（杨衒之）云："魏杨元慎即口含水噀梁使陈庆之曰：'吴人之鬼，住居建康。小作冠帽，矮制衣裳。自呼阿侬，语则阿傍。菰稗为饭，茗饮作浆。呷啜莼羹，唼嗍蟹黄。手把豆蔻，口嚼槟榔。乍至中土，思忆本乡。急急远去，还尔丹阳。'"

北方之无耻者，至专以教子弟学鲜卑语为能事。

《颜氏家训》："齐朝有一士大夫，尝谓吾曰：'我有一儿，年已十七，颇晓书疏，教其鲜卑语及弹琵琶。稍欲通解，以此伏事公卿，无不宠爱。亦要事也。'吾时俯而不答。异哉，此人之教子也！若由此业，自致卿相，亦不愿汝曹为之。”

其文化之相悬可知。《北史·儒林》、《文苑》传，略述当时南北学派之别。

　　《北史·儒林传》：“大抵南北所为章句，好尚互有不同。江左，《周易》则王辅嗣，《尚书》则孔安国，《左传》则杜元凯；河洛，《左传》则服子慎，《尚书》、《周易》则郑康成，《诗》则并主于毛公，《礼》则同遵于郑氏。南人约简，得其英华；北学深芜，穷其枝叶。考其终始，要其会归，其立身成名，殊方同致矣。”又《文苑传》：“自汉、魏以来，迄乎晋、宋，其体屡变，前哲论之详矣。暨永明、天监之际，太和、天保之间，洛阳、江左，文雅尤盛，彼此好尚，雅有异同。江左宫商发越，贵于清绮；河朔词义贞刚，重乎气质。气质则理胜其词，清绮则文过其意。理深者便于时用，文华者宜于咏歌。此其南北词人得失之大较也。”

《颜氏家训》纪南北礼俗之异点尤多：

　　《颜氏家训·后娶篇》：“江左不讳庶孽，丧室之后，多以妾媵终家事。疥癣蚊虻，或未能免，限以大分，故稀斗阋之耻。河北鄙于侧出，不预人流，是以必须重娶，至于三四，母年有少于子者。后母之弟，与前妇之兄，衣服饮食，爰及婚宦，至于士庶贵贱之隔，俗以为常。身没之后，辞讼盈公门，谤辱彰道路。子诬母为妾，弟黜兄为佣，播扬先人之辞迹，暴露祖考之长短，以求直己者，往往而有。"又《治家篇》："江东妇女，略无交游，其婚姻之家，或十数年间未相识者，唯以信命赠遗，致殷勤焉。邺下风俗，专以妇持门户，争讼曲直，造请逢迎，车乘填街衢，绮罗盈府寺，代子求官，为夫诉屈。此乃恒、代之遗风乎？南间贫素，皆事外饰，车乘衣服，必贵整齐，家人妻子，不免饥寒。河北人事，多由内政，绮罗金翠，不可废阙，羸马悴奴，仅充而已。唱和之礼，或尔汝之。"又《风操篇》："别易会难，古人所重；江南饯送，下泣言离。……北间风俗，不屑此事。歧路言离，欢笑分首。""凡宗亲世数，有从父，有从祖，有族祖。江南风俗，自兹以往，高秩者通呼为尊，同昭穆者虽百世犹称兄弟。……若对他人称之，皆云族人。河北士人，虽二三十世，犹呼为从伯、从叔。梁武帝尝问一中土人曰：'卿北人，何故不知有族？'答云：'骨肉易疏，不忍言族耳。'""江南丧哭，时有哀诉之言耳。山东重丧，则唯呼苍天，期功以下，则唯呼痛深。"又《书证篇》："南方以晋家渡江后，北间传记。皆名为伪书，不贵省读。"又《音辞篇》："南方水土和柔，其音清举而切诣，失在浮浅，其辞多鄙俗。北方山川深厚，其音沉浊而讹钝，得其质直，其辞多古语。然冠冕君子，南方为优；闾里小人，北方为愈。易服而与之谈，南方士庶，数言可辨；隔垣而听其语，北方朝野，终日难分。而南染吴越，北杂夷虏，皆有深弊，不可具论。"又《杂艺篇》："晋、宋以来，多能书者。故其时俗，递相染尚，所有部帙，楷正可观，不无俗字，非为大损。至梁天监之间，斯风未变。大同之末，讹替滋生。萧子云改易字体，邵陵王颇行伪字

（注：前上为草、能傍作长之类是也），朝野翕然，以为楷式。……北朝丧乱之余，书迹鄙陋，加以专辄造字，猥拙甚于江南。乃以百念为忧，言反为变，不用为罢，追来为归，更生为苏，先人为老。如此非一，遍满经传。""弧矢之利，以威天下，先王所以观德择贤，亦济身之急务也。江南谓世之常射，以为兵射，冠冕儒生，多不习此。别有博射，弱弓长箭，施于准的，揖让升降，以行礼焉，防御寇难，了无所益。乱离之后，此术遂亡。河北文士，率晓兵射，非直葛洪一箭，已解追兵，三九燕集，常縻荣赐。虽然，要轻禽，截狡兽，不愿汝辈为之"

以政权之不一敛文化亦分畛域。弥年历祀，相去益远，互事訾謷，各从习惯。致令后之人虽在统一之时，亦受其影响，好分为南北两派之言。是则异族陵轹中夏之害也。

第三章　清谈与讲学

东汉之季，由朴学而趋游谈，士之善谈论者辄获盛名，

> 《后汉书·郭太传》："博通坟籍，善谈论，美音制。乃游于洛阳，始见河南尹李膺，膺大奇之，遂相友善。于是名震京师。"又《谢甄传》："与陈留边让，并善谈论，俱有盛名。"又《符融传》："游太学，师事少府李膺。膺风性高简，每见融，辄绝它宾客，听其言论。融幅巾奋褎，谈辞如云，膺每捧手叹息。"

或为美语，相为题品，

> 《后汉书·党锢传》："学中语曰：天下模楷李元礼，不畏强御陈仲举，天下俊秀王叔茂。"又《儒林传》：召驯"博通书传……乡里号之曰：德行恂恂召伯春"。许慎博学经籍，"时人为之语曰：《五经》无双许叔重"。

或以核论，高下人物，

> 《后汉书·许劭传》："劭与靖俱有高名，好共核论乡党人物，每月辄更其品题。故汝南俗有'月旦评'焉。"

此一时之风气也。汉、魏之际，天下大乱，乘时趋势者，不以道义为重。

> 《魏志·武帝纪》："建安十九年十二月，令曰：'夫有行之士，未必能进取，进取之士，未必能有行也。陈平岂笃行，苏秦岂守信耶？而陈平定汉业，苏秦济弱燕。由此言之，士有偏短，庸可废乎！有司明思此义，则士无遗滞，官无废业矣。'"裴松之注："建安二十二年八月令曰：'昔伊挚、傅说出于贱人，管仲，桓公贼也，皆用之以兴。萧何、曹参，县吏也，韩信、陈平负污辱之名，有见笑之耻，卒能成就王业，声著千载。吴起贪将，杀妻自信，散金求官，母死不归，然在魏，秦人不敢东向，在楚，则三晋不敢南谋。今天下得无有至德之人放在民间，及果勇不顾，临敌力战，若文俗之吏，高才异质，或堪为将守，负污辱之名，见笑之行；或不仁不孝而有治国用兵之术：其各举所知，勿有所遗。'"

旷达之士，目击衰乱，不甘隐避，则托为放逸，

> 《魏志》："阮瑀子籍，才藻艳逸，而倜傥放荡，行己寡欲，以庄周为模则。……时有谯郡嵇康，文辞壮丽，好言《庄》、《老》。"
> 《魏氏春秋》："籍以世多故，禄仕而已。闻步兵校尉缺，厨多美酒，营人善酿酒，求为校尉。遂纵酒昏酣，遗落世事。"

而何晏、王弼等，遂开清谈之风。

> 《晋书·王衍传》："魏正始中，何晏、王弼等祖述
> 《老》、《庄》，立论以为：天地万物皆以无为为本。无
> 也者，开物成务，无往不存者也。阴阳恃以化生，万
> 物恃以成形，贤者恃以成德，不肖恃以免身。故无之为
> 用，无爵而贵矣。"《日知录》："魏明帝殂，少帝即位，
> 改元正始，凡九年。其十年，则太傅司马懿杀大将军曹
> 爽，而魏之大权移矣。三国鼎立，至此垂三十年。一时
> 名士风流，盛于洛下，乃其弃经典而尚老、庄，蔑礼法
> 而崇放达。视其主之颠危，若路人然，即此诸贤为之倡
> 也。自此以后，竞相祖述，如《晋书》言王敦见卫玠，
> 谓长吏谢鲲曰：'不意永嘉之末，复闻正始之音。'沙门
> 支遁，以清谈著名，于时莫不崇敬，以为造微之功，足
> 参诸正始。《宋书》言羊玄保有二子，太祖赐名曰咸，
> 曰粲。谓玄保曰：'欲令卿二子有林下正始余风。'王
> 微与何偃书曰：'卿少陶玄风，淹雅修畅，自是正始中
> 人。'《南齐书》言袁粲言于帝曰：'臣观张绪有正始遗
> 风。'《南史》言：'何尚之谓王球，正始之风尚在。'其
> 为后人企慕如此。"

晋室之兴，世乱未已，向秀之徒，益尚玄风。

> 《晋书·向秀传》："雅好老、庄之学……为之隐解，
> 发明奇趣，振起玄风，读之者超然心悟，莫不自足一时
> 也。惠帝之世，郭象又述而广之，儒墨之迹见鄙，道家
> 之言遂盛焉。"

名士达官，翕然倾响，不治世务，祖尚浮虚，

> 《晋书·王衍传》："衍有盛才美貌，明悟若神，常
> 自比子贡。兼声名藉甚，倾动当世。妙善玄言，唯谈
> 老、庄为事。……衍将死，顾而言曰：'呜呼！吾曹虽
> 不如古人，向若不祖尚浮虚，戮力以匡天下，犹可不至
> 今日。'"又《乐广传》："广性冲约，有远识，寡嗜欲，
> 与物无竞。尤善谈论，每以约言析理，以厌人之心，其
> 所不知，默如也。……尚书令卫瓘，朝之耆旧，逮与魏
> 正始中诸名士谈论，见广而奇之曰：'自昔诸贤既没，
> 常恐微言将绝，而今乃复闻斯言于君矣。'命诸子造焉，
> 曰：'此人之水镜，见之莹然，若披云雾而睹青天也。'
> 王衍自言曰：'与人语甚简至，及见广，便觉己之烦。'
> 其为识者所叹美如此。"

故论者谓五胡之乱，由于清谈焉。

> 《日知录》："讲明文艺，郑、王为集汉之终；演
> 说老、庄，王、何为开晋之始。以至国亡于上，教沦
> 于下，羌戎互僭，君臣屡易，非林下诸贤之咎而谁
> 咎哉？！"

按魏、晋人之性质，当分数种。有志世事，横受诬污，以其清
高，目为浮华，一也。（何晏、邓飏等事曹爽，志在强魏之宗室。
司马懿以诡谲杀爽等，而世论多集矢于何、王，非确论也。）故
作旷达，以免诛戮，不守礼法，近于佯狂，二也。

《晋书·阮籍传》："籍本有济世志，属魏、晋之际，天下多故，名士少有全者，籍由是不与世事，遂酣饮为常。……籍嫂尝归宁，籍相见与别，或讥之，籍曰：'礼岂为我设耶！'……籍著《大人先生传》，其略曰：'世之所谓君子，惟法是修，惟礼是克。手执圭璧，足履绳墨。行欲为目前检，言欲为无穷则。少称乡党，长闻邻国。上欲图三公，下不失九州牧。独不见群虱处于裈中，逃乎深缝，匿乎坏絮，自以为吉宅也。行不敢离缝际，动不敢出裈裆，自以为得绳墨也。然炎丘火流，焦邑灭都，群虱处于裈中，而不能出也。君子之处域内，何异夫虱之处于裈中乎！'此亦籍之胸怀本趣也。"

风气既成，自矜领袖、一倡百和，以言取名，三也。正始之风，未必即肇永嘉之祸，求其因果，宜更推勘其曲折变迁，不可以一慨而论也。

《世说新语》卷一《德行类》："晋文王称阮嗣宗至慎，每与之言，言皆玄远，未尝臧否人物。"刘孝标注引王隐《晋书》："魏末阮籍，嗜酒荒放，露头散发，裸袒箕踞。其后贵游子弟阮瞻、王澄、谢鲲、胡毋辅之之徒，皆祖述于籍，谓得大道之本。故去巾帻，脱衣服，露丑恶，同禽兽。甚者名之谓'通'，次者名之谓'达'。"据此，是阮籍以佯狂为谨慎，而晋代诸人则以狂荡为率真。其迹同，其心实大异也。

清谈者崇尚老、庄，则以任天率真为贵，推之政治，遂有鲍生无君之论。

《抱朴子外篇·第四十八诘鲍篇》:"鲍生敬言好老、庄之书,治剧辩之言,以为古者无君,胜于今世。故其著论云:'儒者曰:天生烝民,而树之君,岂其皇天谆谆言,亦将欲之者为辞哉!'夫强者凌弱,则弱者服之矣;智者诈愚,则愚者事之矣。服之,故君臣之道起焉;事之,故力寡之民制焉。然则隶属役御,由于争强弱而校愚智,彼苍天果无事也。夫混茫以无名为贵,群生以得意为欢。故剥桂刻漆,非木之愿;拔鹖裂翠,非鸟所欲;促辔含镳,非鸟之性;荷轭运重,非牛之乐。诈巧之萌,任力违真,伐生之根,以饰无用。捕飞禽以供华玩,穿本完之鼻,绊天放之脚,盖非万物并生之意。夫役彼黎烝,养此在官,贵者禄厚,而民亦困矣。夫死而得生,欣喜无量,则不如向无死也;让爵辞禄,以钓虚名,则不如本无让也。天下逆乱焉,而忠义显矣;六亲不和焉,而孝慈彰矣。曩古之世,无君无臣。穿井而饮,耕田而食,日出而作,日入而息。泛然不系,恢然自得。不竞不营,无荣无辱。山无蹊径,泽无舟梁,川谷不通,则不相并兼;士众不聚,则不相攻伐……势利不萌,乱祸不作;干戈不用,城池不设。万物玄同,相忘于道。疫疠不流,民获考终。纯白在胸,机心不生,含铺而熙,鼓腹而游。其言不华,其行不饰。安得聚敛以夺民财?安得严刑以为坑穽?降及叔李,智用巧生,道德既衰,尊卑有序,繁升降损益之礼,饰绂冕玄黄之服。起土木于凌霄,构丹绿于棼橑,倾峻搜宝,泳渊采珠。聚玉如林,不足以极其变;积金成山,不足以赡其费。澶漫于淫荒之域,而叛其大始之本。去宗日远,背朴弥增。……造剡锐之器,长侵割之

患。弩恐不劲，甲恐不坚，矛恐不利，盾恐不厚，若无
凌暴，此皆可弃也。故曰：'白玉不毁，孰为珪璋？道
德不废，安取仁义？'使夫桀、纣之徒，得燔人，辜谏
者，脯诸侯，菹方伯，剖人心，破人胫，穷骄淫之恶，
用炮烙之虐。若令斯人，并为匹夫，性虽凶奢，安得施
之？使彼肆酷恣欲，屠割天下，由于为君，故得纵意
也。君臣既立，众愿日滋，而欲攘臂乎枷梏之间，愁劳
于涂炭之中，人主忧栗于庙堂之上，百姓煎扰乎困苦之
中，闲之以礼度，整之以刑罚。是犹辟滔天之源，激不
测之流，塞之以撮壤，障之以指掌也。"

反之者则又崇尚实务，勤于人事。

《晋书·卞壸传》："阮孚谓壸曰：'卿恒无闲泰，
常如含瓦石，亦不劳乎？'壸曰：'诸君以道德恢弘，
风流相尚，执鄙吝者，非壸而谁？'时贵游子弟，多慕
王澄、谢鲲为通达。壸厉色于朝曰：'悖礼伤教，罪莫
斯甚；中朝倾覆，实由于此。'"

《晋阳秋》（邓粲）："陶侃勤而整，自强不息，又
好督劝于人。常云：'民生在勤，大禹圣人，犹惜寸阴，
至于凡俗，当惜分阴，岂可游逸！生无闻于时，死无闻
于后，是自弃也。又老、庄浮华，非先王之法言而不敢
行。君子当正其衣冠，摄以威仪，何有乱头养望，自谓
宏达耶？'"

《晋中兴书》（何法盛）："侃尝检校佐吏，若得樗
蒲博弈之具，投之曰：'樗蒲，老子入胡所作，外国戏
耳。围棋，尧、舜以教愚子。博弈，纣所造。

　　诸君国器，何以为此！若王事之暇，患邑邑者，文
士何不读书，武士何不射弓？'谈者无以易也。"

盖时当大乱，人心不宁，或愤慨而流于虚无，或忧惧而趋于笃
实，皆时会所造，各因其性而出之。而理想之高，事功之成，亦
分途并进，不相掩也。

　　清谈有尚简括者，

　　　　《晋书·阮瞻传》："遇理而辩，辞不足而旨有
　　余。……见司徒王戎，戎问曰：'圣人贵名教，老、庄
　　明自然，其旨同异？'瞻曰：'将无同。'戎咨嗟良久，
　　即命辟之。时人谓之'三语掾'。"

有尚博辩者，

　　　　《世说新语》："谢镇西少时，闻殷浩能清言，故往
　　造之。殷……为谢标榜诸义，作数百语，既有佳致，兼
　　辞条丰蔚，甚足以动心骇听。谢注神倾意，不觉流汗
　　交面。"

时人至以此为南北之判。

　　　　《世说新语》："褚季野语孙安国云：'北人学问渊
　　综广博。'孙答曰：'南人学问清通简要。'支道林闻之
　　曰：'圣贤固所忘言，自中人以还，北人看书，如显处
　　视月；南人学问，如牖中窥日。'"

然自东晋以降，南方之人，实兼有南北各地之性质，不能以此断之。赵翼论六朝清谈之习，渭梁时讲经，亦染谈义之习。

> 《廿二史劄记》（赵翼）："当时父兄师友之所讲求，专推究老、庄，以为口舌之助。《五经》中惟崇《易》理，其他尽阁束也。至梁武帝，始崇尚经学，儒术由之稍振。然谈义之习已成，所谓经学者，亦皆以为谈辩之资。"

此则清谈与讲学，颇有连带之关系，虽讲经义与谈老、庄殊科，其为言语之进化，则事属一贯。研究三国、六朝之风气者，不可不于此注意焉。

汉代有讲经之法，

> 《汉书·宣帝纪》："甘露三年三月，诏诸儒讲《五经》同异，太子太傅萧望之等平奏其议，上亲称制临决焉。"
>
> 《后汉书·章帝纪》："建初四年，诏太常，将、大夫、博士、议郎、郎官及诸生、诸儒会白虎观，讲议五经同异，使五官中郎将魏应承制问，侍中淳于恭奏，帝亲称制临决，如孝宣甘露石渠故事，作《白虎议奏》。"

魏沿其制，人主亦尝幸太学讲经。

> 《魏志·高贵乡公传》："帝幸太学……讲《易》毕，复命讲《尚书》、讲《礼记》。"

梁武之讲《孝经》，沿其例也。

> 《陈书·岑之敬传》："梁武帝令之敬升讲座，敕中书舍人朱异，执《孝经》，唱《士孝章》。武帝亲自论难，之敬剖释纵横，应对如响，左右莫不嗟服。"

然后汉之时，师徒教授，有解说详富者，

> 《后汉书·杨政传》："善说经书，京师为之语曰：'说经铿铿杨子行。'"

有倚席不讲者，

> 《后汉书·儒林传序》："自安帝览政，薄于艺文，博士倚席不讲。"

魏晋人之谈《易》，亦复不尚多言。

> 《管辂别传》："邓飏问辂：'君善《易》，而语初不及《易》中辞义，何也？'辂曰：'夫善《易》者不论《易》也。'何晏含笑而赞之：'可谓要言不烦也。'"
> 《晋书·阮修传》："王衍当时谈宗，自以论《易》略尽，然有所未了。……及与修谈，言寡而旨畅，衍乃叹服焉。"

南渡以后，私庭讲习论难，犹病其多。

《世说新语》："孝武将讲《孝经》，谢公兄弟与诸人私庭讲习。车武子难苦问谢，谓袁羊曰：不问则德音有遗，多问则重劳二谢。"

其后聚徒讲说者，乃盛见于史策。讲说之法，亦多标著于史。如：

《南史·伏曼容传》："宋明帝好《周易》，尝集朝臣于清暑殿讲学，诏曼容执经。……曼容宅在瓦官寺东，施高坐于厅事，有宾客，辄升高坐为讲说，生徒常数十百人。"又《严植之传》："兼五经博士，馆在潮沟，生徒常百数。讲说有区段次第，析理分明。每当登讲，五馆生毕至，听者千余人。"又《崔灵恩传》："灵恩聚徒讲授，听者常数百人。性拙朴，无风采，及解析经理，甚有精致。都下旧儒，咸称重之。"又《卢广传》："为国子博士，遍讲《五经》。时北来人儒学者，有崔灵恩、孙详、蒋显，并聚徒讲说，而音辞鄙拙，惟广言论清雅，不类北人，"《沈峻传》："《周官》一书，实为群经源本……孙详、蒋显亦经听习，而音革楚夏，故学徒不至。惟峻特精此书，比日时开讲肆，群儒……并执经下坐，北面受业。徐勉奏峻兼五经博士，于馆讲授，听者常数百人。"又《张讥传》："梁武帝尝于文德殿释《乾》、《坤》、《文言》……讥整容而进，諮审循环，辞令温雅，帝甚异之。……陈天嘉中，为国子助教。时周弘正在国学，发《周易》题，弘正第四弟弘直亦在讲席。弘正屈于讥议，弘直危坐厉声，助其申理。讥……谓弘直曰：'今日义集，辩正名理……不得有助。'弘直曰：'仆助君师，何为不可？'弘正尝谓人曰：'吾每登坐，见张讥在席，使人懔然。'"

　　《北史·刘献之传》："献之善《春秋》、《毛诗》，每讲《左氏》，尽隐公八年便止，云'义例已了'，不复讲解。由是，弟子不能究竟其说。"又《张吾贵传》："曾在夏学，聚徒千数，而不讲《传》。生徒窃云：'张生之于《左氏》，似不能说。'吾贵闻之曰：'我今夏讲暂罢，后当说《传》，君等来日皆当持本。'生徒怪之而已……三旬之中，吾贵兼读杜、服，隐括两家，异同悉举。诸生后集，便为讲之；义倒无穷，皆多新异。"又《刘兰传》："张吾贵以聪辩过人，其所解说，不本先儒之旨，惟兰推经传之由，本注者之意……甚为精悉。……瀛州刺史裴植，征兰讲书于州南馆，植为学主。故生徒甚盛，海内称焉。"又《徐遵明传》："教授门徒，每临讲坐，先持经执疏，然后敷讲。学徒至今，浸以成俗。"又《权会传》："性甚儒懦，似不能言，及临机答难，酬报如响，由是为诸儒所推。而贵游子弟，慕其德义者，或就其宅，或寄宿邻家，昼夜承间，受其学业。会欣然演说，未尝懈怠。"又《樊深传》："深经学通赡，每解书，多引汉、魏以来诸家义而说之。故后生听其言者，不能晓悟，背而讥之曰：'樊生讲书多门户，不可解。'"又《熊安生传》："尹公正使齐，问所疑，安生皆为一一演说，咸究其根本，公正嗟服。"

且南北风气相同，均以敷陈义旨，演述周析为尚，是亦学术之一大进步也。

　　清谈所标，皆为玄理。晋、宋之际，遂有玄学之目，至立学校，以相教授。

> 《宋书·何尚之传》："上以尚之为丹阳尹，立宅南
> 郭外，置玄学，聚生徒。东海徐秀，庐江何昙、黄回，
> 颍川荀子华，太原孙宗昌、王延秀，鲁郡孔惠宣，并慕
> 道来游，谓之南学。"

> 《文献通考》："宋文帝雅好艺文，使丹阳尹庐江何
> 尚之立玄学，太子率更令何承天立史学，司徒参军谢元
> 立文学，散骑常侍雷次宗立儒学，为四学。"

谈论者为玄言，著述者为玄部。

> 《南史·张讥传》："讥笃好玄言，讲《周易》《老》
> 《庄》而教授焉。吴郡陆元朗、朱孟博、一乘寺沙门法
> 才、法云寺沙门慧拔、至真观道士姚绥，皆传其业。讥
> 所撰《周易义》三十卷……《老子义》十一卷，《庄子
> 内篇义》十二卷，《外篇义》二十卷，《杂篇义》十卷，《玄
> 部通义》十二卷，《游玄桂林》二十四卷。"

欲精其学，亦至不易。

> 《南齐书·王僧虔传》："僧虔戒子书曰：往年有意
> 于史，取《三国志》聚置床头，百日许，复徙业就玄，
> 自当小差于史，犹未近仿佛。曼倩有云：谈何容易。见
> 诸玄，志为之逸，肠为之抽。专一书，转通数十家注，
> 自少至老，手不释卷，尚未敢轻言。汝开《老子》卷头
> 五尺许，未知辅嗣何所道，平叔何所说，马、郑何所

异，《指》、《例》何所明，而便盛于麈尾，自呼谈士，此最险事。"

梁世盛加提倡，玄风遂尔广播。

> 《颜氏家训·勉学篇》："何晏、王弼，祖述玄宗，递相夸尚，景附草靡，皆以农、黄之化，在乎己身，周、孔之业，弃之度外。……洎于梁世，兹风复阐，《庄》、《老》、《周易》，总谓三玄。武皇、简文，躬自讲论。周弘正奉赞大猷，化行都邑，学徒千余，实为盛美。"

稽其理论，多与释氏相通，故自晋以来，释子盛治《老》、《庄》，

> 《世说新语》："支遁与许询、谢安共集王濛家。谢顾谓诸人：'今日可谓彦会，时既不可留，此集固亦难常，当共言咏，以写其怀。'许乃问主人有《庄子》不？正得《渔父》一篇，谢看题，便各使四座通，支道林先通，作七百许语，叙致精丽，才藻奇拔，众咸称善。"
>
> 《高僧传》："释慧远博综六经，尤善《庄》、《老》。"

清谈者亦往往与释子周旋。

> 《世说新语》："僧意在瓦官寺中，王苟子来与共语，便使其唱理。意谓王曰：'圣人有情不？'王曰：'无。'重问曰：'圣人如柱耶？'王曰：'如筹算。虽无

情，运之者有之。'僧意云：'谁运圣人耶？'苟子不得
答而去。"

佛教之与吾国学说融合，由是也。梁、陈讲学，或在宫殿，或在
僧寺，

> 《南史·张讥传》："后主在东宫……令于温文殿讲
> 《庄》《老》，宣帝幸宫临听。……后主尝幸钟山开善寺，
> 召从臣坐于寺西南松林下，敕讥竖义。"

或以佛与儒道诸书并称。

> 《陈书·马枢传》："枢博极经史，尤善佛经及《周
> 易》、《老子》义。梁邵陵王纶为南徐州刺史，素闻其
> 名，引为学士。纶时自讲《大品经》，令枢讲《维摩》、
> 《老子》、《周易》，同日发题，道俗听者二千人……数
> 家学者，各起问端，枢依次剖判，开其宗旨，然后枝分
> 流别，转变无穷。论者拱默听受而已。"

足见清谈讲学者，皆与佛教沟通，当时盛流，咸受缁衣熏染矣。

第四章　选举与世族

东汉之季世，重清议而薄朝政，贵贱荣辱，朝野相反。故至魏、晋，有九品官人之法。

> 《魏志·陈群传》："制九品官人之法，群所建也。"
> 《文献通考》："延康元年，尚书陈群以为天朝选用，不尽人才，乃立九品官人之法。州郡皆置中正，以定其选，择州郡之贤有识鉴者，为之区别人物，第其高下。又制郡口十万以上，岁察一人，其有秀异，不拘户口。其武官之选，俾护军主之。……州、郡、县俱置大小中正，各取本处人，在诸府公卿及各省郎吏，有德充才盛者为之，区别所管人物，定为九等。其言行修著，则升进之，或以五升四，以六升五，倘或道义亏缺，则降下之，或自五退六，自六退七矣。以吏部审定天下人才士庶，故委中正铨第等级，凭之授受，谓免乖失及法弊也。"

朝廷用人，率依中正品第。

> 《文献通考》："晋依魏氏九品之制，内官吏部尚书、司徒左长史，外官州有大中正，郡国有小中正，皆掌选举。凡吏部选用，必下中正，征其人居及祖父官名。"

《廿二史札记》："魏文帝初定九品中正之法，郡邑设小中正，州设大中正，由小中正品第人才以上大中正，大中正核实以上司徒，司徒再核，然后付尚书选用。"

中正定品，三年一更。

《晋书·石虎传》："魏始建九品之制，三年一清定之。"

多设访问，助之调查，并为品状。

《晋书·孙楚传》："王济为太原大中正，访问论邑人品状，至楚，济曰：'此人非卿所能目，吾自为之。'乃状曰：'天才英博，亮拔不群。'"又《刘卞传》称卞初入太学，试经，当为台吏四品，访问令写黄纸一鹿车，卞不肯。访问怒，言于中正，乃退为尚书令史。

小中正有失，大中正当举发之，不得徇隐。

《晋书·卞壶传》称："淮南小中正王式，父没，其继母终丧，归于前夫之子，后遂合葬于前夫。壶劾之，以为犯礼害义，并劾司徒及扬州大中正、淮南大中正含容徇隐。诏以式付乡邑清议，废终身。"

虽中正所黜陟，政府亦得变更之。

《晋书·霍原传》称燕国中正刘沈举霍原为二品，
司徒不过。沈上书，谓原隐居求志，行成名立。张华等
又特奏之，乃为上品。又《张轨传》称张华素重张轨，
安定中正蔽其善，华为延誉，得居二品。

然被纠弹付清议者，多致废弃。

《日知录》："九品中正之设，虽多失实，遗意未亡，
凡被纠弹付清议者，即废弃终身，同之禁锢。至宋武帝
篡位，乃诏有犯乡论清议，赃污淫盗，一皆荡涤洗除，
与之更始。自后凡遇非常之恩赦文，并有此语。"

南北朝时，其风犹然。

《文献通考》："梁初无中正制，敬帝太平二年，复
令诸州各置中正，仍旧放选举，皆须中正押上，然后量
授，不然则否。……后魏州郡皆有中正，掌选举，每以
季月与吏部铨择可否。其秀才对策第居中上，表叙之。
正始元年，乃罢诸郡中正。"又："南朝至于梁、陈，北
朝至于周、隋，选举之法，虽互相损益，而九品及中
正，至开皇中方罢。"

其制之得失，论者不一。举其得，则曰重清议（《日知录·清议》
一篇言之甚详）；斥其失，则曰徇私情。

《文献通考》："于时虽风教颓失而无典制，然时有
清议，尚能劝俗。陈寿居丧，使女奴丸药，积年沈废。

邰诜笃孝，以假葬违常，降品一等。其为惩劝如此。其后中正任久，爱憎由己，而九品之法渐弊。遂计官资以定品格。天下惟以居位者为贵。尚书仆射刘毅，以九品者始因魏初丧乱，是军中权时之制，非经久之典也，宜用上断，复古乡举里选之法。上疏曰：夫九品有八损，而官才有三难，皆兴替之所由也。人物难知，一也；爱憎难防，二也；情伪难明，三也。今之中正，定九品，高下任意，荣辱在手，操人主威福，夺天朝权势，爱恶随心，情伪由己。上品无寒门，下品无世族。公无考校之负，私无告诉之忌，损政之道一也。置州郡者，本取州里清议，咸所归服，将以镇异同。一言议，不谓一人之身，了一州之才，一人不审，遂为坐废。使是非之论，横于州里；嫌隙之仇，结于大臣，损政之道二也。本立格制，谓人伦有序，若贯鱼成次，才德优劣，伦辈有首尾也。今之中正，坐徇其私，推贵异之器，使在九品之下，负载不肖，越在成人之首，损政之道三也。委以一国之重，而无赏罚之防，使得纵横无所顾惮。诸受枉者，抱怨积久，独不蒙天地无私之德，长壅蔽于邪人之铨，损政之道四也。一国之士，多者千数。或流徙异邦，或给事殊方，而中正知与不知，将定品状，必采声于台府，纳毁于流言。任己则有不识之弊，听受则有彼此之偏。所知以爱憎夺其平，所不知者以人事乱其度，损政之道五也。凡所以立品设状者，求人才而论功报也。今于限当报，虽职之高，还附卑品，无绩于官，而获高叙，是为抑实功而崇虚名也，损政之道六也。凡官不同事，人不同能。今九品不状才能之所宜，而以九等为例。以品取人，或非才能之所长；以状取人，则为本品之所限。若状得其实，犹品状相妨，况不实者乎？损政之道七也。前九品诏书，善恶必书，以为褒贬。今之九品，所下不章其罪，所状不列其善。废褒贬之义，任爱憎之断，天下之人，焉得不解于德行，而锐于人事乎？损政之道八也。职名中正，实为奸府，事名九品，而有八损。臣以为宜罢中正，除九品，弃魏氏之弊法，立一代之美制。"

然其中犹有一义焉，则所谓绅士政治是也。魏、晋以降，易君如举棋，帝王朝代之号如传舍然。使人民一仰朝廷君主之所为，其为变易紊乱，盖不可胜言矣。当时士大夫，于无意中保守此制，以地方绅士，操朝廷用人之权。于是朝代虽更，而社会之势力仍固定而不为摇动，岂惟可以激扬清浊，抑亦所以抵抗君权也。

　　《陔余丛考》（赵翼）"论六朝忠臣无殉节者"一篇谓："自汉、魏易姓以来，胜国之臣，即为兴朝佐命，久以习为固然。其视国家禅代，一若无与于己，且转借为迁官受赏之资"云云。实则其时国家大权在绅士，不在君主，故绅士视国家禅代无与于己也。《廿二史劄记》"论南朝多以寒人掌机要"篇谓："魏正始、晋永熙以来，皆大臣当国。晋元帝忌王氏之盛，欲政自己出，用刁协、刘隗等为私人，即召王敦之祸。自后非幼君即孱主，悉听命于柄臣，八九十年，已成故事。至宋、齐、梁、陈诸君，无论贤否，皆威福自己，不肯假权于大臣。而其时高门大族，门户已成，令、仆、三司，可安流平进，不屑竭智尽心，以邀恩宠。且风流相尚，罕以物务关怀，人主遂不能借以集事，于是不得不用寒人"

云云。亦可见自晋以来，绅士权力甚大，虽人君威福自己，而绅士自居高位，不屑为人主私人也。

九品中正之弊，专论门第，则高位显职，皆为世族子弟所得。虽无世袭之制，实有阶级之分。

　　《南史·谢弘微传》："晋世名家，身有国封者，起家多拜员外散骑侍郎。"《梁书·张缵传》："秘书郎有四员，宋、齐以来，为甲族起家之选，待此入补。其居职例数十百日，便迁任。"

　　《初学记》："秘书郎与著作郎，江左以来，多为贵游起家之选。故当时谚曰：'上车不落，为著作；体中何如，则秘书。'"

至于位宦高卑，皆依家牒为断。

　　《南史·王僧孺传》："入直西省，知撰谱事。先是，尚书令沈约以为：'晋咸和初，苏峻作乱，文籍无遗。后起咸和二年，以至于宋，所书并皆详实，并在下省左户曹前厢，谓之晋籍，有东西二库。此籍既并精详，实可宝惜，位宦高卑，皆可依案。宋元嘉二十七年，始以七条征发，既立此科，人奸互起，伪状巧籍，岁月滋广，以至于齐，患其不实，于是东堂校籍，置郎令史以掌之，竞行奸货，以新换故，昨日卑细，今日便成士流。……宋、齐二代，士庶不分，杂役减阙，职由于此。窃以晋籍所余，宜加宝爱。'武帝以是留意谱籍……因诏僧孺改定百家谱。""晋太元中，员外散骑侍郎平阳贾

弼，笃好簿状，乃广集众家，大搜群族，所撰十八州
一百一十六郡合七百一十二卷。凡诸大品，略无遗阙，
藏在秘阁，副在左户。及弼子太宰参军匪之，匪之子长
水校尉深，世传其业。太保王弘，领军将军刘湛，并好
其书。弘日对千客，不犯一人之讳。湛为选曹，始撰百
家以助铨序。"

州郡属吏，亦须辟引著姓。

《梁书·杨公则传》："为湘州刺史，保己廉慎，为
吏民所悦。湘俗单家以赂求州职，公则至，悉断之。所
辟引皆州郡著姓，高祖班下诸州以为法。"

南朝如此，北地亦然。

《陔余丛考》（赵翼）："当时风尚，右豪宗而贱寒
畯，南北皆然，牢不可破。高允请各郡立学，取郡中清
望人行修谨者为学生，先尽高门，次及中等。魏孝文帝
以贡举猥滥，乃诏州郡慎所举，亦曰门尽州郡之高，才
极乡闾之选。"

甚至帝王虽宠其人，而不能跻之于士大夫之例。

《陔余丛考》："习俗所趋，积重难返，虽帝王欲
变易之而不能。宋文帝宠中书舍人宏兴宗，谓曰：'卿
欲作士人，得就王球坐，乃当判尔。若往诣球，可称
旨就席。'及至，宏将坐。球举扇曰：'卿不得尔！'宏

还奏。帝曰：'我便无如此何！'他日帝以语球，欲令与之相知，球辞曰：'士庶区别，国之常也。臣不敢奉诏。'纪僧真自寒官历至冠军府参军主簿，宋孝武帝尝目送之曰：'人生何必计门户？纪僧真堂堂贵人所不及也。'其宠之如此。及僧真启帝曰：'臣小人，出自本州武吏，他无所须，惟就陛下乞作士大夫。'帝曰：'此事由江敩、谢瀹，我不得措意，可自诣之。'僧真承旨诣敩，登榻坐定。敩命左右'移吾床让客！'僧真丧气而退，告帝曰：'士大夫固非天子所命。'"

其为社会中一种特殊势力，殆尤过于古代之世族。降至唐代，其风犹存。柳芳著论，至以此为魏、晋、隋、唐治乱兴衰之征。

《新唐书·柳冲传》："初，太宗命诸儒撰《氏族志》，甄差群姓。其后门胄兴替不常，冲请修改其书。帝诏魏元忠、张锡、萧至忠、岑羲、崔湜、徐坚、刘宪、吴竞及冲，共取德、功、时望、国籍之家，等而次之。……开元初，诏冲与薛南金复加刊窜，乃定。后柳芳著论甚详，今删其要，著之左方。……魏氏立九品，置中正，尊世胄，卑寒士，权归右姓。其州大中正、主簿，郡中正、功曹，皆取著姓士族为之，以定门胄，品藻人物。晋、宋因之，始尚姓已。然其别贵贱，分士庶，不可易也。于时有司选举，必稽谱籍，而考其真伪。故官有世胄，谱有世官，贾氏、王氏谱学出焉。由是有谱局，令史职皆具。过江则为'侨姓'，王、谢、袁、萧为大；东南则为'吴姓'，朱、张、顾、陆为大；山东则为'郡姓'，王、崔、卢、李、郑为大；关中亦号‘郡姓’，韦、裴、柳、薛、杨、杜首之；代北则为‘虏姓’，元、长孙、宇文、于、陆、源、窦首之。……郡姓者，以中国士人差第阀阅为之制，凡三世有三公者曰‘膏梁’，有令、仆者曰‘华腴’，尚书、领、护而上者为‘甲姓’，九卿若方伯者为‘乙姓’，散骑常侍、大中大夫者为‘丙姓’，吏部正员郎为‘丁姓’。凡得入者，谓之‘四姓’。……北齐因仍，举秀才、州主簿、郡功曹，非‘四姓’不在选。故江左定氏族，凡郡上姓第一，则为右姓；太和以郡四姓为右姓；齐浮屠昙刚《类例》凡甲门为右姓；周建德氏族以四海通望为右姓；隋开皇氏族以上品、茂姓则为右姓；唐《贞观氏族志》凡第一等则为右姓；路氏著《姓略》，以盛门为右姓；柳冲《姓族系录》凡四海望族则为右姓。不通历代之说，不可与言谱也。今流俗独以崔、卢、李、郑为四姓，加太原王氏，号五姓，盖不经也。夫文之弊，至于尚官，官之弊，至于尚姓，姓之弊，至于尚诈。隋承其弊，不知其所以弊，乃反古道，罢乡举，离地著，尊执事之吏。于是乎士无乡里，里无衣冠，人无廉耻，士族乱而庶人僭矣。……山东之人质，故尚婚娅，其信可与也；江左之人文，故尚人物，其智可与也；关中之人雄，故尚冠冕，其达可与也；代北之人武，故尚贵戚，其泰可与也。……管仲曰：‘为国之道，利出一孔者王，二孔者强，三孔者弱，四孔者亡。’故冠婚者，人道大伦。周、汉之官人，齐其政，一其门，使下知禁，此出一孔也，故王。魏、晋官人，尊中正，立九品，乡有异政，家有竞心，此出二孔也，故强。江左、代北诸姓，纷乱不一，其要无归，此出三孔也，故弱。隋氏官人，以吏道治天下，人之行，不本乡党，政烦于上，人乱于下，此出四孔也，故亡。唐承隋乱，宜救之以忠，忠厚则乡党之行修；乡党之行修，则人物之道长；人物之道长，则冠冕之绪崇：冠冕之绪崇，则教化之风美，乃可与古参矣。"

其力崇贵族，正与今日各国盛奖平民者相反。至唐末五代，种旅混乱，不崇门阀，其风始衰替焉。

第五章　三国以降文物之进步

三国以降，学术风俗，均日衰替。

《三国志·董昭传》："窃见当今年少，不复以学问为本，专更以交游为业。国士不以孝弟清秀为首，乃以趋势游利为先。"《魏略》（鱼豢）："正始中，有诏议圜丘，普延学士。是时郎官及史徒领吏二万余人，而应书与议者，略无几人。又，是时朝堂公卿以下四百余人，其能操笔者未有十人，多皆饱食相从而退。嗟夫！学业沉陨，乃至于此。"

《晋纪》（干宝）："论曰：朝寡纯德之人，乡乏不贰之老，风俗淫僻，耻尚失所。学者以《老》、《庄》为宗而黜《六经》；谈者以虚荡为辩而贱名检，行身者以放浊为通而狭节信，进士者以苟得为贵而鄙居正，当官者以望空为高而笑勤恪。由是毁誉乱于善恶之实，情慝奔于货欲之涂。选者为人择官，官者为身择利。世族贵戚之子弟，陵迈超越，不拘资次。悠悠风尘，皆奔竞之士；列官千百，无让贤之举。其妇女装栉织纴，皆取成于婢仆，未尝知女工丝枲之业，中馈酒食之事也。先时而婚，任情而动，故皆不耻淫佚之过，不拘妒忌之恶。父兄不之罪也，天下莫知非也。又况责之闻四教于古，修贞顺于今，以辅佐君子者哉！礼法刑政，于是大坏。"

然治经之人，亦赓续不绝，

《经学历史》（皮锡瑞）："世传《十三经注》，除《孝经》为唐明皇御注外，汉人与魏、晋人各居其半。郑君笺《毛诗》，注《周礼》、《仪礼》、《礼记》，何休注《公羊传》，赵岐注《孟子》，凡六经，皆汉人注。孔安国《尚书传》王肃伪作，王弼《易注》，何晏《论语集解》，凡三经，皆魏人注。杜预《左传集解》，范宁《穀梁集解》，郭璞《尔雅注》，凡三经，皆晋人注。……当汉学已往，唐学未来，绝续之交，诸儒倡为义疏之学，有功于后世甚大。南如崔灵恩《三礼义宗》、《左氏经传义》，沈文阿《春秋》、《礼记》、《孝经》、《论语》义疏，皇侃《论语》、《礼记》义，戚衮《礼记义》，张讥《周易》、《尚书》、《毛诗》、《孝经》、《论语》义，顾越《丧服》、《毛诗》、《孝经》、《论语》义，王元规《春秋》、《孝经》义记；北如刘献之《三礼大义》，徐遵明《春秋义章》，李铉撰定《孝经》《论语》《毛诗》、三《礼》义疏，沈重《周礼》、《仪礼》、《礼记》、《毛诗》、《丧服》经义，熊安生《周礼》、《礼记》义疏、《孝经义》；皆见《南北史·儒林传》。今自皇、熊二家见采于《礼记疏》外，其余书皆亡逸。然渊源有自，唐人五经之疏，未必无本于诸家者。论先河后海之义，亦岂可忘筚路蓝缕之功乎！"

研究诸子者，亦时有之。

　　《魏志·杜恕传》：“疏曰：今之学者，师商、韩而上法术，竞以儒家为迂阔。”《蜀志》：“先主遗诏曰：历观诸子及《六韬》、《商君书》，益人意智。闻丞相为写《申》、《韩》、《管子》、《六韬》一通已毕。”

　　《晋书·鲁胜传》：“其著述为世所称，遭乱遗失，惟注《墨辩》，存其叙曰：名者所以别同异，明是非，道义之门，政化之准绳也。孔子曰：‘必也正名，名不正则事不成。’墨子著书，作《辩经》以立名本，惠施、公孙龙祖述其学，以正别名显于世。孟子非墨子，其辩言正辞，则与墨同。荀卿、庄周等皆非毁名家，而不能易其论也。名必有形，察形莫如别色，故有坚白之辩。名必有分明，分明莫如有无，故有无序之辩。是有不是，可有不可，是名两可。同而有异，异而有同，是之谓辩同异。至同无不同，至异无不异，是谓辩同辩异。同异生是非，是非生吉凶，取辩于一物，而原极天下之污隆，名之至也。自邓析至秦时名家者，世有篇籍，率颇难知，后学莫复传习，于今五百余岁，遂亡绝。《墨辩》有上下《经》，《经》各有《说》，凡四篇，与其书众篇连第，故独存。今引《说》就《经》，各附其章，疑者阙之。又采诸众杂集为《刑》、《名》二篇，略解指归，以俟君子。”

论者甚至谓江左有愈于汉。

　　《五朝学》（章炳麟）：“魏、晋者，俗本之汉。陂

陀从迹以至，非能骤溃。济江而东，民有甘节，清劭中
伦，无曩时中原偷薄之德，乃度越汉时也。……尝试
论之，汉之纯德，在下吏诸生间，虽魏、晋不独失也。
魏、晋之侈德，下在都市，上即王侯贵人，虽汉不独亡
也。……粤晋之东，下讫陈，尽五朝三百年。往恶日澌，
而纯美不忒，此为江左有愈于汉。"

　　盖历史现象，变化繁赜，有退化者，有进化者，有蝉嫣不绝者，
有中断或突兴者，固不可以一概而论也。
　　天算之学，后盛于前，三国以降，算书特多。今世所传《算
经十书》、《九章算术》，魏刘徽所注也。

　　　　《九章算术注序》："徽幼习《九章》，长再详览，
　　观阴阳之割裂，总算术之根源，探赜之暇，遂悟其意。
　　是以敢竭顽鲁，采其所见，为之作注。"

《海岛算经》，徽所著也，

　　　　《隋书·经籍志》："《九章重差图》一卷，刘徽撰。"
　　　　《海岛算经跋》（戴震）："徽之书本名《重差》，初
　　无'海岛'之目。《隋志·九章十卷》下云'刘徽撰'，
　　盖以《九章》九卷，合此为十也。而《隋志》、《唐志》
　　又皆有《九章重差图》一卷。盖图本单出，故别著于
　　录。《唐·选举志》称算学生，《九章》、《海岛》共限
　　习三年。试《九章》三条、《海岛》一条，则改题《海
　　岛》，自唐初已然矣。"

《孙子算经》，亦汉以后人所辑。

> 《四库全书总目》："《孙子算经》三卷，朱彝尊《曝书亭集》有《孙子算经跋》……以为确出于孙武。今考书内设问，有云'长安、洛阳相去九百里'，又云'《佛书》二十九章，章六十三字'。则后汉明帝以后人语。孙武，春秋末人，安有是语乎？"

晋有《夏侯阳算经》、《张丘建算经》，

> 《夏侯阳算经跋》（戴震）："《隋书·经籍志》有《夏侯阳算经》二卷，不言阳为何代人。《宋书·礼志》载《算学祀典》有云：'封魏刘徽淄川男，晋姜岌成纪男，张丘建信成男，夏侯阳平陆男，后周甄鸾无极男。'又《张丘建算经序》云：'夏侯阳之方仓。'则阳为晋人。"

> 《四库全书总目》："《张丘建算经》三卷，原本不题撰人时代；《唐志》载：'《张丘建算经》一卷，甄鸾注。'则当在甄鸾之前。书首丘建自序，引及夏侯阳、孙子之术，则当在夏侯阳之后也。"

北周甄鸾撰《五经算术》，又注《孙子算经》及《五曹算经》。

> 《四库全书提要》："《五经算术》二卷，北周甄鸾撰。鸾精于步算，仕北周，为司隶校尉汉中郡守。尝释《周髀》等算经，不闻其有是书。而《隋书·经籍志》有《五经算术》一卷，《五经算术录遗》一卷，皆

不著撰人姓名。《唐书·艺文志》则有李淳风注《五经算术》二卷，亦不言其书为谁人所撰。今考是书举《尚书》、《孝经》、《诗》、《易》、《论语》、三《礼》、《春秋》之待算方明者列之，而推算之术，悉加'甄鸾案'三字于上，则是书当即鸾所撰。"

则自《周髀》及唐王孝通所撰之《缉古算经》外，皆此时期之人所著也。所奇者南北朝对峙，各出算学大家，北有甄鸾，南有祖冲之，先后相望。而祖氏所发明尤为卓绝。

《南齐书·祖冲之传》："有机思……又特善算，注《九章》，造《缀述》数十篇。"

《中国圆周率略史》（茅以昇）（《科学》杂志第三卷第四期）："周三径一之率，荒古已有其说。后汉有张衡率，魏有刘徽，吴有王蕃，各求新率。徽率之精约，已无间言；至祖冲之圆率，则精雨罕俦，千古独绝。《隋书·律历志》曰：'宋末，南徐州从事史祖冲之，更开密率法。以圆径一亿为一丈，圆周盈数三丈一尺四寸一分五厘九毫二秒七忽，朒数三丈一尺四寸一分五厘九毫二秒六忽，正数在盈朒二限之间，密率圆径一百一十三，周三百五十五，约率圆径七，周二十三。'此第五世纪世界最精之圆率也。其时印度仅有三一四一六，欧人亦才至三一四一五五二之率，视此自有愧色。祖率晔晚天下，九原有知亦自豪矣。"

孰谓南朝尚空谈，而无研究实学者乎！

算术与制造有密切之关系。汉、魏时人多治算术，故新奇之著作，亦相因而起。诸葛亮作连弩、木牛流马，世已奇其术。

《蜀志·诸葛亮传》："亮性长于巧思，损益连弩，木牛流马，皆出其意。"

《魏氏春秋》（孙盛）："亮损益连弩，谓之'元戎'，以铁为矢，矢长八寸，一弩十矢俱发。……《亮集》载木牛流马法曰：木牛者，方腹曲头，一脚四足，头入领中，舌著于腹。载多而行少，宜可大用，不可小使；特行者数十里，群行者二十里也。曲者为牛头，双者为牛脚，横者为牛领，转者为牛足，覆者为牛背，方者为牛腹，垂者为牛舌，曲者为牛肋，刻者为牛齿，立者为牛角，细者为牛鞅，摄者为牛鞦轴。牛仰双辕，人行六尺，牛行四步。载一岁粮，日行二十里，而人不大劳。流马尺寸之数，肋长三尺五寸，广三寸，厚二寸二分，左右同。前轴孔分墨去头四寸，径中二寸。前脚孔分墨二寸，去前轴孔四寸五分，广一寸。前杠孔去前脚孔分墨二寸七分，孔长二寸，广一寸。后轴孔去前杠分墨一尺五分，大小与前同。后脚孔分墨去后轴孔三寸五分，大小与前同。后杠孔去后脚孔分墨二寸七分。后载克去后杠孔分墨四寸五分。前杠长一尺八寸，广二寸，厚一寸五分。后杠与等板方囊二枚，厚八分，长二尺七寸，高一尺六寸五分，广一尺六寸，每枚受米二斛三斗。从上杠孔去肋下七寸，前后同。上杠孔去下杠孔分墨一尺三寸，孔长一寸五分，广七分，八孔同。前后四脚广二寸，厚一寸五分。形制如象，靬长四寸，径面四寸三分。孔径中三脚杠，长二尺一寸，广一寸五分，厚一寸四分，同杠耳。"

而马钧之巧过之，

《魏志·杜夔传注》："时有扶风马钧，巧思绝世。傅玄序之曰：马先生，天下之名巧也。……为博士，居贫，乃思绫机之变。不言而世人知其巧矣。旧绫机五十综者五十蹑，六十综者六十蹑，先生患其丧功费日，乃皆易以十二蹑。其奇文异变，因感而作者，犹自然之成形，阴阳之无穷。……居京都，城内有地，可以为园，患无水以灌之，乃作翻车，令童儿转之，而灌水自覆，更入更出，其巧百倍于常。此二异也。其后人有上百戏者，能设而不能动也……受诏作之。以大木雕构，使其形若轮，平地施之，潜以水发焉；设为女乐舞象，至令木人击鼓吹箫；作山岳，使木人跳丸掷剑，缘絚倒立，出入自在。百官行署，舂磨斗鸡，变巧百端。此三异也。先生见诸葛亮连弩，曰：'巧则巧矣，未尽善也。'言作之可令加五倍。又患发石车，敌人之于楼边悬湿牛皮，中之则堕，石不能连属而至。欲作一轮，悬大石数十，以机鼓轮为常，则以断悬石飞击敌城，使首尾电至。尝试以车轮悬瓴甓数十，飞至数百步矣。"

祖冲之之巧又过之。

《南齐书·祖冲之传》："初，宋武平关中，得姚兴指南车，有外形而无机巧，每行，使人于内转之。昇明中，太祖辅政，使冲之追修古法。冲之改造铜机，圆转不穷，而司方如一马钧以来未有也。……冲之以诸葛亮有木牛流马，乃造一器，不因风水，施机自运，不劳人力。又造千里船，于新亭江试之，日行百余里。"

此虽间世一出，未足为普遍之征，然即史策所传观之，亦可见吾国人创造之能，无论何时，皆有所表现也。

三国以来，学者之务实用，不独精于算数、创制奇器已也，其于规天法地之事，亦时时推陈出新，以期致用。如王蕃、陆绩等之制浑天仪象。

《晋书·天文志》："顺帝时，张衡制浑天仪象……其后陆绩亦造浑象。至吴时，中常侍庐江王蕃善数术，传刘洪《乾象历》，依其法而制浑仪。……古旧浑象，以二分为一度，凡周七尺三寸半分。张衡更制，以四分为一度，凡周一丈四尺六寸一分。蕃以古制局小，星辰稠概，衡器伤大，难可转移。更制浑象，以三分为一度，凡周天一丈九寸五分四分分之三也。"

《隋书·天文志》："梁华林重云殿前所置铜仪，其制则有双环规相并，间相去三寸许。正竖当子午。其子午之间，应南北极之衡，各合而为孔，以象南北枢。植楗于前后以属焉。又有单横规，高下正当浑之半。皆周匝分为度数，署以维辰之位，以象地。又有单规，斜带南北之中，与春秋二分之日道相应。亦周匝分为度数，而署以维辰，并相连著。属楗植而不动。其里又有双规相并，如外双规，内径八尺，周二丈四尺，而属双轴。轴两头，出规外各二寸许，合两为一。内有孔，圆径二寸许，南头入地下，注于外双规南枢孔中，以象南极。北头出地上，入于外双规规北枢孔中，以象北极。其运动得东西转，以象天行。其双轴之间，则置衡，长八尺，通中有孔，圆径一寸，当衡之半，两边有关，各注著双轴。衡既随天象东西转运，又自于双轴间，得南北低仰。所以准验辰历，分考次度，其于揆测，唯所欲为之者也。检其镌题，是伪刘曜光初六羊，史官丞南阳孔挺所造，则古之浑仪之法者也。""宋文帝以元嘉十三年诏太史更造浑仪。太史令钱乐之依案旧说，采效仪象，铸铜为之。五分为一度，径六尺八分少，周一丈八尺二寸六分少。地在天内，不动。立黄、赤二道之规，南北二极之规，布列二十八宿、北斗极星，置日月五星于黄道上。为之杠轴，以象天运。昏明中星，与天相符。梁末，置于文德殿前……吴时，又有葛衡，明达天官，能为机巧。改作浑天，使地居于天中。以机动之，天动而地上，以上应晷度，则乐之之所放述也。到元嘉十七年，又作小浑天，二分为一度，径二尺二寸，周六尺六寸。安二十八宿中外官星备足。以白、青、黄等三色珠为三家星。其日月五星，悉居黄道。亦象天运，而地在其中。宋元嘉中所造仪象器，开皇九年平陈后，并入长安。大业初，移于东都观象殿。"

裴秀、谢庄等之制地图，

　　《晋书·裴秀传》："以《禹贡》山川地名，从来久远，多有变易。后世说者或强索引，渐以暗昧。于是甄摘旧文，疑是则阙，古有名而今无者，随事注列，作《禹贡地域图》十八篇奏之，藏于秘府。其序曰：制图之体有六焉。一曰分率，所以辨广轮之度也。二曰准望，所以正彼此之体也。三曰道里，所以定所由之数也。四曰高下。五曰方邪。六曰迂直。此三者各因地而制宜，所以校夷险之异也。"《宋书·谢庄传》："作《左氏经传方丈图》，随国立篇，制木为图，山川土地，各有分理。离之则州郡殊别，合之则宇内为一。

皆注重实际，非徒尚空谈也。虽有制或不精密，且其物亦都不传，无由考其法度，然亦可见其时有一部分之人，崇尚虚玄，犹有一部分之人，殚精实学矣。（按《隋书·经籍志》载天文图书凡九十七部、六百七十五卷，其大宗皆三国、六朝时人所制。中有《婆罗门天文经》二十一卷，《婆罗门竭伽仙人天文说》三十卷，《婆罗门天文》一卷，《摩登伽经说星图》一卷。盖六朝时，不但继续秦、汉以来天文家之言，兼采及印度测验天文之书也。其地理类载汉以后地图，有《洛阳图》一卷，《湘州图副记》一卷，《江图》三卷，《周地图记》一百九卷，《冀州图经》一卷，《齐州图经》一卷，《幽州图经》一卷。而挚虞、陆澄等地理书，实为研究地理之巨制，隋代因之有《区宇图志》及《诸州图经》等书焉。）

魏、晋之世，有一最大之憾事，即古乐亡于是时也。秦、汉之际，古乐虽已失传，然制氏犹能记其铿锵鼓舞，雅乐四曲至魏犹存。永嘉之乱，始殄灭无余焉。

《隋书·音乐志》："董卓之乱，正声咸荡。汉雅乐郎杜夔，能晓乐事，八音七始，靡不兼该。魏武平荆州，得夔，使其刊定雅律。魏有先代古乐，自夔始也。自此迄晋，用相因循，永嘉之寇，尽沦胡羯。"《晋书·乐志》："杜夔传旧雅乐四曲，一曰《鹿鸣》，二曰《驺虞》，三曰《伐檀》，四曰《文王》，皆古声辞。及

太和中，左延年改变《驺虞》、《伐檀》、《文王》三曲，
更自作声节，其名虽存，而声实异。唯因变《鹿鸣》，
全不改易。每正旦大会，太尉奉璧，群后行礼，东厢雅
乐常作者是也。……永嘉之乱，海内分崩，伶官乐器，
皆没于刘、石。"

魏得晋乐，不知采用，后平河西，杂以秦声。

《隋书·音乐志》："道武帝皇始元年，破慕容宝于
中山，获晋乐器，不知采用，皆委弃之。……太武帝平
河西，得沮渠蒙逊之伎，宾嘉大礼，皆杂用焉。此声所
兴，盖苻坚之末，吕光出平西域，得胡戎之乐，因又改
变，杂以秦声，所谓《秦汉乐》也。"

降至周、隋，礼崩乐坏，所用雅乐，皆胡声也。

《隋书·音乐志》："开皇二年，齐黄门侍郎颜之推
上言：'礼崩乐坏，其来自久。今太常雅乐，并用胡声，
请冯梁国旧事，考寻古典。'高祖不从。……俄而柱国、
沛公郑译奏上，请更修正。……又诏求知音之士，集
尚书，参定音乐。译云：考寻乐府钟石律吕，皆有宫、
商、角、徵、羽、变宫、变徵之名。七声之内，三声乖
应，每恒求访，终莫能通。先是周武帝时，有龟兹人曰
苏祗婆，从突厥皇后入国，善胡琵琶。听其所奏，一均
之中间有七声，因而问之。答云：'父在西域，称为知
音。代相传习，调有七种。'以其七调，勘校七声，冥
若合符。一曰'娑陁力'，华言平声，即宫声也。二曰

'鸡识'，华言长声，即商声也。三曰'沙识'，华言
质直声，即角声也。四曰'沙侯加滥'，华言应声，即
变徵声也。五曰'沙腊'，华言应和声，即徵声也。六
曰'般赡'，华言五声，即羽声也。七曰'俟利篷'，
华言斛牛声，即变宫声也。'译因习而弹之，始得七声
之正。"

盖乐之不传，由律之不明。晋荀勖等校魏钟律，已多不谐。

《晋书·律历志》："武帝泰始九年，中书监荀勖校
太乐，八音不和，始知后汉至魏，尺长于古四分有余。
勖乃部著作郎刘恭依《周礼》制尺，所谓古尺也。依古
尺更铸铜律吕以调声韵。……时人称其精密，惟陈留阮
咸，讥其声高。"

梁武帝自制四通，与古法迥异。

《隋书·音乐志》称武帝自制定礼乐，立为四器，
名之为通，皆施三弦。一曰玄英通，二曰青阳通，三曰
朱明通，四曰白藏通。

盖当时所谓知音者，仅知当时之音，不能深解古乐之本原矣。
　　古乐亡而音韵之学兴，语言文字之用，因以益精。是亦三国
以降，异于两汉以前之一特点也。汉以前人不知反切，魏世反切
始大行。

《颜氏家训》："郑玄注六经，高诱解《吕览》、《淮

南》，许慎造《说文》，刘熙制《释名》，始有譬况假借，以证音字耳。而古语与今殊别，其间轻重清浊，犹未可晓；加以内言外言、急言徐言、读若之类，益使人疑。孙叔然创《尔雅音义》，是汉末人独知反语。至于魏世，此事大行。高贵乡公不解反语，以为怪异。自兹厥后，音韵锋出。"

《经典释文》（陆德明）："古人音书，止为譬况之说，孙炎始为翻语，魏朝以降渐繁。"

既乃分别五声，

《韵纂序》（隋潘徽）："《三仓》、《急就》之流，微存章句；《说文》、《字林》之作，唯别体形。至于寻声推韵，良为疑混。末有李登《声类》，吕静《韵集》，始别清浊，才分宫羽。"

《封氏闻见记》（封演）："魏时有李登者，撰《声类》十卷，凡一万一千五百二十字。以五声命字，不立诸部。"

又分平、上、去、入四声，

《南史·庾肩吾传》："齐永明中，王融、谢朓、沈约，文章始用四声。"《陆厥传》："时盛为文章，吴兴沈约、陈郡谢朓、琅邪王融以气类相推毂，汝南周彦伦善识声韵。约等文皆用宫商，将平、上、去、入四声，以此制韵。有平头、上尾、蜂腰、鹤膝。五字之中，音韵悉异；两句之内，角徵不同。不可增减，世呼为'永明体'。"《周颙传》："始著《四声切韵》行于时。"《沈约传》："撰《四声谱》，以为在昔词人，累千载而未悟，而独得胸衿，穷其妙旨，自谓入神之作。"

而音韵之学兴矣。汉、魏之际，文章已趋于排偶，至晋、宋而益盛，至齐、梁而骈文之式大成，五言诗亦开后来律诗之端，是皆与声韵之学进步相关者也。世谓吾国之有字母传自西域。

《通志·七音略》（郑樵）："切韵之学，起自西域。旧所传十四字，贯一切音，文省而音博，谓之婆罗门书。其后又得三十六字母，而音韵之道始备。"

其法始于《大般涅槃经》，

《十驾斋养新录》（钱大昕）："《大般涅槃经》文字品，字音十四字，裛、阿、壹、伊、坞、理、厘、嫛、蔼、污、暗、奥、庵、恶。比声二十五字，迦、呿、伽、啢、俄，舌根声；遮、车、阇、膳、若，舌齿声；吒、咃、茶、咤、孥，上颚声；多、他、陀、蚨、那，舌头声；婆、颇、婆、摩，唇吻声。她、逻、罗、缚、奢、沙、婆、呵，此八字超声。此见于《一切经音义》者也，与今《华严经》四十二母殊不合。玄应《音义》首载《华严经》，终于五十八卷，初无字母之说。今所传八十一卷者，乃实叉难陀所译，玄应未及见也。然《涅槃》所载比声二十五字，与今所传见溪群疑之谱，小异而大同。前所引字音十四字，即影、喻、来诸母。然则唐人所撰三十六字母，实采《涅槃》之文，参以

《中华音韵》而去取之，谓出于《华严》则妄矣。"

《大藏目录》："《大般涅槃经》四十卷，北凉昙无谶译。""《大般涅槃经》三十六卷，宋慧严等依《泥洹经》加之。"

则音韵之学，亦受佛教东来之影响也。

古无所谓文集，自东汉以降始有之。于是有别集、总集之目。

《隋书·经籍志》："别集之名，盖汉东京之所创也。自灵均以降，属文之士众矣，然其志尚不同，风流殊别。后之君子，欲观其体势，而见其心灵，故别聚焉，名之谓集。辞人景慕，并自记载，以成书部。年代迁徙，亦颇遗散。其高唱绝俗者，略皆俱存。""总集者，以建安之后，辞赋转繁，众家之集，日以滋广。晋代挚虞，苦览者之劳倦，于是采摭孔翠，芟翦繁芜，自诗赋下，各为条贯，合而编之，谓之'流别'。是后文集总钞，作者继轨，属辞之士，以为覃奥，而取则焉。"

盖古之学者以学为文，未尝以文为学。汉、魏而下，经子之学衰，而文章之术盛，作者如林，不可殚述。专就文学论，实以斯时为进化之极轨，色泽声调，均由朴拙而日趋于工丽，无间南北，翕然同声。(《北史》称："永明、天监之际，太和、天保之间，洛阳、江左，文雅尤盛，彼此好尚，雅有异同。江左宫商发越，贵于清绮；河朔词义贞刚，重乎气质。"盖就文章气骨细晰言之，南北固有区别，而一时风气，亦未尝大相悬绝。庾信南人，仕于北朝，骈俪之文，实集大成。亦可见南北好尚之同矣。)

于是有评论文章之书。

> 《梁书·钟嵘传》："嵘尝品古今五言诗，论其优劣，名为诗评。"又《刘勰传》："勰撰《文心雕龙》五十篇，论古今文体，引而次之。沈约取读，大重之，谓为深得文理。"

有选录文章之书，

> 《梁书·昭明太子统传》："撰古今典诰文言，为《正序》十卷，五言诗之善者，为《文章英华》二十卷，《文选》三十卷。"

世且传为选学焉。

> 《旧唐书·曹宪传》："宪所撰《文选音义》，甚为当时所重。初，江、淮间为《文选》学者，本之于宪。又有许淹、李善、公孙罗复相继以《文选》教授，由是其学大兴于代。"

汉代隶、草始兴，

> 《书断》（张怀瓘）："章草，汉黄门吏游所作也。王愔云：汉元帝时，史游作《急就章》，解散隶体，汉俗简惰，遂以行之。"

后渐变隶为楷，

《流沙坠简释文》（罗振玉）："永和以降之竹简，楷七隶三；魏景元四年简，则全为楷书。"

而钟繇、王羲之等遂以书名。观《晋书》称羲之善隶书，知晋、唐时人犹呼楷字为隶矣。

《晋书·王羲之传》："羲之尤善隶书，为古今之冠。子凝之亦工草隶。献之工草隶，尝书壁为方丈大字，羲之甚以为能。"

晋时石刻之字，笔画多方整，及宋初犹然。如《任城太守孙夫人碑》、《齐太公吕望表》及《宁州刺史爨龙颜碑》，皆汉隶体也。《爨碑》间有楷法。而阁帖所载晋人笺帖，则多圆美。碑帖之歧，自此始矣。齐、梁碑版，传者不多。北魏、周、齐石刻极夥，其字画往往工妙。

《集古录》（欧阳修）："南朝士气卑弱，书法以清媚为佳；北朝碑志之文，辞多浅陋，又多言浮屠，其字画则往往工妙。"

近世学书者，多宗北碑，论书法之进化，自秦、汉来，当推北朝矣。北朝书家，著于史者，有张景仁、冀俊、赵文深等。

《北史·张景仁传》："幼孤，家贫，以学书为业，遂工草隶。选补内书生……及立文林馆，总判馆事。除侍中，封建安王。……自仓颉以来，八体取进，一人而已。"又《冀俊传》："善隶书，特工模写。"又《赵文深传》："少学楷隶……雅有钟、王之则，笔势可观。
当时碑榜，唯文深、冀俊而已。"

而不称郑道昭能书。

　　《魏书》及《北史》均有《郑道昭传》，仅称其"综
　　览群言，好为诗赋，凡数十篇"。

以今日碑刻言之，则北人之书，无过于道昭者。

　　《语石》（叶昌炽）："郑道昭《云峰山上下碑》及
　　《论经诗》诸刻，上承分篆，其笔力之健，可以剚犀兕，
　　搏龙蛇，而游刃于虚，全以神运。不独北朝书家第一，
　　自有真书以来，一人而已。举世啖名，称右军为'书
　　圣'，其实右军书碑无可见，余谓道昭，书中之圣也。"

千秋论定，不在史传之赞否，可知史传之不足凭。而人之自立，
但有一才一艺，独造其极，绝不患其湮没无闻也。

第六章　元魏之制度

南北分治之时，后魏之境域，实广于南朝。

> 《读史方舆纪要》（顾祖禹）："后魏起自北荒，道武珪克并州，下常山，拔中山，尽取慕容燕河北地。明元嗣时，渐有河南州郡。太武焘西克统万，东平辽西，又西克姑臧，南临瓜步。献文之世，长淮以北，悉为魏有。孝文都洛，复取南阳。宣武恪时，又得寿春，复取淮西，续收汉川，至于剑阁。于是魏地北逾大碛，西至流沙，东接高丽，南临江汉。"

由破裂而渐趋统一，而其国之制度，亦遂焕然可观。魏之制度最善者，首推均田。自秦以降，田皆民有，无复限制，议者多病之。

> 《汉书·食货志》："董仲舒说上曰：'秦用商鞅之法，改帝王之制，除井田，民得卖买，富者田连阡陌，贫者无立锥之地。……汉兴，循而未改，古井田法虽难猝行，宜少近古，限民名田，以赡不足；塞并兼之路……然后可善治也。'竟不能用。"

王莽欲复古制，民皆不便，事竟不行。

　　《汉书·食货志》：王莽篡位，"下令曰：'更名天下田曰王田，奴婢曰私属，皆不得买卖。其男口不满八而田过一井者，分余田与九族乡党。'犯令，法至死。制度又不定，吏缘为奸，天下警警然。陷刑者众。后三年，莽知民愁，下诏诸食王田及私属皆得卖买，勿拘以法"。

晋武平吴之后，计丁课田，粗有限制，然亦未有授受之法。

　　《晋书·食货志》："平吴之后，制户调之式：丁男之户，岁输绢三匹，绵三斤，女及次丁男为户者半输。其诸边郡或三分之二，远者三分之一。夷人输賨布，户一匹，远者或一丈。男子一人占田七十亩，女子三十亩。其外丁男课田五十亩，丁女二十亩，次丁男半之，女则不课。男女年十六以上至六十为正丁，十五以下至十三、六十一以上至六十五为次丁，十二以下六十六以上为老小，不事。远夷不课田者输义米，户三斛，远者五斗，极远者输算钱，人二十八文。其官品第一至于第九，各以贵贱占田。品第一者占五十顷，第二品四十五顷，第三品四十顷，第四品三十五顷，第五品三十顷，第六品二十五顷，第七品二十顷，第八品十五顷，第九品十顷。而又各以品之高卑，荫其亲属，多者及九族，少者三世。宗室、国宾、先贤之后，及士人子孙亦如之。而又得荫人，以为衣食客及佃客，品第六以上，得衣食客三人，第七第八品二人，第九品一人。其应有佃客者，官品第一第二者，佃客无过五十户，第三品十户，第四品七户，第五品五户，第六品三户，第七品二户，第八品、第九品一户。"

南渡以后，军国所须，须时征赋，乃无恒法定令。

《隋书·食货志》："自东晋元帝寓居江左……历宋、齐、梁、陈，皆因而不改。其军国所须杂物，随土所出，临时折课市取，乃无恒法定令。列州郡县，制其任土所出，以为征赋。其无贯之人，不乐州县编户者，谓之浮浪人，乐输亦无定数，任量。"

而拓跋氏兴于北荒，采入中原，值大乱之后，民废农业，转能计口授田。

《魏书·食货志》："太祖定中原，接丧乱之敝，兵革并起，民废农业。……既定中山，分徙吏民及徙何种人工伎巧十万余家以充京都，各给耕牛，计口授田"

盖乱世田土无主，地多入官，复由民有之制，渐变为国有之制。至孝文帝太和中，遂普行均田之法。

《魏书·食货志》："太和九年，下诏均给天下民田：诸男夫十五以上，受露田四十亩，妇人二十亩。奴婢依良。丁牛一头，受田三十亩，限四牛。所授之田率倍之，三易之田再倍之，以供耕作及还受之盈缩。诸民年及课则受田，老免及身没则还田。奴婢、牛随有无以还受。诸桑田不在还受之限。但通入倍田分。于分虽盈，没则还田，不得以充露田之数。不足者以露田充倍。诸初受田者，男夫一人，给田二十亩，课莳余，种桑五十树，枣五株，榆三根。非桑之土，夫给一亩，依法课莳榆、枣。奴婢依良。限三年种毕，不毕，夺其不毕之地。于桑榆地分，杂莳余果及种桑榆者不禁。诸应还之田，不得种桑榆枣果，种者以违令论，地入还分。诸桑田皆为世业，身终不还，恒从见口。有盈者无受无还，不足者受种如法。盈者得卖其盈，不足者得买所不足。不得卖其分，亦不得买过所足。诸麻布之土，男夫及课，别给麻田十亩，妇人五亩，奴婢依良。皆从还受之法。诸有举户老小癃残无授田者，年十一以上及癃者，各授以半夫田，年逾七十者，不还所受。寡妇守志者虽免课，亦授妇田。诸还受民田，恒以正月。若始受田而身亡，及卖买奴婢、牛者，皆至明年正月乃得还受。诸土广民稀之处，随力所及，官借民种莳。役有土居者，依法封授。诸地狭之处，有进丁受田而不乐迁者，则以其家桑田为正田分。又不足，不给倍田；又不足，家内人别减分。无桑之乡，准此为法。乐迁者听逐空荒，不限异州他郡，惟不听避劳就逸。其地足之处，不得无故而移。诸民有新居者，三口给地一亩，以为居室，奴婢五口给一亩。男女十五以上，因其地分，口课种菜五分亩之一。诸一人之分，正从正，倍从倍，不得隔越他畔。进丁受田者恒从所近。若同时俱受，先贫后富。再倍之田，放此为法。诸远流配谪、无子孙及户绝者，墟宅桑榆，尽为公田，以供授受。授受之次，给其所亲；未给之间，亦借其所亲。诸宰民之官，各随地给公田。

刺史十五顷，太守十顷，治中、别驾各八顷，县令、郡丞六顷。更代相付。卖者坐如律。"

论者谓其法异于王莽，故能久行而无弊。

《文献通考》："或谓井田之废已久，骤行均田，夺有余以予不足，必致烦扰以兴怨讟，不知后魏何以能行？然观其立法，所受者露田，诸桑田不在还受之限。意桑田必是人户世业，是以栽植桑榆其上，而露田不栽树，则似所种者，皆荒闲无主之田，必诸远流配谪、无子孙及户绝者，墟宅桑榆，尽为公田，以供授受。则固非尽夺富者之田以予贫人也。又令有盈者无受不还，不足者受种如法，盈者得卖其盈，不足者得买所不足，不得卖其分，亦不得买过所足。是令其从便卖买以合均给之数，则又非强夺之以为公田，而授无田之人。与王莽所行异矣，此所以稍久而无弊欤？"

然推其原始，实由无主之田，争讼不决，豪强兼并，乃为均给。

《魏书·李安世传》："时民困饥流散，豪右多有占夺。安世乃上疏曰：'窃见州郡之民，或因年俭流移，弃卖田宅，漂居异乡，事涉数世。三长既立，始返旧墟，庐井荒毁，桑榆改植。事已历远，易生假冒。强宗豪族，肆其侵凌，远认魏、晋之家，近引亲旧之验。又年载稍久，乡老无惑，群证虽多，莫可取据。各附亲知，互有长短，两证徒具，听者犹疑，争讼迁延，连纪不判。良畴委而不开，柔桑枯而不采，侥幸之徒兴，繁

多之狱作。欲令家丰岁储，人给资用，其可得乎？愚谓
今虽桑井难复，宜更均量，审其径术，令分艺有准，力
业相称，细民获资生之利，豪右靡余地之盈。则无私之
泽，乃均播于兆庶矣……又所争之田，宜限年断，事久
难明，悉属今主。然后虚妄之民，望绝于觊觎；守分
之士，永免于凌夺矣。'高祖深纳之。后均田之制起于
此矣。"

又立三长，确定户籍，校比户籍，遂得其实。

《资治通鉴》齐永明四年："魏无乡党之法，唯立宗
主督护。民多隐冒，三五十家始为一户。内秘书令李冲
上言：'宜准古法：五家立邻长，五邻立里长，五里立
党长，取乡人强谨者为之。邻长复一夫，里长二夫，党
长三夫。三载无过，则升一等。其民赋，一夫一妇，帛
一匹，粟二石。大率十匹为公调，二匹为调外费，三
匹为百官俸。此外复有杂调。民年八十以上，听一子不
从役。孤独癃老笃疾贫穷不能自存者，三长内迭养食
之。'书奏，诏百官通议……太尉丕曰：'方有事之月，
校比户口，民必劳怨。请过今秋，至冬乃遣使者，于事
为宜。'冲曰：'民可使由之，不可使知之。若不因调
时，民徒知立长校户之勤，未见均徭省赋之益，心必生
怨。宜即调课之月，令知赋税之均，既悉其事，又得其
利，行之差易。'群臣多言一旦改法，恐成扰乱。文明
太后曰：'立三长则课调有常准，苞荫之户可出，侥幸
之人可止，何为不可？'甲戌，初立党里邻三长，定民
户籍。民始皆愁苦，豪强者尤不愿。既而课调，省费十

余倍，上下安之。"

且丧乱多年，户口稀少，计口均给，不虞不足。两汉盛时，民户皆千数百万，口五千余万。然东汉户口，犹非实数。计其最盛之时，或尚不止于此。三国以降，户口锐减，后魏虽较晋为多，然亦不迨汉之盛。兹为列表以明之：

魏	663 423 户	4 432 881 口
吴	530 000 户	2 567 000 口
前燕	2 458 969 户	99 987 935 口
后魏	5 000 000 户	30 000 000 口
北周	3 590 000 户	9 009 604 口
蜀	280 000 户	1 082 000 口
西晋	2 459 804 户	16 163 863 口
宋	906 870 户	4 685 501 口
北齐	3 032 528 户	20 006 880 口
陈	500 000 户	2 000 000 口

魏之户口无确数，《魏书·地形志》谓"正光以前，时惟全盛，户口之数，比夫晋之太康，倍而余矣"。《文献通考》据此推算，谓其盛时户至五百余万，故亦准此数假定其人口为三千余万。然以一户五口计之，尚未必有此数也。故积上述之三因，遂能于周、秦以后，实行均产之策，以弭生计之不平。沿及北周、北齐，亦均仿之，

《隋书·食货志》："北齐河清三年定令，乃命人居十家为比邻，五十家为间里，百家为族党。男子十八以上，

六十五以下为丁；十六以上，十七以下为中；六十六以上为老；十五以下为小。率以十八受田，输租调，二十充兵，六十免力役，六十六退田，免租调。京城四面，诸坊之外三十里内为公田。受公田者，三县代迁……其方百里外及州人，一夫受露田八十亩，妇四十亩，奴婢依良人，限数与在京百官同。丁牛一头，受田六十亩，限止四牛。又每丁给永业二十亩，为桑田。其中种桑五十根，榆三根，枣五根，不在还受之限。非此田者，悉入还受之分。土不宜桑者，给麻田，如桑田法。率人一床，调绢一匹，绵八两，凡十斤绵中，折一斤作丝，垦租二石，义租五斗。奴婢各准良人之半。牛调二尺，垦租一斗，义租五升。""后周太祖作相，创制六官……司均掌田里之政令。凡人口十以上，宅五亩；口九以上，宅四亩；口五以下，宅三亩。有室者，田百四十亩，丁者田百亩。司赋掌功赋之政令。凡人自十八以至六十有四，与轻癃者，皆赋之。其赋之法，有室者，岁不过绢一匹，绵八两，粟五斛；丁者半之。其非桑土，有室者，布一匹，麻十斤；丁者又半之。丰年则全赋，中年半之，下年一之，皆以时征焉。若艰札凶，则不征其赋。"

而隋、唐之制，亦渊源于魏、周焉。

魏自道武帝时，已颇知学。

《宋书·索虏传》："什翼犍子开，字涉珪。王有中州，自称曰魏，号年天赐。治代郡桑乾县之平城。立学官，置尚书曹。开颇有学问，晓天文。"

明元以降，多娶汉族女为后妃。

> 《魏书·皇后传》："明元密皇后杜氏，魏郡邺
> 人。……初以良家子选入太子宫，有宠，生世祖。""文
> 成元皇后李氏，梁国蒙县人。……生显祖。""献文思皇
> 后李氏，中山安喜人。……生高祖。"

故至孝文，醉心华夏之礼教，深厌其国俗，禁同姓为婚，

> 《魏书·高祖纪》：太和七年，"诏曰：淳风行于上
> 古，礼化用乎近叶，是以夏、殷不嫌一族之婚，周世
> 始绝同姓之娶，斯皆教随时设，治因事改者也。皇运
> 初基，中原未混，拨乱经纶，日不暇给，古风遗朴，未
> 遑厘改，后遂因循，迄兹莫变。朕属百年之期，当后仁
> 之政，思易质旧，式昭维新。自今悉禁绝之，有犯以不
> 道论"。

罢一切淫祀，

> 《魏书·礼志》：太和十五年，"诏曰：国家自先朝
> 以来，绘祀诸神，凡有一千二百余处。今欲减省群祀，
> 务从简约……神聪明正直，不待烦祀也"。

建明堂太庙，

> 《魏书·礼志》："魏先之居幽都也，凿石为祖宗之
> 庙，于乌洛侯国西北。自后南迁，其地隔远……其岁，

遣中书侍郎李敞诣石室告祭。太和十五年四月，经始明堂，改营太庙。"

定车服礼乐，

> 《魏书·高祖纪》："太和十年四月，始制五等公服。甲子，帝初以法服御辇，祀于西郊。……十一年正月，诏定乐章，非雅者除之。……十三年正月，车驾有事于圜丘，于是初备大驾。"

祀孔子，

> 《魏书·高祖纪》："太和十三年七月，立孔子庙于京师。……十六年二月，改谥宣尼曰：'文圣尼父'，告谥孔庙。……十九年四月，幸鲁城，亲祠孔子庙。"

立史官，

> 《魏书·高祖纪》："太和十四年二月，初诏定起居注制。……十五年正月，分置左右史官。"

耕籍田，

> 《魂书·高祖纪》："太和十七年二月，车驾始籍田于都南。"

制律令。

《魏书·高祖纪》："太和元年九月，诏群臣定律令于太华殿。……十五年八月，议律令。……十六年四月，班新律令。……十七年六月，诏作《职员令》二十一卷，施行。"

一切师法中土古制，而犹以为未足。由平城迁都洛阳，

《魏书·任城王澄传》："高祖谓澄曰：'国家兴自北土。徙居平城，虽有四海，文轨未一。此间用武之地，非可文治，移风易俗，信为甚难。嵩、函帝宅，河、洛王里，因兹大举，光宅中原，任城意以为何如？'澄曰：'伊、洛中区，均天下所据，陛下制御华夏，辑平九服，苍生闻此，应当大庆。'高祖曰：'北人恋本，忽闻将移，不能不惊扰也。'澄曰：'此既非常之事，当非常人所知，惟须决之圣怀，此辈亦何能为也！'"

《通鉴》卷百三十九："帝谓陆睿曰：'北人每言"北俗质鲁，何由知书！"朕闻深用忧然。今知书者甚众，岂皆圣人！顾学与不学耳。朕修百官，兴礼乐，其志固欲移风易俗。朕为天子，何必居中原！正欲卿等子孙渐染美俗，闻见广博，若永居恒北，复值不好文之主，不免面墙耳。'"

禁其国人胡服、胡语，

《魏书·高祖纪》："太和十八年十二月壬寅，革衣服之制。"

　　《通鉴》卷百三十九："魏主欲变易旧风。壬寅，诏禁士民胡服。国人多不悦。"

　　《魏书·高祖纪》："太和十九年六月己亥，诏不得以北俗之语言于朝廷。若有违者，免所居官。"《咸阳王禧传》："高祖曰：'自上古以来及诸经籍，焉有不先正名，而得行礼乎？今欲断诸北语，一从正音。年三十以上，习性已久，容或不可卒革；三十以下，见在朝廷之人，语音不听仍旧。若有故为，当降爵黜官。各宜深戒。如此渐习，风化可新。若仍旧俗，恐数世之后，伊、洛之下，复成被发之人。王公卿士，咸以然不？'禧对曰：'实如圣旨，宜应改易。'高祖曰：'朕尝与李冲论此，冲言：四方之语，竟知谁是？帝者言之，即为正矣，何必改旧从新？冲之此言，应合死罪。'乃谓冲曰：'卿实负社稷，合令御史牵下。'冲免冠陈谢。"

又改其姓氏，与汉族通婚姻。

　　《魏书·高祖纪》："太和二十年正月，诏改姓为元氏。"

　　《通鉴》卷百四十："魏主下诏，以为：'北人谓土为拓，后为跋。魏之先出于黄帝，以土德王，故为拓跋氏。夫土者，黄中之色，万物之元也；宜改姓元氏。诸功臣旧族，自代来者，姓或重复，皆改之。'于是始改拔拔氏为长孙氏，达奚氏为奚氏，乙旃氏为叔孙氏，丘穆陵氏为穆氏，步六孤氏为陆氏，贺赖氏为贺氏，独孤氏为刘氏，贺楼氏为楼氏，勿忸于氏为于氏，尉迟氏为尉氏，其余所改，不可胜纪。魏主雅重门族，以范阳卢敏、清河崔宗伯、荣阳郑羲、太原王琼四姓，衣冠所推，咸纳其女以充后宫。陇西李冲，以才识见任，当朝贵重，所结姻娅，莫非清望；帝亦以其女为夫人。诏黄门郎、司徒左长史宋弁定诸州士族，多所升降。又诏以：'代人先无姓族，虽功贤之胤，无异寒贱；故宦达者位极公卿，其功、衰之亲，仍居猥任。其穆、陆、贺、刘、楼、于、嵇、尉八姓，自太祖已降，勋著当世，位尽王公，灼然可知者，且下司州、吏部，勿充猥官，一同四姓。自此以外，应班士流者，寻续别敕。其旧为部落大人，而皇始以来三世官在给事以上及品登王公者为姓；若本非大人，而皇始以来三世官在尚书以上及品登王公者亦为姓。其大人之后，而官不显者为族；若本非大人而官显者亦为族。凡此姓族，皆应审核，勿容伪冒。……'魏旧制：王国舍人皆应娶八族及清修之门。咸阳王禧娶隶户为之，帝深责之。因下诏为六弟聘室：'前者所纳，可为妾媵。咸阳王禧可聘故颍川太守陇西李辅女；河南王干可聘故中散大夫代郡穆明乐女；广陵王羽可聘骠骑咨议参军荣阳郑平城女；颍川王雍可聘故中书博士范阳卢神宝女；始平王勰可聘廷尉卿陇西李冲女；北海王详可聘吏部郎中荣阳郑懿女。'懿，羲之子也。时赵郡诸李，人物尤多，各盛家风，故世之言高华者，以五姓为首。"

于是胡汉混淆，不复可辨，恶异族者，恒痛斥之。

《读通鉴论》（王夫之）："拓跋弘之伪也，儒者之耻也。自冯后死，弘始亲政，以后五年之间，作明堂，正祀典，定祧庙，祀圜丘，迎春东郊，定次五德，朝日养老，修舜、禹、周、孔之祀；耕籍田，行三载考绩之典，禁胡服胡语，亲祠阙里，求遗书，立国子太学、四门小学，定族姓，宴国老庶老，听群臣终三年之丧，诸儒争艳称之以为荣。凡此者，《典》《谟》之所不道，孔、孟之所不言。立学终丧之外，皆汉儒依托附会，逐末舍本，杂谶纬巫觋之言，涂饰耳目。是为拓跋弘所行之王道而已。尉元为三老，游明根为五更，岂不辱名教而羞当世之士哉！故曰儒者之耻也。"

然腥膻之族，国势已强，保其古俗，未始不可为国。而孝文当强盛之时，汲汲然自同于华夏，即所行者末尽为周、孔之道，而出于汉之说经家附会之词，亦可见文化之权威，足以折蛮野而使之同化矣。

第七章　隋唐之统一及开拓

　　自隋文帝开皇九年至唐玄宗天宝十四年，为中世史第一次统一之时（中间虽有隋末群雄之乱，不过十年），肃、代以后，遂成藩镇割据之局，唐祚虽仍延至百五十余年，其实不得谓之统一也。然隋、唐统一之时，亦不过一百六十七年，比之汉室则远不逮。此亦可见幅员既广，则破裂易而整理难，非有特殊之才德及适当之法制，而又值群众心理厌乱思治，能以向心力集中于一政府者，未易统治此泱泱大国也。吾国疆域至秦、汉时已极廓大，然三国、两晋以降，未始不继续开拓，如吴平山越，蜀定南蛮，

　　　　《蜀志·诸葛亮传》："建兴三年春，亮率众南征，其秋悉平。军资所出，国以富饶。"《李恢传》："先主以恢为庲降都督，使持节领交州刺史住平夷县。（裴松之注：庲降，地名，去蜀二千余里，时未有宁州，号为南中，立此职以总摄之。晋泰始中，始分为宁州。）……恢锄尽恶类，徙其豪帅于成都，赋出叟、濮耕牛、战马、金银、犀革，充继军资，于时费用不乏。"

氐杨之辟仇池，

　　　　《魏书·氐传》："汉建安中，有杨腾者，为部落大

帅，勇健多计略，始徙居仇池。仇池方百顷，因以为
号，四面斗绝，高七里余，羊肠蟠道三十六回，其上
有丰水泉，煮土成盐。腾后有名千万者，魏拜为百顷氏
王。千万孙名飞龙，渐强盛。……养外甥令狐茂搜为子。
晋惠帝元康中，茂搜自号辅国将军、右贤王，群氏推以
为主。关中人士流移者多依之。"

鲜卑之开青海，

《隋书·吐谷浑传》："吐谷浑本辽西鲜卑徒何涉归
子也。……涉归死，……吐谷浑与弟若洛廆不协，遂西
度陇，止于甘松之南，洮水之西，南极白兰山，数千里
之地，其后遂以吐谷浑为国氏焉。当魏、周之际，始称
可汗，都伏俟城，在青海西十五里……其器械衣服，略
与中国同。"

爨氏之居曲靖、龙和，

《文献通考》："西爨蛮，自云本安邑人。七世祖晋
南宁太守，中国乱，遂王蛮中。宋元帝时，南宁州刺史
徐文盛召诣荆州，有爨瓒者据其地，延袤二千余里，土
多骏马、犀象、明珠。既死，子震玩分统其众。隋开皇
初，遣使朝贡。"

麴氏之王高昌、焉耆，

《隋书·高昌传》："高昌国者，汉车师前王庭

也……其地有汉时高昌垒，故以为国号。初蠕蠕立阚伯周为高昌王，伯周死，子义成立，为从兄首归所杀。首归自立为高昌王，又为高车阿伏至罗所杀。以敦煌人张孟明为主，孟明为国人所杀，更以马儒为王，以巩顾、麹嘉二人为左右长史。儒又通使后魏，请内属。内属人皆恋土，不愿东迁，相与杀儒，立嘉为王。嘉字灵凤，金城榆中人，既立……属焉者为挹怛所破，众不能自统，请主于嘉。嘉遣其第二子为焉耆王，由是始大，益为国人所服。其风俗政令，与华夏略同。"

或前代所未经营，或昔时未隶疆索者，皆由华人或他族分途竞进，以为后来统一之预备。于是隋若唐袭累世之成劳，集合其地，又加之以恢廓，而造成空前之版图焉。据隋、唐二《志》之言，以较之汉地有过有不及。

《隋书·地理志》："东西九千三百里，南北万四千八百一十五里，东南皆至于海，西至且末，北至五原。隋氏之盛，极于此。"《新唐书·地理志》："太宗元年，因山川形便，分天下为十道：一曰关内，二曰河南，三曰河东，四曰河北，五曰山南，六曰陇右，七曰淮南，八曰江南，九曰剑南，十曰岭南。至十三年定簿，凡州府三百五十八，县一千五百五十一。明年，平高昌，又增州二、县六。其后北殄突厥颉利，西平高昌，北逾阴山，西抵大漠，其地东极海，西至焉耆，南尽林州南境，北接薛延陀界。东西九千五百一十一里，南北一万六千九百一十八里。"

举唐之盛时，开元、天宝之际，东至安东，西至安两，南至日南，北至单于府。盖南北如汉之盛，东不及而西过之。然高宗时，高丽、百济皆属唐。开元中，始以萨水以南地界新罗，则其东界亦轶于汉矣。

中国南北之分，以江、河为最大之界限。故欲通南北，必先通江、淮以为之枢。春秋时吴将伐齐，先城邗沟，通江、淮。

《左传》哀公九年："秋，吴城邗沟，通江、淮。"

《春秋大事表》（顾栋高）："春秋列国地形口号：连属江、淮、沂、济波，积成今日转漕河。夫差争长黄池岁，却已功成半又过。"（哀公九年，"吴城邗沟，通江、淮"。杜注："通粮道也，今广陵邗江是。"又哀公十三年，"会于黄池"。杜注："在封丘县南，近济水。"《国语》："夫差起师北征，阙为深沟，通于商、鲁之间，北属之沂，西属之济，以会晋公午于黄池。"案：邗沟，今曰漕河。起于扬州府城东南二里，历邵伯、高邮、宝应诸湖。北至黄浦，接淮安界。其合淮处曰末口，在淮安府北五里。自江达淮，南北共长三百余里。又十三年既沟通江、淮，遂帅舟师，自淮入泗，自泗入沂，复穿鲁、宋之境。连属水道有不通者，凿而通之，以达于封丘之济，即杜氏所云近济水也。盖吴人沟通之路，由今考城过杞县北境，历兰阳而至于封丘。今曰漕河由淮而北，连合沂、泗、汶、洸及山东诸泉，以济运都，放其遗法。《漕河沿革考》曰："漕河之北段，即元人之会通河；其南段，春秋吴子所开之邗沟也。"）

历秦、汉至南北朝，其道渐湮而迹犹存，故隋世屡开之。

《隋书·文帝纪》："开皇七年夏四月，于扬州开山阳渎，以通运漕。"胡身之曰："春秋吴城邗沟，通江、淮，山阳渎通于广陵尚矣。隋特开而深广之，将以伐陈也。"（炀帝开邗沟详下。）

而通济、永济二渠，江南之河，皆与邗沟衔接。

《通鉴》："大业元年，营建东京，发河南、淮北诸郡民，前后百余万，开通济渠。（杜佑曰：陈留郡城西有通济渠，炀帝开以通江、淮漕运，兼引汴水，即莨荡渠也。）自西苑引谷、洛水达于河，复自板渚引河历荥泽入于汴。又自大梁之东，引汴水入泗达于淮。又发淮南民十余万开邗沟，自山阳至扬子入江。渠广四十步，渠旁皆筑御道，树以柳。自长安至江都，置离宫四十余所。""大业四年，发河北诸军百余万穿永济渠，引沁水南达于河，北通涿郡。""大业六年，敕穿江南河，自京口至余杭，八百余里，广十余丈。"

于是南至余杭，北至涿郡，西至洛阳，胥可以舟航直达。此隋、唐之所以能统一中国之一大主因也。

《通鉴》："大业七年，讨高丽，诏总征天下兵，无问远近，俱会于涿。又发江、淮以南水手一万人，弩手三万人，岭南排镩手三万人，于是四远奔赴如流。五月，敕河南、淮南、江南造戎车五万乘送高阳，供载衣甲幔幕，令兵士自挽之，发河南、北民夫以供军需。秋，七月，发江、淮以南民夫及船运黎阳及洛口诸仓米至涿郡，舳舻相次千余里。"

此皆可见南北交通之便。

汉都长安，旧有运渠与渭并行，东抵潼关。隋时修之，名为广通渠。

> 《通鉴》："陈至德二年（开皇五年），隋主以渭水多沙，深浅不常，漕者苦之。六月，壬子，诏太子左庶子宇文恺帅水工凿渠，引渭水，自大兴城东至潼关三百余里，名曰广通渠。漕运通利，关内赖之。"

唐天宝初，韦坚为水陆运使，又开广运潭与通渠。而四方之舟，遂可毕萃于长安城下。

> 《旧唐书·韦坚传》："天宝元年，为水陆转运使。自西汉及隋，有运渠自关门西抵长安，以通山东租赋。奏请于咸阳拥渭水作兴成堰，截灞、浐水，傍渭东注至关西永丰仓下与渭合。于长安城东九里长乐坡下浐水之上，架苑墙。东面有望春楼，楼下穿广运潭，以通舟楫，二年而成。坚预于东京、汴水，取小斛底船三二百只，置于潭侧，其船皆署牌表之。若广陵郡船，即于栿背上堆积广陵所出锦、镜、铜器、海味；丹阳郡船，即京口绫衫段；晋陵郡船，即折造官端绫绣；会稽郡船，即铜器、罗、吴绫、绛纱；南海郡船，即玳瑁、真珠、象牙、沉香；豫章郡船，即名瓷、酒器、茶釜、茶铛、茶碗；宣城郡船，即空青石、纸笔、黄连；始安郡船，即蕉葛、蚺蛇胆、翡翠。船中皆有米，吴郡即三破糯

米、方丈绫。凡数十郡，驾船人皆大笠子、宽袖衫、芒
屦，如吴、楚之制。"

有唐一代财赋，悉仰给于东南。使非累世经营，通达江、淮、
河、渭之路，何能使舟航无阻乎？

　　《新唐书·食货志》："唐都长安，而关中号称沃野，
然其土地狭，所出不足以给京师，备水旱，故常转漕东
南之粟。高祖、太宗之时，用物有节而易赡，水陆漕
运，岁不过二十万石，故漕事简。自高宗以后，岁益增
多，而功利繁兴，民亦罹其弊。""韦坚开广运潭，岁漕
山东粟四百万石。""刘晏为盐铁使，吴、越、扬、楚盐
廪至数千……岁得钱百余万缗，以当百余州之赋。""元
和中，供岁赋者浙西、浙东、宣歙、淮南、江西、鄂
岳、福建、湖南八道，户百四十四万，比天宝才四之
一。兵食于官者八十三万，加天宝三之一，通以二户养
一兵。京西北、河北以屯兵广，无上供。"

国内统一，则其力足以外竞，隋、唐其明证也。炀帝之伐高丽，
世多讥之。而发见流求，

　　《隋书·东夷传》："大业三年，炀帝令羽骑尉朱宽
入海访求异俗……因到流求国。""明年，帝遣武贲郎将
陈稜、朝请大夫张镇州，率兵自义安浮海击之。"

通使倭国，

《隋书·东夷传》：“大业三年，倭王思利北孤遣使
朝贡。使者曰：‘闻海西菩萨天子重兴佛法，故遣朝拜，
兼沙门数十人来学佛法。’……明年，遣文林郎裴清使
于倭国。”

南招赤土，

《隋书·南蛮传》：“炀帝即位，募能通绝域者。大
业三年，屯田主事常骏，虞部主事王君政等，请使赤
土。帝大悦，赐骏等帛各百匹，时服一袭而遣，赍物
五千段以赐赤土王。其年十月，骏等……至赤土国。其
王以船来迎至王宫，骏等宣诏讫，王诏骏曰：‘今是大
国中人，非复赤土国矣。’寻遣那邪迦随骏贡方物。”

西达波斯，

《隋书·西域传》：“炀帝遣云骑尉李昱使通波斯。
寻遣使随昱贡方物。

皆其时之可纪者也。裴矩之撰《西域图记》，虽亦出于逢君之恶，
然周知四国、招徕远人，亦贤哲所当为，正不可以闭关自守之见
斥之也。

《隋书·裴矩传》：“时西域诸蕃，多至张掖与中国
交市。帝令矩掌其事。矩知帝方勤远略，诸商胡至者，
矩诱令言其国俗山川险易，撰《西域图记》三卷，入
朝奏之。其序曰：……臣既因抚纳，监知关市，寻讨书

传，访采胡人，或有所疑，即详众口。依其本国服饰仪形，王及庶人，各显容止，即丹青模写，为《西域图记》，共成三卷，合四十四国。仍别造地图，穷其要害。从西顷以去，北海之南，纵横所亘，将二万里。""帝复令矩往张掖，引致西蕃，至者十余国。……及帝西巡，次燕支山，高昌王、伊吾设等，及西蕃胡二十七国，谒于道左。皆令佩金玉，被锦罽，焚香奏乐，歌舞喧噪。复令武威、张掖士女，盛饰纵观，骑乘填咽，周亘数十里，以示中国之盛……矩以蛮夷朝贡者多，讽帝令都下大戏。征四方奇技异艺，陈于端门街，衣锦绮、珥金翠者，以十数万。又勒百官及民士女，列坐栅阁而纵观焉。皆被服鲜丽，终月乃罢。又令三市店肆，皆设帷帐，盛列酒食，遣掌蕃率蛮夷与民贸易，所至之处，悉令邀延就坐，醉饱而散。蛮夷嗟叹，谓中国为神仙。"

唐太宗、高宗时，国威之隆，尤无伦比，

《东洋史要》（桑原骘藏）："唐太宗、高宗两朝，国势之盛，旷古无两。虽力征经营，专属东西北三面，于南徼或未暇及，而威声所播，南方诸小国先后朝贡称藩。如占城（今交趾）、真腊（今柬埔寨）、扶南（今暹罗）、婆利（今婆罗洲）、阇婆（今爪哇）、室利佛逝（今苏门答剌）诸国，以及东谢（今四川涪陵县）、西赵（今云南凤仪县）、牂柯（今贵州思南县）诸蛮，皆于其时来廷。于是唐威令所行，东综辽海，北跨大碛，西被达曷水（今低格里河），南极天竺，暨海洋洲中诸小国。既拥此广土，欲筹所以统理之者，乃即其部落列置州县，其大者为都督府，以其首领为都督刺史，皆得世袭。虽贡赋版籍多不上户部，然声教所暨，皆边州都督、都护所领，著于令式。其突厥、回纥、党项、吐谷浑隶关内道者，凡府二十九、州九十；突厥别部及奚（东部鲜卑宇文之别种，据今内蒙喀喇沁部地）、契丹、靺鞨、降胡、百济、高丽隶河北道者，凡府十四、州四十六；突厥、回纥、党项、吐谷浑之别部及自于阗以西、波斯以东十六国隶陇右道者，凡府五十一、州百九十八；羌蛮隶剑南道者，凡州二百六十一；蛮隶江南道者，凡州五十一；隶岭南道者，凡州九十三；又有党项州二十四，不知其隶属。大凡府、州八百五十六，号为羁縻云。都督府为数较多，又分并置罢不常，兹不具载。都护府例置大都护一、副大都护各二，皆由唐廷特简。其治所及所统如下：（一）安西都护府，统西域天山南路至波斯以东，治西州（今吐鲁番），后徙龟兹（今库车）；（二）燕然都护府，统漠北，治天德军（今吴喇忒西北黄河北岸）；（三）单于都护府，统阴山之阳黄河之北，治振武军（今托克托西北）；（四）瀚海都护府，统漠南，治云中（今大同）；（五）昆陵都护府，统西突厥五咄陆部落，治碎叶川东；（六）濛池都护府，统西突厥五弩失毕部落，治碎叶川西；（七）安东都护府，统高丽、百济、降户，治平壤，后徙新城；（八）北庭都护府，统金山以西及天山北路，治庭州（今乌鲁木齐）；（九）安南都护府，统诸蛮，治交州（今安南东京）；（十）峰州都护府，统蜀爨蛮，治嘉宁（今安南太原）。"

突厥、回纥之酋长，并列于朝，

> 《旧唐书·突厥传》："太宗用温彦博计，于朔方之
> 地，自幽州至灵州，置顺、祐、化、长四州都督府，又
> 分颉利之地六州，左置定襄都督府，右置云中都督府，
> 以统其部众。其酋首至者，皆拜为将军、中郎将等官，
> 布列朝廷，五品以上百余人，因而入居长安者数千家。"
> 《回纥传》："显庆元年，程知节等大破贺鲁于阴山，尽
> 收所据之地，执贺鲁送洛阳。以贺鲁种落分置州县，西
> 尽波斯。加婆闰右卫大将军兼瀚海都督。"（婆闰，故回
> 纥酋长吐迷度之子，初官右屯卫大将军翊左郎将。）

新罗、日本之生徒，骈罗于学，

> 《旧唐书·新罗传》："贞观二十二年，金春秋请诣
> 国学观释奠及讲论，太宗因赐以所制温汤及晋祠碑，并
> 新撰《晋书》，将归国。""开元十六年，其王兴光上表，
> 请令人就中国学问经教。上许之。"（黄遵宪《日本国
> 志》载唐高祖、太宗时，并有日本学生，详东亚史。）

碑版照耀于绝域，

> 《语石·平百济碑》（叶昌炽）："显庆五年，贺遂
> 亮文，权怀素书，厂估王某渡海精拓，并拓得刘仁愿
> 《纪功碑》。亦初唐之佳构，此二碑皆在忠清道扶余县。"
> 《金石萃编·姜行本纪功碑》（王昶）："今在哈密
> 城北，天山之麓，土人名阔石图，汉之碑岭也。考《唐

书·姜行本传》，高昌之役，磨去古刻，更刊颂陈国
威灵，即此碑也。案唐代纪功碑，东西相望，至今尚
存，实为国光。其尤可宝贵者，蒙古突厥故庭，亦有唐
碑。叶昌炽《语石》曰：俄人于娑陵水上，访得回鹘故
宫。又于鄂勒昆河，访得突厥旧庭。又访得唐碑三，一
为《苾伽可汗碑》，开元廿三年李融文；一为《阙特勤
碑》，开元廿年御制；一为《九姓回鹘可汗碑》，断为
五石，亦唐刻。此三碑虽非太宗、高宗时所立，然亦可
证唐代文教之远。”

诏书震动于殊方。

> 《旧唐书·天竺传》：“贞观十五年，尸罗逸多自称
> 摩伽佗王，遣使朝贡。太宗降玺书慰问，尸罗逸多大
> 惊，问诸国人曰：‘自古曾有摩诃震旦使人至吾国乎？’
> 皆曰：‘未之有也。’乃膜拜而受诏书。”

观太宗自夸之词，

> 《通鉴》：“太宗尝谓侍臣曰：自古帝王，虽平定中
> 夏，不能服戎狄。朕才不逮古人，而成功过之。所以能
> 及此者，自古皆贵中华贱夷狄，朕独爱之如一，故其种
> 落皆依朕如父母。”

及其时蕃将之盛，

> 《陔余丛考》（赵翼）：“唐初多用蕃将，史大奈本

西突厥特勒，冯盎本高州土酋，阿史那社尔本突厥处罗
可汗之子，阿史那忠本苏尼失之子，契苾何力本铁勒莫
贺可汗之孙，黑齿常之本百济西部人，泉男生本高丽盖
苏文之子，李多祚亦靺鞨酋长之后，论弓仁本吐蕃族，
尉迟胜本于阗国王，尚可孤本鲜卑别种。他如李光弼、
浑瑊、裴玢等，亦皆外蕃久居中国者。"

知唐时初非专恃强大，黩武开边，其于抚绥夷落，怀柔远人，实
有一视同仁之概，故视隋为尤盛焉。

第八章　隋唐之制度

三国以降，世乱如棼丝。凡百政治，苟且补苴，无所谓经制也。北朝元魏，颇有善制，孝文以后，复不能继续进步。嬖幸擅国，以至于亡。北周继魏，有志复古。苏绰、卢辩等，咸有制作。

《周书·苏绰传》："太祖召绰，拜大行台右丞，参典机密。绰始制文案程式，朱出墨入及计帐户籍之法。""又为六条诏书，奏施行之。其一先治心，其二敦教化，其三尽地利，其四擢贤良，其五恤狱讼，其六均赋役。太祖令百司习诵之，其牧守、令长非通六条及计帐者，不得居官。"《卢辩传》："除太常卿、太子少傅。孝武西迁，朝章礼度湮坠咸尽。辩因时制宜，皆合轨度。""初，太祖欲行《周官》，命苏绰专掌其事。未几而绰卒，令辩成之。于是依《周礼》建六官，置公、卿、大夫、士，并撰次朝仪，车服器用多依古礼，革汉、魏之法。事并施行。""辩所述六官，太祖以魏恭帝三年始命行之。自兹厥后，世有损益。宣帝嗣位，事不师古，官员班品，随意变革。""于时虽行《周礼》，其内外众职又兼用秦、汉等官。"

然徒务复古，而无古人之精神，又不能尽革时弊，未足语于善制也。惟隋承周而唐承隋，因革损益，亦当远溯其源焉。

《隋书·经籍志》史部有旧事、官职、仪注、刑法四篇，皆六代之典制，惜其书多不传。然其纲要，则散见于五代史志中。

> 《隋书考证》："唐武德五年，起居舍人令狐德棻奏请修五代史。十二月，诏中书令封德彝、舍人颜师古修隋史。绵历数载，不就而罢。贞观三年，续诏秘书监魏徵修隋史。十年正月，徵等诣阙上之。""十五年，又诏左仆射于志宁、太史令李淳风、著作郎韦安仁、符玺郎李延寿同修五代史志，凡勒成十志，三十卷。显庆元年上进，诏藏秘阁。后又编第入《隋书》，其实别行，亦呼为《五代史志》。"

盖隋兼承南北，故南述梁、陈，北纪齐、周，以明其统系也。学者欲知自汉以来一切制度之变迁，当详览《隋志》，兹篇不能偻述，节录《百官志序》以见一斑：

> 汉高祖除暴宁乱，轻刑约法，而职官之制，因于嬴氏。……光武中兴，聿遵前绪。唯废丞相与御史大夫，而以三司综理众务。泊于叔世，事归台阁。论道之官，备员而已。魏、晋继及，大抵略同。爰及宋、齐，亦无改作。梁武受终，多循齐旧。然而定诸卿之位，各配四时，置戎秩之官，百有余号。陈氏继梁，不失旧物；高齐创业，亦遵后魏。台省位号，与江左稍殊。……有周创据关右，日不暇给。泊乎克清江、汉，爰议宪章。酌鄹镐之遗文，置六官以综务。详其典制，有可称焉。高

祖践极，百度伊始。复废周官，还依汉、魏。唯以中书为内史、侍中为纳言，自余庶僚，颇有损益。炀帝嗣位，意存稽古，建官分职，率由旧章。大业三年，始行新令。于时三川定鼎，万国朝宗，衣冠文物，足为壮观。既而以人从欲，待下若仇；号令日改，官名月易。寻而南征不复，朝廷播迁，图籍注记，多从散佚。今之存录者，不能详备焉。

唐之制度，亦多变迁。综其一代，未可概论。然欲考求有唐一代良法美意，莫若先治《唐六典》。盖《六典》成于开元中，正唐室全盛之时。弘纲巨旨，粲然明备，足与《周官》颉颃。而宋以后所行之法，亦多孕育于其中。

> 《唐六典序》（王鏊）："周之后莫善于唐，唐有《六典》可追仿《周礼》。""国家官制，则象《周官》，于唐制固若未暇，而亦未尝遗之。盖唐以中书、门下、尚书三省参领天下之务，今六部虽分，顾犹尚书省之旧。而内阁则隐然中书，通政、给事则门下之遗也。其余寺监府院以分众职，品爵勋阶以叙群材，尚多唐旧。"

虽书中所云，亦未尽使用。

> 《四库全书提要》："《唐六典》卅卷，其书以三师、三公、三省、九寺、五监、十二卫，列其职司官佐，叙其品秩，以拟《周礼》。《书录解题》引韦述《集贤记》注曰：开元十年，起居舍人陆坚被旨修是书。帝手写白麻纸六条曰：理、教、礼、政、刑、事，令以

类相从。""二十六年，奏草上，迄今在直院，亦不行用。程大昌《雍录》则曰：唐世制度，凡最皆在《六典》。""草制之官，每入院必首索《六典》，则时制尽在故也。二说截然不同。考《吕温集》有《代郑相公请删定施行六典开元礼状》一篇，称'宣示中外，星周六纪，未有明诏施行'，……与韦述之言相合。唐人所说，当无讹误。……疑当时讨论典章，亦相引据，而公私科律，则未尝事事遵用，如明代之《会典》也云尔。"

然考求吾国人立国之法，自《周官》外，无逾是书者矣。

《周官》所重，体国经野。《唐六典》则惟重设官分职，而其体国经野之法，则具于户部职中。

《唐六典》："户部尚书、侍郎，掌天下户口井田之政令。""郎中、员外郎，掌领天下州、县户口之事。凡天下十道，任土所出，而为贡赋之差，分十道以总之。一曰关内道，凡二十有二州，东距河，西抵陇坂，南据终南之山，北边沙漠。厥赋：绢、绵、布、麻，厥贡：岱赭盐、山角弓，龙须席、苁蓉、野马皮、麝香。二曰河南道，凡二十有八州，东尽于海，西距函谷，南濒于淮，北薄于河。厥赋：绢、䌷、绵、布，厥贡：绸䌷、文绫、丝葛、水葱、蔺心席、瓷石之器。三曰河东道，凡十有九州，东距恒山，西据河，南抵首阳、太行，北边匈奴。厥赋：布襕，厥贡：蒲扇、龙须席、墨蜡、石英、麝香、漆、人参。四曰河北道，凡二十有五州，东并于海，南迫于河，西距太行、恒山，北通渝关、蓟门。厥赋：绢、绵及丝，厥贡：罗绫、平绸、丝布、丝绸、凤翮、苇席、墨。五曰山南道，凡三十有三州，东接荆，西抵陇蜀，南控大江，北据商、华之山。厥赋：绢、布、绵、绸，厥贡：金、漆、蜜蜡、蜡烛、钢铁、芒硝、麝香、布、交梭、白縠、绸纻、绫葛、彩纶、兰干。六曰陇右道，凡二十有一州，东接秦，西逾流沙，南连蜀及吐蕃，北界朔漠。厥赋：布、麻，厥贡：麸金、砺石、碁石、蜜蜡、蜡烛、毛毼、麝香、白氎及鸟、兽之角、羽毛、皮革。七曰淮南道，凡一十有四州，东临海，西抵汉，南据江，北距淮。厥赋：絁、绢、绵、布，厥贡：交梭、纻缔、孔雀熟丝布、青铜镜。八曰江南道，凡五十有一州，东临海，西抵蜀，南极岭，北带江。厥赋：麻、纻，厥贡：纱编、绫纶、蕉葛、练麸金、犀角、鲛鱼、藤、朱砂、水银、零陵香。九曰剑南道，凡三十有三州。东连牂柯，西界吐蕃，南接群蛮，北通剑阁。厥赋：绢、绵、葛、纻，厥贡：麸金、罗绫、绵绸、交梭、弥年布、丝葛、麝香，羚羊、犛牛角尾。十曰岭南道，凡七十州。东南际海，西极群蛮，北据五岭。厥赋：蕉纻、落麻，厥贡：金、银、沈香、甲香、水马、翡翠，孔雀、象牙、犀角、龟壳、鼊鼊、丝、藤、竹布。"

其地方分州、县两级，其下有乡里村坊之别。

　　《唐六典》："四万户以上为上州，三万户以上为中州，不满为下州。六千户以上为上县，二千户以上为中县，一千户以上为中下县，不满一千户皆为下县。百户为里，五里为乡。两京及州县之廓内分为坊，郊外为村

里及村坊，皆有正以司督察。四家为邻，五家为保，保
有长，以相禁约。”

其民有计帐、户籍，

> 《唐六典》：“凡男女始生为黄，四岁为小，十六
> 为中，二十有一为丁，六十为老。每一岁一造计帐，
> 三年一造户籍。县以籍成于州，州成于省，户部总而
> 领焉。”

分等而载之，计年而比之。

> 《唐六典》：“凡天下之户，量其资产，定为九等。
> 每定户以中年，造籍以季年。州县之籍，恒留五比，省
> 籍留九比。”

计口授田，度地之肥瘠宽狭而居之。

> 《唐六典》：“凡天下之田，五尺为步，二百有四十
> 步为亩，百亩为顷。度其肥瘠宽狭，以居其人。凡给田
> 之制有差，丁男、中男以一顷，老男、笃疾、废疾以
> 四十亩，寡妻妾以三十亩，若为户者则减丁之半。凡分
> 田为二等，一曰永业，一曰口分。丁之田，二为永业，
> 八为口分。凡道士给田三十亩，女冠二十亩，僧尼亦如
> 之。凡官户受田，减百姓口分之半。凡天下百姓给园宅
> 地者，良口，三人以上给一亩，三口加一亩，贱口，五
> 人给一亩，五口加一亩，其口分、永业不与焉。凡给口

分田，皆从便近。居城之人本县无田者，则隔县给受。凡应牧授之田，皆起十月，毕十二月。凡授田，先课后不课，先贫后富，先无后少。凡州县界内所部受田悉足者为宽乡，不足者为狭乡。"（按其法盖多沿魏、周及隋之制而变通之也。）

《文献通考》："隋代中男、丁男永业露田，皆遵后齐之制。""开皇九年，任垦田千九百四十四万四千二百六十七顷。开皇十二年，文帝以天下户口岁增，京辅及三河地少而人众，衣食不给，议者咸欲徙就宽乡，帝乃发使四出，均天下之田。其狭乡每丁才至二十亩，老少又少焉。至大业中，天下垦田五千五百八十五万四千四十顷。""隋文帝颁新令，男女三岁以下为黄，十岁为小，十七岁以下为中，十八岁以上为丁，以从课役。六十为老，乃免。开皇三年，乃令人以二十一成丁。炀帝即位，户口益多，男子以二十二为丁。高颎奏人间课税，虽有定分，年恒征纳，除注常多，长吏肆情，文帐出没，既无簿籍，难以推校，乃定输籍之样，请遍下诸州。每年正月五日，县令巡人各随近五党三党共为一团，依样定户上下。帝从之，自是奸无所容。"

虽人户之数，隋、唐相等，

《文献通考》："炀帝大业二年，户八百九十万七千五百三十六，口四千六百一万九千九百五十六。"

《通典》："天宝十四载，管户总八百九十一万九千三百九，口五千二百九十万九千三百九。"

尚未可以比于汉室，然论者颇称其法焉。

　　《文献通考》载苏轼曰："自汉以来，丁口之蕃息，与仓廪府库之盛，莫如隋。其贡赋输籍之法，必有可观者。然学者以其得天下不以道，又不过再世而亡，是以鄙之而无传焉。"

唐之设官，大抵皆以隋故，

　　《新唐书·百官志》："唐之官制，其名号爵秩，虽因时增损，而大抵皆沿隋故。其官司之别，曰省、曰台、曰寺、曰监、曰卫、曰府，各统其属，以分职定位。其辨贵贱、叙劳能，则有品、有爵，有勋、有阶，以时考核而升降之。"

其格令定于开元二十五年。

　　《文献通考》："开元二十五年，刊定职次，著为格令。尚书省以统会众务，举持绳目；门下省以侍从献替，规驳非宜；中书省以献纳制册，敷扬宣劳；秘书省以监录图书；殿中省以供修膳服；内侍省以承旨奉引；御史台以肃清僚庶；九寺、五监以分理群司；六军、十六卫以严其禁御。一詹事府，二春坊，三寺，十率，倅乂储宫，牧守督护，分临畿服。设官以经之，置使以纬之，自六品以下，率由选曹，居官者以五岁为限。"

论者谓门下省给事中之掌封驳，为一代极善之制。

《唐六典》："给事中侍奉左右，分制省事。凡百官奏钞，侍中审定，则先读而署之，以驳正违失。凡制敕宣行大事，则称扬德泽，褒美功业，复奏而请施行，小事则署而颁之。凡国之大狱，三司详决，若刑名不当，轻重或失，则援法例，退而裁之。凡文武六品以下授职，所司奏拟，则校其仕历深浅，功状殿最，访其德行，量其材艺。官若非其人，理失其事，则白侍中而退量焉。凡天下冤滞未申及官吏刻害者，必听其讼，与御史及中书舍人同计其事宜而申理之。"

《日知录》卷九："人主之所患，莫大乎唯言而莫予违。……汉哀帝封董贤，而丞相王嘉封还诏书。后汉钟离意为尚书仆射，数封还诏书。自是封驳之事，多见于史，而未以为专职也。唐制，凡诏敕皆经门下省，事有不便，得以封还，而给事中有驳正违失之掌，著于六典。如袁高、崔植、韦弘景、狄兼谟、郑肃、韩佽、韦温、郑公舆之辈，并以封还敕书，垂名史传。亦有召对慰谕，如德宗之于许孟容；中使嘉劳，如宪宗之于薛存诚者。而元和中，给事中李藩在门下，制敕有不可者，即于黄纸后批之。吏请别连白纸，藩曰：'别以白纸，是文状也。何名批敕？'宣宗以右金吾大将军李燧为岭南节度使，已命中使赐之节。给事中萧倣封还制书，上方奏乐，不暇别召中使，使优人追之，节及燧门而返。人臣执法之正，人主听言之明，可以并见。五代废弛。宋太宗淳化四年，始复给事中封驳。而司马池犹谓门下虽有封驳之名，而诏书一切自中书以下，非所以防过举

也。明代虽罢门下省长官，而独存六科给事中，以掌封
驳之任。旨必下科，其有不便，给事中驳正到部，谓之
科参。六部之官，无敢抗科参而自行者。故给事中之品
卑而权特重。"

盖汉代人主及大臣之于政务，多与群僚会议。自三国以降，
君主及大臣之权漫无限制。故唐以门下省给事中掌封驳，使纠
正其违失。沿及明、清，犹存其制之遗意，孰谓君主之世皆专
制哉！

魏、晋以来，国之人政，多总于中书。中书舍人掌撰制诰，
其职尤重。唐代因之，诸官莫比。

《文献通考》："中书省自魏、晋始，梁、陈时，凡
国之政事，并由中书省。隋初改为内史省，唐武德三
年，复中书省。""隋内史舍人专掌诏诰。武德三年，改
为中书舍人，专掌诏诰，侍从署敕，宣旨劳问，授纳诉
讼，敷奏文表，分制省事。自永淳以来，天下文章道
盛，台阁髦彦，无不以文章达。故中书舍人为文士之极
任，朝廷之盛选，诸官莫比焉。"

而尚书省奉行政令，分立六部，后世多因此以分职，迄清末始
改。盖自汉置五曹，至隋置六部，历经研究，始定此政务之大纲
（隋置吏、礼、兵、刑、民、工六部尚书，唐与之同，惟民部曰
户部），敛而行政之法，遂详备焉。六部行政，各有区别。就其
总者言之，如官司之奏报，文牍之施行，皆有定式，是亦可觇唐
制之善矣。

　　《唐六典》："尚书都省掌举诸司之纲纪，与其百僚之程式，以正邦理。凡内外百司所受之事，皆印其发日，为之程限。一日受，二日报。小事五日，中事十日，大事二十日，狱案三十日，其急务者不与焉。小事判句经三人以下者给一日，四人以上给二日；中事每经一人给二日，大事各加一日。内外诸司咸率此。若诸州计奏达于京师，量事之大小多少以为之节，二十条以上，二日；倍之，三日；又倍之，四日；又倍之，五日。虽多，不是过焉。凡制敕施行，京师诸司有符移关牒，诸下州者，必由于都省以遣之。凡文案既成，勾司行朱讫，皆书其上端，记年月日，纳诸库。凡施行公文应印者，监印之官考其事目，无或差谬，而后印之。必书于历，每月终，纳诸库。""凡内外百僚，日出而视事，既午而退，有事则直官省之，其务繁不在此例。"

天下大政，曰财，曰兵。其制度之变迁，则以唐为古今大判之枢。唐行授田之法，其赋役亦因以定制为租、调、庸、徭四目。

　　《唐六典》："凡赋役之制有四：一曰租，二曰调，三曰役，四曰杂徭。课户每丁租粟二石，其调随乡土所产绫、绢、绝各二丈，布加五分之一。输绫、绢、绝者绵三两，输布者麻二斤，皆书印焉。凡丁岁役二旬，无事则收其庸，每日三尺。有事而加役者，旬有五日，免其调，三旬则租调俱免。凡庸、调之物，仲秋而敛之，季秋发于州。租则准上收获早晚，量事而敛之，仲秋起输，孟春而纳毕。"

其取于民也均。开元以后，法度废弊，又经大乱，版籍难定，于是有杨炎两税之法。

> 《文献通考》："租庸调法以人丁为本。开元后，久不为版籍，法度废弊，丁口转死，田亩换易，贫富升降，悉非向时，而户部岁以空文上之。……天宝中，王铁为户口使，务聚敛，乃按旧籍，除当免者。积三十年，责其租庸，人苦无告，法遂大弊。至德后，天下兵起，人口凋耗，版图空虚。赋敛之司，莫相统摄，纲纪大坏。王赋所入无几，科敛凡数百名。……德宗时，杨炎为相，遂作两税法。夏输无过六月，秋输无过十一月，置两税使以总之。凡百役之费，先度其数而赋之于民，量出制入。户无主客，以见居为簿，人无丁中，以贫富为差。不居处而行商者，在所州县，税三十之一，度所取与居者均，使无侥利，其租、庸、杂徭悉省，而丁额不废。其田亩之税，以大历十四年垦田之数为定，而均收之。"

后世专重田赋，分为夏、秋两税。又不计土壤高下，沿各地所收旧数而高下之，皆本杨炎之法，而古者均地均赋之义亡矣。

唐之兵制，亦因周、隋设府兵。

> 《文献通考》："周太祖辅西魏时，用苏绰言，始仿周典置六军，籍六等之民。择魁健材力之士，以为之首。尽蠲租调，而刺史以农隙教之，合为百府。每府一郎将主之，分属二十四军，开府各领一军。"
>
> 《新唐书·兵志》："府兵之制，起自西魏、后周而

备于隋，唐兴因之。""诸府总曰折冲府，凡天下十道，置府六百三十四，皆有名号，而关内二百六十有一皆以隶诸卫。凡府三等，兵千二百人为上，千人为中，八百人为下。""凡民年二十为兵，六十而免。""其隶于卫也，左右卫皆领六十府，诸卫领五十至四十。""凡当宿卫者番上，兵部以远近给番。五百里为五番，千里为七番，千五百里八番，二千里十番，外为十二番，皆一月上。若简留直卫者，五百里为七番，千里八番，二千里十番，外为十二番，亦月上。"

实即今日所谓征兵之制，亦即古者兵农不分之意。

《文献通考》："府兵平日皆安居田亩，每府有折冲领之。折冲以农隙教习战阵，国家有事征发，则以符契下其州及府，参验发之。"

开元之后，改为募兵，而从来征兵之制不可复矣。

《文献通考》："自开元之末，张说始募长征兵，谓之'彍骑'。其后益为六军。及李林甫为相，奏诸军皆募人为兵，兵不土著，又无宗族，不自重惜，忘身徇利，祸乱自生。"

唐代京师学校，皆隶于国子监，沿隋制也。其学校有六：一曰国子，二曰太学，三曰四门，四曰律学，五曰书学，六曰算学。其学生以阶级分之。

《唐六典》："国子博士掌教文武官三品以上及国公子孙从二品以上曾孙之为生者……太学博士掌教文武官五品以上及郡县公子孙三品曾孙之为生者……四门博士掌教文武官七品以上及侯伯子男之为生者，若庶人子为俊士生者……律学博士、书学博士、算学博士掌教文武官八品以下及庶人子之为生者。"

各有定额及专业年限。

《新唐书·选举志》："国子学，生三百人；太学，生五百人；四门学，生千三百人；律学，生五十人；书学，生三十人；算学，生三十人。……凡生，限年十四以上、十九以下；律学十八以上、二十五以下。"

《唐六典》："国子生五分其经以为之业，习《周礼》、《仪礼》、《礼记》、《毛诗》、《春秋左氏传》，每经各六十人，余经亦兼习之。习《孝经》、《论语》，限一年业成；《尚书》、《春秋穀梁》、《公羊》各一年半；《周易》、《毛诗》、《周礼》、《仪礼》各二年；《礼记》、《左氏春秋》各三年。其习经有暇者，命习隶书，并《国语》、《说文》、《字林》、《三仓》、《尔雅》。""太学生五分其经以为之业，每经各百人。""四门分经同太学。""律学生以律令为专业，格式法例亦兼习之。""书学生以《石经》、《说文》、《字林》为专业，余字书亦兼习之。《石经》三体书限三年业成，《说文》二年，《字林》一年。""算学生二分其经以为之业，习《九章》、《海岛》、《孙子》、《五曹》、《张丘建》、《夏侯阳》、《周髀》十有五人，习《缀术》、《缉古》十有五人。《孙子》、《五曹》共限一年业成,《九章》、《海岛》共三年,《张丘建》、《夏侯阳》各一年,《周髀》、《五经算》共一年,《缀术》四年,《缉古》三年。"

入学有束脩，每旬有考试。

> 《唐六典》："其生初入，置束帛一篚、酒一壶、脩一案，号为束脩之礼。每旬前一日，则试其所习业。"

业成者上于监，无成者免。

> 《唐六典》："凡六学生每岁有业成上于监者，丞以其业与司业祭酒试之。明经，帖经口试策经义；进士，帖一中经，试杂文策时务征事。其明法、明书算，亦各试所习业。登第者上于尚书，礼部主簿掌印句检监事。凡六学生有不率师教者，则举而免之。其频三年下第九年在学及律生六年无成者，亦如之。"

其地方之学校学生，亦有定额。

> 《新唐书·选举志》："京都学生八十人，大都督、中都督府、上州各六十人，下都督府、中州各五十人，下州四十人，京县五十人，上县四十人，中县、中下县各三十五人，下县二十人。"

设博士、助教等教之。

《唐六典》："京兆、河南、太原三府及各州，皆有经学博士一人，助教二人或一人。"

别有弘文、崇文馆学生，讲习经业，兼学书法。

《唐六典》："门下省弘文馆学生三十人，太子崇文馆学生二十人，其课试举送如弘文馆。"

当太宗时，学风最盛。

《新唐书·选举志》："自高祖初入长安，开大丞相府，下令置生员，自京师至于州县皆有数。既即位，又诏秘书外省别立小学，以教宗室子孙及功臣子弟。其后又诏诸州明经、秀才、俊士、进士，明于理体为乡里称者，县考试，州长重覆，岁随方物入贡。吏民子弟学艺者，皆送于京学，为设考课之法，州县乡皆置学焉。及太宗即位，益崇儒术，乃于门下别置弘文馆，又增置书、律学，进士加读经史一部。十三年，东宫置崇文馆。自天下初定，增筑学舍至千二百区。虽七营飞骑，亦置生，遣博士为授经。四夷若高丽、百济、新罗、高昌、吐蕃，相继遣子弟入学，遂至八千余人。"

天宝后，学校遂衰，员额均减于旧。

《新唐书·选举志》："自天宝后，学校益废，生徒流散。"（元和二年）"始定生员，西京国子馆生八十人，太学七十人，四门三百人，广文六十人，律馆二十人，

书、算馆各十人；东都国子馆十人，太学十五人，四门
五十人，广文十人，律馆十人，书馆三人，算馆二人
而已。"

而学风之坏，亦颇为时人所讥焉。

《与太学诸生书》（柳宗元）："仆少时，尝有意游
太学，受师说，以植志持身。当时说者咸曰：'太学生
聚为朋曹，侮老慢贤，有堕窳败业而利口食者，有崇饰
恶言而肆斗讼者，有凌傲长上而谇骂有司者，其退然自
克，特殊于众人者无几耳。'仆闻之，遂退托乡闾家塾，
考厉志业。过太学之门，而不敢踦顾。"

唐代重科举，其学校亦科举之一法，非专为讲学之地。天宝中，
尝令举人专由国学及郡县学，后又复乡贡。

《新唐书·选举志》："举人旧重两监，后世禄者以
京兆、同、华为荣，而不入学。天宝十二载，敕天下罢
乡贡，举人不由国子及郡县学者勿举送……十四载，复
乡贡。"

故终唐之世，人悉骛于科名，而唐之科目亦特备。

《新唐书·选举志》："唐制，取士之科，多因隋旧，
然其大要有三。由学馆者曰生徒，由州县者曰乡贡，皆
升于有司而进退之。其科之目，有秀才，有明经，有进
士，有俊士，有明法，有明字，有明算，有一史，有三

吏，有开元礼，有道举，有童子。而明经之别，有五经，有三经，有二经，有学究一经，有三礼，有三传，有史科。此岁举之常选也。其天子自诏者曰制举，所以待非常之才焉。"

士皆怀牒自列于有司，

《新唐书·选举志》："每岁仲冬，州、县、馆、监举其成者送之尚书省，其不繇馆选者，谓之乡贡，皆怀牒自列于州、县。试已，长吏以乡饮酒礼，会属僚，设宾主，陈俎豆，备管弦，牲用少牢，歌《鹿鸣》之诗，因与耆艾叙长少焉。既至省，皆疏名列到，结款通保及所居，始由户部集阅，而关于考功员外郎试之。"

各科之试法不同，要以明经、进士二科为重。

《新唐书·选举志》："凡秀才，试方略策五道，以文理通粗为上上、上中、上下、中上，凡四等为及第。凡明经，先帖文，然后口试，经问大义十条，答时务策三道，亦为四等。凡《开元礼》，通大义百条、策三道者，超资与官；义通七十、策通二者，及第。散、试官能通者，依正员。凡三传科，《左氏传》问大义五十条，《公羊》、《縠梁传》三十条，策皆三道，义通七以上、策通二以上为第，白身视五经，有出身及前资官视学究一经。凡史科，每史问大义百条、策三道，义通七、策通二以上为第。能通一史者，白身视五经、三传，有出身及前资官视学究一经；三史皆通者，奖擢之。凡童子

科，十岁以下能通一经及《孝经》、《论语》，卷诵文十，
通者予官，通七，予出身。凡进士，试时务策五道，帖
一大经，经、策全通者为甲第；策通四、帖过四以上为
乙第。凡明法，试律七条、令三条，全通为甲第，通八
为乙第。凡书学，先口试，通，乃墨试《说文》、《字林》
二十条，通十八为第。凡算学，录大义本条为问答，明
数造术，详明术理，然后为通。试《九章》三条，《海
岛》、《孙子》、《五曹》、《张丘建》、《夏侯阳》、《周髀》、《五
经算》各一条，十通六，《记遗》、《三等数》帖读十得九，
为第。试《缀术》、《缉古》录大义为问答者，明数造
术，详明术理，无注者，合数造术，不失义理，然后为
通。《缀术》七条、《缉古》三条，十通六，《记遗》、《三
等数》帖读十得九为第。落经者，虽通六，不第。"又：
"开元二十九年，始置崇玄学，习《老子》、《庄子》、《文
子》、《列子》，亦曰道举。其生，京、都各百人，诸州
无常员。官秩、荫第同国子，举送、课试如明经。"

其得第者，大抵百分之一。

　　《文献通考》："开元以后，四海晏清，士耻不以文
章达。其应诏而举者，多则二千人，少不减千人，所收
百才有一。"

世多病其法之不善，然九品中正之弊，致成贵族政治。矫之以科
举，而平民与贵族乃得均享政权，是亦未始无关于国家社会之进
化也。
　　隋都长安，以洛阳为东都。唐室因之，以长安为两京，洛阳

为东京。两京城坊之壮丽，轶于前世，《两京城坊考》（徐松）详述之。

《两京城坊考》："唐西京初曰京城，隋之新都也。开皇二年所筑。唐天宝元年为西京。""宫城东西四里，南北二里二百七十步，周十三里一百八十步。其崇三丈五尺，南即皇城。""傅宫城之南面曰皇城，亦曰子城。东西五里一百一十五步，南北三里一百四十步，周十七里一百五十步。城中南北七街，东西五街。左宗庙，右社稷，百寮廨署，列于其间。""外郭城隋曰大兴城，唐曰长安城，亦曰京师城。前直子午谷，后枕龙首山，左临灞岸，右抵沣水。东西一十八里一百一十五步，南北一十五里一百七十五步，周六十七里。其崇一丈八尺，面各三门，郭中南北十四街，东西十一街，其间列置诸坊，有京兆府万年、长安二县所治，寺观邸第编户错居焉。当皇城南，面朱雀门，有南北大街，曰朱雀门街，东西广百步，万年、长安二县以此街为界；万年领街东五十四坊及东市；长安领街西五十四坊及西市。""东京一名东都，始筑于隋大业元年，谓之新都。唐显庆二年，曰东都。""宫城在皇城北，东西四里一百八十八步，南北二里八十五步，周一十三里二百四十一步。其崇四丈八尺。""皇城傅宫城南，东西五里一十七步，南北三里二百九十八步，周一十三里二百五十步。高三丈七尺。城中南北四街，东西四街。""东京城，隋大业元年筑，曰罗郭城。唐长寿二年李昭德增筑，改曰金城。前直伊阙，后倚邙山，东出瀍水之东，西出涧水之西。雒水贯都，有河汉之象焉。周五十二里，南东各三门，北二门，城内纵横各十街。凡坊一百十三，市三。"

日本之平安京，即仿唐之长安城，彼国至今犹盛称之。考史者所宜资以比较者也。唐之都会，民居与市廛不杂，故商店悉聚于两市，

《两京城坊考》："西京东市，隋曰都会市，东西南北各六百步。四面各开二门，四面街各广百步。北街当皇城南之大街，东出春明门，广狭不易于旧。东西及南面三街向内开，壮广于旧。街市内货财二百二十行，四面立邸。四方珍奇，皆所积集。""西市，隋曰利人市，南北尽两坊之地。市内店肆，如东市之制。长安县所领四万余户，比万年为多。浮寄流寓，不可胜计。""东都南市，隋曰丰都市。唐以其在雒水南，故曰南市。东西南北居二坊之地，其内一百二十行，三千余肆。四壁有四百余店，货贿山积。"（其西市、北市之制未言，当亦等于南市。）

而掌以市令。

《唐六典》："京都诸市令，掌百族交易之事。丞为之贰，以二物平市。以三贾均市。凡与官交易，及悬平赃物，并用中贾。其造弓矢长刀，官为立样，仍题工人姓名，然后听鬻，诸器物亦如之。以伪滥之物交易者没官，短狭不中量者还主。凡卖买奴婢牛马，用本司本部公验以立券。凡卖买不和而榷固及更出开闭，共限一价。若参市而规自入者并禁之。凡市以日午击鼓三百

声，而众以会；日入前七刻，击钲三百声，而众以散。"

其地方亦各有市令焉。

> 《唐六典》："汉代诸郡国，皆有市长。晋、宋以来，皆因之。隋氏始有市令。皇朝初，又加市丞。户四万以上者省补市令，州市令不得用本市内人，县市令不得用当县人。"

唐人之居室，以贵贱为差等。其制掌于左校令。

> 《唐六典》："左校令掌供营构梓匠之事，致其杂材，差其曲直，制其器用，程其功巧。丞为之贰。凡宫室之制，自天子至于士庶，各有差等。"

后世民居，多则五间，少则三间，沿唐制也。

衣服之制，别之以色，则起于隋。

> 《通鉴》卷一百八十一："大业六年十二月，上以百官从驾，皆服袴褶，于军旅间不便。是岁始诏从驾涉远者，文武官皆戎衣。五品以上，通着紫袍；六品以下，兼用绯丝，胥使以青，庶人以白，屠商以皂，士卒以黄。"

其礼服兼用历代之制，

> 《唐六典》："乘舆之服，则有大裘冕、衮冕、鷩冕、

衮冕、鷩冕、玄冕、通天冠、武弁、弁服、黑介帻、白纱帽、平巾帻、翼善冠之服。百官有朝服、公服、弁服、平巾帻服、袴褶之服。"

常服则用袍，

> 《唐六典》："凡常服，亲王三品以上、二王后服用紫，饰以玉；五品以上服用朱，饰以金；七品以上服用绿，饰以银；九品以上用青，饰以鍮石；流外庶人服用黄，饰以铜铁。"

其阔狭长短均有定例。

> 《唐会要》（王溥）："袍袄衫等曳地不得长二寸以上，衣袖不得广一尺三寸以上。妇人制裙，不得阔五幅以上，裙条曳地不得长三寸以上，襦袖不得广一尺五寸以上。"

然各地风气，亦有变迁，奢侈者往往流于长阔焉。

> 《唐会要》："开成四年，淮南观察使李德裕奏管内妇人，袖先阔四尺，今令阔一尺五寸，裙先曳地四五寸，今令减五寸。"

唐人之饮食，亦有阶级。观其膳部所掌官吏食料，可以考见唐人饮食之材料及其节日之所尚。

　　《唐六典》："膳部郎中，掌邦之牲豆酒膳，辨其品
数。凡亲王以下，常食料各有差，三品以上食料九盘，
四品五品常食料七盘，六品以下、九品以上常食料五
盘，凡诸王以下，皆有小食料。午时粥料各有差，复有
设食料、设会料，每时皆有常食料。又有节日食料。"

《六典》载珍羞署有饧匠，良酝署有酒匠，皆唐所特置。此可见
唐人之嗜饧与酒矣。

　　《唐六典》："珍羞署饧匠五人，良酝署酒匠三
十人。"

唐之交通，均有定法。按驿程定其迟速，

　　《唐六典》："驾部郎中，掌邦国之舆辇车乘，及天
下之传驿厩牧官私马牛杂畜之簿籍，司其名数，凡三十
里一驿，天下凡一千六百三十有九所。又度支郎中，掌
水陆道路之利。凡陆行之程，马，日七十里；步及驴，
五十里；车，三十里。水行之程，溯河，日三十里，
江，四十里；沿流之舟，河，日一百五十里，江，百
里；余水，七十里。"

其运价亦有定数，

　　《唐六典》："河南、河北、河东、关内等四道诸州
运租、庸、杂物等脚，每驮一百斤，一百里一百文；山
阪处一百二十文。车载一千斤，九百文。黄河及江水并

从幽州运至平州，上水十六文，下水六文；余水上十五文，下五文。从澧、荆等州至扬州四文。其山陵险难驴少处，不得过一百五十文；平易处不得下八十文。"

各地长官，皆置进奏院于京师，以通文报。

《两京城坊考》："崇仁坊有东都、河南、商、汝、汴、淄、青、淮南、兖州、太原、幽州、冀州、丰州、沧州、天德，荆南、宣歙、江西、福建、广、桂、安南、邕宁、黔南进奏院。"

京师之事，亦有日报达于四方。

《读开元杂报》（孙樵）："樵曩于襄、汉间得数十幅书，系日条事，不立首末。其略曰：某日，皇帝亲耕籍田。某日，百僚行大射礼于安福楼内。某日，安北诸蕃长请扈从封禅。某日，宣政门宰相与百寮廷争十刻罢。如此凡数十百条。樵当时未知何等书，有知者曰：'此开元政事。'及来长安，日见条报朝廷事者，徒曰今日除某官，明日授某官；今日幸于某，明日幸于某。"

故其疆域虽广，而内外贯通，无隔阂之虞也。

自汉时创常平仓，

《汉书·食货志》："五凤中，岁数丰穰。大司农中丞耿寿昌奏令边郡皆筑仓，以谷贱时增其价而籴，以利农谷，贵时减价而粜，名曰常平仓。"

历代因之，借以利民。

《文献通考》："后汉明帝永平五年，作常平仓。""晋武帝泰始二年，立常平仓。"

至隋又立社仓，由军民共立。

《文献通考》："开皇五年，工部尚书长孙平，奏请令诸州百姓及军人劝课当社共立义仓。收获之日，随其所得，劝课出粟及麦于当社，造仓窖贮之，即委社司执帐检校。每年收积，勿使损败。若时或不熟，当社有饥馑者，即以此谷赈给。由是诸州储峙委积。""十六年，诏社仓准上、中、下三等税。上户不过一石，中户不过七斗，下户不过四斗。"

唐代并置常平仓及义仓。常平积谷或钱，而义仓惟积谷。亩别征之，以备荒年。

《唐六典》："凡王公以下，每年户别，据已受田及借荒等具所种苗顷亩，造青苗簿。诸州以七月以前申尚书省，至征收时，亩别纳粟二升，以为义仓。凡义仓之粟，唯荒年给粮，不得杂用。"《文献通考》："太宗诏亩税二升粟麦粳稻土地所宜，宽乡敛以所种，狭乡据青苗簿而督之。田耗十四者免其半，耗十七者皆免。商贾无田者，以其户为九等出粟，自五石至五斗为差。下下户及夷獠不取。岁不登则以赈民，或贷为种，至秋而偿。其后洛、相、幽、徐、齐、并、秦、蒲州又置常平仓，粟藏九年，米藏五年。下湿之地，粟藏五年，米藏三年，皆著于令。”“开元七年，敕关内、陇右、河南、河北五道及荆、扬、襄、夔、绵、益、彭、蜀、资、汉、剑、茂等州并置常平仓，其本上州三千贯，中州二千贯，下州一千贯，每籴具本利与正仓帐同申。”

维持民食，调节经济，使谷价常平，而人民知思患预防，且食互助之益，一善制也。天宝中，天下诸色米积九千六百余万石，而义仓得六千三百余万石。可见人民合力之所积，愈于官吏之所储矣。

第九章　隋唐之学术文艺

　　吾国文化，自汉以来，虽迭因兵燹而遭摧毁，然治乱相间，亦时时有人整理而绍述之。即以书籍而论，牛弘所举五厄，自破坏方面言之也；而与此五厄相错者，则自荀勖因《中经》著《新簿》，始分四部，至隋、唐而分析益密。目录之学，远绍刘《略》、班《志》之绪。

　　《隋书·经籍志》："魏氏代汉，采掇遗亡，藏在秘书中外三阁。魏秘书郎郑默，始制《中经》，秘书监荀勖，又因《中经》更著《新簿》，分为四部，总括群书。一曰甲部，纪六艺及小学等书；二曰乙部，有古诸子家、近世子家、兵书、兵家、术数；三曰丙部，有史记、旧事、皇览簿、杂事；四曰丁部，有诗赋、图赞、《汲冢书》。大凡四部，合二万九千九百四十五卷。但录题及言，盛以缥囊，书用缃素。至于作者之意，无所论辩。惠、怀之乱，京华荡覆。渠阁文籍，靡有孑遗。东晋之初，渐更鸠聚。著作郎李充，以勖旧簿校之，其见存者，但有三千一十四卷。充遂总没众篇之名，但以甲乙为次。自尔因循，无所变革。其后中朝遗书，稍流江左。宋元嘉八年，秘书监谢灵运造《四部目录》，大凡六万四千五百八十二卷。元徽元年，秘

书丞王俭又造《目录》，大凡一万五千七百四卷。俭
又别撰《七志》，一曰《经典志》，纪六艺、小学、史
记、杂传；二曰《诸子志》，纪今古诸子；三曰《文翰
志》，纪诗赋；四曰《军书志》，纪兵书；五曰《阴阳
志》，纪阴阳图纬；六曰《术艺志》，纪方技；七曰《图
谱志》，纪地域及图书。其道、佛附见，合九条。然亦
不述作者之意，但于书名之下，每立一传，而又作九篇
条例，编乎首卷之中。……齐永明中，秘书丞王亮、监
谢朏，又造《四部书目》，大凡一万八千一十卷。齐末
兵火，延烧秘阁，经籍遗散。梁初，秘书监任昉，躬加
部集，又于文德殿内，列藏众书，华林园中，总集释
典，大凡二万三千一百六卷，而释氏不预焉。梁有秘书
监任昉、殷钧《四部目录》，又《文德殿目录》。其术
数之书，更为一部，使奉朝请祖暅撰其名。故梁有《五
部目录》。普通中，有处士阮孝绪，沈静寡欲，笃好坟
史，博采宋、齐以来王公之家凡有书记，参校官簿，更
为《七录》：一曰《经典录》，纪六艺；二曰《记传录》，
纪史传；三曰《子兵录》，纪子书、兵书；四曰《文集
录》，纪诗赋；五曰《技术录》，纪数术；六曰《佛录》；
七曰《道录》。其分部题目，颇有次序。"

计其都数，隋唐最盛。

《隋书·经籍志》："中原……文教之盛，符、姚而
已。宋武入关，收其图籍，府藏所有，才四千卷。""后
魏始都燕、代，南略中原，粗收经史，未能全具。孝
文徙都洛邑，借书于齐，秘府之中，稍以充实。暨于

尔朱之乱，散落人间。""后周始基关右，外逼强邻，戎马生郊，日不暇给。保定之始，书止八千，后稍加增，方盈万卷。周武平齐，先封书府，所加旧本，才至五千。隋开皇三年，秘书监牛弘，表请分遣使人，搜访异本。每书一卷，赏绢一匹，校写既定，本即归主。于是民间异书，往往间出。及平陈以后，经籍渐备。……内、外之阁，凡三万余卷。""唐武德五年，克平伪郑，尽收其图书及古迹焉，命司农少卿宋遵贵载之以船，溯河西上，将致京师，行经底柱，多被漂没，其所存者，十不一二其《目录》亦为所渐濡，时有残缺。今考见存，分为四部，合条为一万四千四百六十六部，有八万九千六百六十六卷。"

《新唐书·艺文志》："自汉以来，史官列其名氏篇第，以为六艺、九种、七略；至唐始分为四类，曰经、史、子、集。而藏之盛，莫盛于开元。其著录者，五万三千九百一十五卷，而唐之学者自为之书，又二万八千四百六十九卷。""初，隋嘉则殿书三十七万卷，至武德初，有书八万卷，重复相糅。王世充平，得隋旧书八千余卷，太府卿宋遵贵监运东都，浮舟溯河，西致京师，经砥柱舟覆，尽亡其书。""两都各聚书四部，以甲、乙、丙、丁为次，列经、史、子、集四库。其本有正有副，轴带帙签，皆异色以别之。而安禄山之乱，尺简不藏。元载为宰相，奏以千钱购书一卷。……至文宗时……四库之书复完，分藏于十二库。"

分写副本，尤极精美。

　　《隋书·经籍志》："平陈所得，多太建时书，纸墨不精，书亦拙恶。于是总集编次，存为古本。召天下工书之士，京兆韦霈、南阳杜頵等，于秘书内补续残缺，为正副二本，藏于宫中，其余以实秘书内、外之阁，凡三万余卷。""炀帝即位，秘阁之书，限写五十副本，分为三品：上品红琉璃轴，中品绀琉璃轴，下品漆轴。于东都观文殿东西厢构屋以贮之，东屋藏甲、乙，西屋藏丙、丁。"

　　《新唐书·艺文志》："贞观中，魏徵、虞世南、颜师古继为秘书监，请购天下书，选五品以上子孙工书者为书手，缮写藏于内库，以宫人掌之。玄宗命左散骑常侍、昭文馆学士马怀素为修图书使，与右散骑常侍、崇文馆学士褚无量整比。会幸东都，乃就乾元殿东序检校。无量建议：'御书以宰相宋璟、苏颋同署，如贞观故事。'又借民间异本传录。及还京师，迁书东宫丽正殿，置修书院于著作院。其后大明宫光顺门外，东都明福门外，皆创集贤书院，学士通籍出入。太府月给蜀郡麻纸五千番，季给上谷墨三百三十六丸，岁给河间、景城、清河、博平四郡兔千五百皮为笔材。"

　　《唐六典》："四库之书，两京各二本，共三万五千九百六十一卷，皆以益州麻纸写。其经库书钿白牙轴黄带红牙签，史库书钿青牙轴缥带绿牙签，子库书雕紫檀轴紫带碧牙签，集库书绿牙轴朱带白牙签，以为分别。"

典校装写，并设专官。

　　《唐六典》："秘书省监一人，从三品，掌邦国经籍图书之事。""少监二人，从四品上。""秘书郎四人，从六品上，掌四部之图籍，分库以藏之，以甲、乙、丙、丁为之部目。""校书郎八人，正九品上，正字四人，正九品下，掌雠校典籍，刊正文字，皆辨其纰缪，以正四库之图史。""令史四人、书令史九人、典书八人、楷书手八十人、熟纸装潢匠各十人、笔匠六人。""弘文馆学士无员数，掌详正图籍。""书郎二人，掌校理典籍，刊正错缪。典书二人，拓书手三人，笔匠三人，熟纸装潢匠九人。""集贤殿学士掌刊辑古今之经籍。""知书官八人。""书直及写御书一百人，拓书手六人，装书直十四人，造笔直四人。"

所贮副本，并以赐人。

《唐六典》："凡四部之书，必立三本，曰正本、副本、贮本，以供进内及赐人。凡敕赐人书，秘书无本，皆别写给之。"

此帝王之以国力保存文化者也。

其士大夫之藏书者，自晋以来，多著称于史策。

《晋书》："张华雅爱书籍，身死之日，家无余财，惟有文史，溢于几箧。尝徙居，载书三十乘，秘书监挚虞撰定官书，皆资华之本以取正焉。天下奇秘，世所希有者，悉在华所。"

《南史》："张缵好学，兄缅有书万卷余，昼夜披读，殆不辍手。""沈约聪明过人，好坟籍，聚书至二万卷，

都下无比。""任昉博学，于书无所不见。家虽贫，聚书
至万余卷，率多异本。及卒后，武帝使学士贺纵共沈约
勘其书目，官无者就其家取之。""王僧孺好坟籍，聚书
至万余卷，率多异本，与沈约、任昉家书埒。"

至唐而藏书者尤多，

　　《旧唐书》："吴兢家聚书颇多，尝自录其卷帙，号
《吴氏西斋书目》。""韦述少聪敏，笃志文学，家有书
二千卷。述为儿童时，记览皆遍，人骇异之。述澹于势
利，家聚书二万卷，皆自校定铅椠，虽御府不逮也。兼
古今朝臣图，历代知名人画，魏、晋以来草隶真迹数百
卷，古研、古器、药方、格式、钱谱、玺谱之类，当代
名公品题，无不毕备。""蒋乂代为名儒，而又史官吴兢
之外孙，以外舍富坟史。幼便记览不倦，手不释卷，老
而弥笃，旁通百家，尤精历代沿革。家藏书一万五千
卷。""田弘正于府舍起书楼，聚书万余卷。""李磎聚书
至多，手不释卷，时人号曰李书楼。""韦处厚聚书逾万
卷，多手自刊校。""苏弁聚书至二万卷，皆手自刊校。
至今言苏氏书，次于集贤、秘阁焉。"
　　《送诸葛觉往随州读书诗》（韩愈）："邺侯家多书，
插架三万轴。一一题牙签，新若手未触。为人强记览，
过眼不再读。"
　　《寄许孟容书》（柳宗元）："家有赐书三千卷，尚
在善和里旧宅。宅今已三易主，书存亡不可知。"

好学者率手自抄录。

《旧唐书》："柳仲郢厩无名马，衣不熏香。退公布
卷，不舍昼夜。九经、三史一抄，魏晋以来南北史再
抄，手抄分门三十卷，号《柳氏自备》。又精释典，《瑜
伽》、《智度大论》皆再抄，自余佛书，多手记要义。
小楷精谨，无一字肆笔。"

此隋、唐所以能赓续前绪，使文教翼进而不坠者也。

有唐一代，为文学美术最盛之时，而其他学术亦时有树立。
其于经，有《经典释文》、《五经正义》等书。而南北之学，以之
统一。

《经学历史》（皮锡瑞）："学术随世运为转移，亦
不尽随世运为转移。隋平陈，而天下统一，南北之学，
亦归统一，此随世运为转移者也。天下统一，南并于
北，而经学统一，北学反并于南，此不随世运为转移者
也。""经学统一之后，有南学，无北学，南学北学，以
所学之宗主分之，非以其人之居址分之也。……《隋
书·经籍志》于《易》云：'梁、陈，郑玄、王弼二注，
列于国学。齐代，唯传郑义。至隋，王注盛行，郑学浸
微。'于《书》云：'梁、陈所讲，有郑、孔二家。齐代
唯传郑义。至隋，孔、郑并行，而郑氏甚微。'于《春
秋》云：'《左氏》唯传服义，至隋，杜氏盛行，服义
浸微。'是伪孔、王、杜之盛行，郑、服之浸微，皆在
隋时。故天下统一之后，经学也统一，而北学从此绝
矣。""唐太宗以儒学多门，章句繁杂，诏国子祭酒孔颖
达与诸儒撰定五经义疏，凡一百七十卷，名曰《五经正
义》。颖达既卒，博士马嘉运驳其所定义疏之失。有诏

更定，未就。永徽二年，诏诸臣复考证之，就加增损。永徽四年，颁孔颖达《五经正义》于天下。每年明经，依此考试。自唐至宋，明经取士皆遵此本。""其所定《五经疏》，《易》主王注，《书》主孔传，《左氏》主杜解。郑注《易》《书》，服注《左氏》，皆置不取。""其时同修《正义》者，《周易》则马嘉运、赵乾叶，《尚书》则王德韶、李子云，《毛诗》则王德韶、齐威，《春秋》则谷那律、杨士勋，《礼记》则朱子奢、李善信、贾公彦、柳士宣、范义颛、张权。标题孔颖达一人之名者，以年辈在先，名位独重耳。"（按《周易正义》十六卷，《尚书正义》二十卷，《毛诗正义》四十卷，《礼记正义》七十卷，《春秋正义》三十六卷，是为《五经正义》。此外贾公彦有《周礼疏》五十卷，《仪礼疏》五十卷，杨士勋有《春秋穀梁传疏》十三卷，皆成于唐初。惟徐彦《公羊传疏》二十八卷，不详其时代。）"前乎唐人义疏，经学家所宝贵者，有陆德明《经典释文》。《经典释文》亦是南学，其书创始于陈后主元年，成书在未入隋以前。而《易》主王氏，《书》主伪孔，《左》主杜氏，为唐人义疏之先声。"

于史有《晋》、《梁》、《陈》、《周》、《齐》、《隋》诸书，及《南》、《北》二史。而五朝之事，得无失坠。

《旧唐书·艺文志》载："《晋书》一百三十卷，许敬宗等撰。""《梁书》五十卷，姚思廉撰。""《陈书》三十六卷，姚思廉撰。""《后周书》五十卷，令狐德棻撰。""《北齐书》五十卷，李百药撰。""《隋书》八十卷，魏徵等撰。"《南史》八十卷，李延寿撰。"《北史》一百卷，李延寿撰。"

外此，如李鼎祚《周易集解》、司马贞《史记索隐》、张守节《史记正义》、颜师古《汉书注》等，皆有考证辑录之功。其见于《唐志》而不传者尚多，无俟具论。比而观之，唐之史学盛于经学。如刘子玄著《史通》讥评古今。

> 《史通自序》（刘知幾）："三为史臣，再入东观，其所载削，皆与俗浮沉。虽自谓依违苟从，然犹大为史官所嫉，退而私撰《史通》，以见其志。"《史通》之为书也，盖伤当时载笔之士，其义不纯，思欲辨其指归，殚其体统。夫其书虽以史为主，而余波所及，上穷王道，下揆人伦，总括万殊，包吞千有。其为义也，有与夺焉，有褒贬焉，有鉴诫焉，有讽刺焉。其为贯穿者深矣，其为网罗者密矣，其所商略者远矣，其所发明者多矣。"

杜佑撰《通典》，条贯事类。

> 《通典序》（李翰）："京兆杜公君卿，雅有远度，志于邦典。采五经群史，上自黄帝，至于有唐天宝之末，每事以类相从，举其始终，历代沿革废置及当时群士论议得失，靡不条载，附之于事。如人支脉散缀于体，凡有八门，号曰《通典》。"

皆史家之创制，迄今人犹诵法之。

其读经者，多务速成，罕治大经。

> 《唐会要》："开元八年，国子司业李元瓘言：今明
> 经所习务在出身,《礼记》文少，人皆竞读。《周礼》《仪
> 礼》、《公羊》、《穀梁》历代宗习，今两监及州县以独
> 学无友，四经殆绝。事资训诱，不可因循。""开元十六
> 年，国子祭酒杨玚言：今明经习《左氏》者十无一二，
> 又《周礼》、《仪礼》、《公羊》、《穀梁》殆将绝废，亦
> 请量加优奖。"

虽有壁书五经，石刻九经，而名儒不窥。讹误甚多，世盛讥
之焉。

> 《唐会要》："刘禹锡《国学新修五经壁记》：大历
> 中名儒张参为司业，始详定五经，书于论堂东西厢之
> 壁。""文宗太和七年，敕于国子监讲学论堂两廊，创立
> 石壁九经并《孝经》、《论语》、《尔雅》共一百五十九卷。"
> 《旧唐书·文宗纪》："石经立后数十年，名儒皆不
> 窥之。"

隋承南朝之绪，注重天文历算之学。其历、天文、漏刻、视祲，
各有博士及生员。

> 《隋书·百官志》："秘书省领著作、太史二曹……
> 太史曹置令、丞各二人，司历二人，监候四人。其历、
> 天文、漏刻、视祲，各有博士及生员。"又《天文志》：
> "高祖平陈，得善天官者周坟以为太史令。坟博考经书，

勤于教习。自此太史观生，始能识天官。"

唐因其制，设官益多。

《唐六典》："太史局令二人，从五品下，掌观察天文，稽定历数。凡日月星辰之变，风云气色之异，率其属而占候焉。丞二人，从七品下；司历二人，从九品上；保章正一人，从八品上；历生三十六人，装书历生五人，监候五人，从九品下；天文观生九十人，云台郎二人，正八品下；天文生六十人，挈壶正二人，从八品下；司辰十九人，正九品下。漏刻典事十六人，漏刻博士六人，漏刻生三百六十人，典钟二百八十人，典鼓一百六十人。"

故精于测算制作者，不乏其人。王孝通著《缉古算经》，为后世立天元术所本。

《畴人传》（阮元）："王孝通武德九年为算术博士，复为通直郎太史丞，著《缉古算经》一卷，并自为之注。""李锐曰：算书以《缉古》为最深，学之未易通晓。惟以立天元术御之，则其中条理秩然。"阮元曰："孝通《缉古》，实后来立天元术之所本也。"

李淳风、梁令瓒等制仪象，史称其精博，后世不能过。

《新唐书·天文志》云："星经、历法，皆出于数术之学。唐兴，太史李淳风、浮图一行，尤称精博，后世未能过也。"　"贞观初，太宗诏淳风为浑仪。七年，仪成。表里三重，下据准基，状如十字，末树鳌足，以张四表。一曰六合仪，有天经双规、金浑纬规、金常规，相结于四极之内。列二十八宿、十日、十二辰、经纬三百六十五度。二曰三辰仪，圆径八尺，有璇玑规、月游规，列宿距度，七曜所行，转于六合之内。三曰四游仪，玄枢为轴，以连结玉衡游筒，而贯约矩规。又玄枢北树北辰，南矩地轴，傍转于内。玉衡在玄枢之间，而南北游，仰以观天之辰宿，下以识器之晷度，皆用铜。"

　　"开元九年，一行受诏，改治新历，率府兵曹参军梁令瓒以木为游仪，一行是之，乃奏：'……请更铸以铜铁。'十一年仪成。……玄宗又诏一行与令瓒等更铸浑天铜仪，圆天之象，具列宿赤道及周天度数，注水激轮，令其自转，一昼夜而天运周。外络二轮，缀以日月，令得运行。每天西旋一周，日东行一度，月行十三度十九分度之七，二十九转有余而日月会，三百六十五转而日周天。以木柜为地平，令仪半在地下，晦明朔望，迟速有准。立木人二于地平上，其一前置鼓以候刻，至一刻则自击之；其一前置钟以候辰，至一辰而自撞之。皆于柜中各施轮轴，钩键关锁，交错相持。"

而瞿昙罗、瞿昙悉达等，以西域人制历译书。

　　《畴人传》（阮元）："瞿昙罗官太史令，神功二年甲子南至，改《元圣历》，命瞿昙作《光宅历》。将颁用，三年罢之。"　"瞿昙悉达开元六年官太史监，受诏译《九执术》。上言：臣等谨案九执术法，梵天所造，五

> 通仙人承习传授，肇自上古。""臣等谨凭天旨，专精钻
> 仰，凡在隐秘，咸得解通。""其算法用字乘除，一举札
> 而成，凡至十进入前位，每空位处，恒安一点。"

世谓即今西法所自出，是尤唐代历算学之特色矣。

> 阮元曰："九执术即今西法之所自出，名数虽殊，
> 理则无异。惟《九执》译于唐时，其法尚疏，后人精益
> 求精，故今之西法为更密合耳。"

唐人于地理之学，亦甚注重。州府三年一造地图，鸿胪有外国山
川风土图。

> 《唐六典》："职方郎中员外郎，掌天下之地图及城
> 隍镇戍烽候之数，辨其邦国都鄙之远迩及四夷之归化
> 者。凡地图，委州府三年一造，与板籍偕上省。其外
> 夷每有番客到京，委鸿胪讯其人本国山川风土为图以奏
> 焉，副上于省。其五方之区域，都鄙之废置，疆埸之争
> 讼者，举而正之。"

《唐书·经籍志》载《长安十道图》、《开元十道图》等，当即其
时州府所上，惜其后不传耳。

> 《旧唐书·经籍志》："《长安四年十道图》十三
> 卷。""《开元三年十道图》十卷。"

高宗时，许敬宗等撰《西域图志》。按其卷数，当更详于裴矩之

《西域图记》。

　　《新唐书·艺文志》："《西域图志》六十卷，高宗
　遣使分往康国、吐火罗，访其风俗物产，画图以闻，诏
　史官撰次。许敬宗领之，显庆三年上。"

而制作之法未闻。德宗时，贾耽画《陇右山南图》及《海内华夷
图》，史载其折算及题色之法。

　　《旧唐书·贾耽传》："耽好地理学，凡四夷之使及
　使四夷还者，必与之从容，讯其山川土地之终始。是以
　九州之夷险，百蛮之土俗，区分指画，备究源流。自吐
　蕃陷陇右积年，国家守于内地，旧时镇戍，不可复知。
　耽乃画《陇右山南图》，兼黄河经界远近，聚其说，为
　书十卷，表献曰：陇右一隅，久沦蕃寇，职方失其图
　记，境土难以区分。辄扣课虚微，采掇舆议，画关中、
　陇右及山南九州等图一轴。……诸州诸军，须论里数人
　额，诸山诸水，须言首尾源流，图上不可备书，凭据必
　资记注，谨撰《别录》六卷。又黄河为四渎之宗，西戎
　乃群羌之帅，臣并研寻史牒，剪弃浮词，罄所闻知，编
　为四卷，通录都成十卷。……贞元十七年，又撰成《海
　内华夷图》及《古今郡国县道四夷述》四十卷，表献之
　曰：兴元元年，伏奉进止，令臣修撰国图，间以众务，
　不遂专门。近乃力竭衰病，思殚所闻见，聚于丹青，谨
　令工人画《海内华夷图》一轴，广三丈，从三丈三尺，
　率以一寸折成百里。别章甫左衽，莫高山大川，缩四极
　于纤缟，分百郡于作绘。……并撰《古今郡国县道四夷

述》四十卷，中国以《禹贡》为首，外夷以《班史》发
源，凡诸疏舛，悉从厘正。其古郡国题以墨，今州县题
以朱，今古殊文，执习简易。"

后世图书，分别朱墨，所由昉也。耽之图世犹传其模本，而书亦
不传。今所存唐人地理书，惟李吉甫《元和郡县图志》，为后世
地志之祖。

《元和郡县图志序》（李吉甫）："前上元和国计簿，
审户口之丰耗；续撰《元和郡县图志》，辨州域之疆理。
起京兆府，尽陇右道，凡四十七镇，成四十卷。每镇皆
图在篇首，冠于序事之前，并目录两卷，总四十二卷。"

其书详载四至八到，及开元、元和户数、乡数之比较，不独资当
时之实用，且可供后世之考证焉。

唐人尚文学，学者必精熟《文选》。

《困学纪闻》（王应麟）："李善精于《文选》，为注
解。因以讲授，谓之'《文选》学'。少陵有诗云'续
儿诵《文选》'，又训其子'熟精《文选》理'，盖选学
自成一家。"

然唐人能变选文之文，而自开风气，由模仿而创造，备极文章之
能事。故论文与诗，莫盛于唐。虽其风气迭变，作者代出，未可
以一概论。

《新唐书·文艺传》云："唐有天下三百年，文章

无虑三变。高祖、太宗大难始夷，沿江左余风，缔句绘章，揣合低卬，故王、杨为之伯。玄宗好经术，群臣稍厌雕琢，索理致，崇雅黜浮，气益雄浑，则燕、许擅其宗。是时，唐兴已百年，诸儒争自名家。大历、贞元间，美才辈出，擩嚌道真，涵泳圣涯，于是韩愈倡之，柳宗元、李翱、皇甫湜等和之，排逐百家，法度森严，抵轹魏、晋，上轧汉、周，唐之文完然为一王法，此其极也。若侍从酬奉，则李峤、宋之问、沈佺期、王维，制册则常衮、杨炎、陆贽、权德舆、王仲舒、李德裕，言诗则杜甫、李白、元稹、白居易、刘禹锡，谲怪则李贺、杜牧、李商隐，皆卓然以所长为一世冠，其可尚已。"

要以杜甫、李白之诗，韩愈、柳宗元之文，极雄奇深秀之致，前无古人，后无来者，足为有唐一代之特色。至其体制，由排偶而单行，由浮华而质朴。而律诗、绝诗诸体，又以谐协声律擅长，虽齐、梁人之讲声律者，尚不之逮，则进化之表见于文艺者也。

隋唐之世，书法亦益进化，世称隋碑为古今书学大关键。

《语石》（叶昌炽）："隋碑上承六代，下启三唐，由小篆八分，趋于隶楷。至是而巧力兼至、神明变化，而不离于规矩，诚古今书学大关键也。"

唐初书家，欧、虞皆尝仕隋，则隋、唐之书法，亦难画分界域也。按隋始置书学博士，唐代因之。

《唐六典》："隋置书学博士一人，从九品下，皇朝加置二人。"

以书为教，故善书者特多。不但著名之书家，卓然各成家法，即寻常流传文字，亦皆雅健深厚。近世发见敦煌石室之经卷，多唐人书，虽其不经意之作，今人亦鲜能及焉。唐太宗好书法，躬撰《晋书·王羲之传论》，自谓"心慕手追"，

> 《晋书·王羲之传》："制曰：详察古今，研精篆素，尽善尽美，其惟王逸少乎！观其点曳之工，裁成之妙，烟霏露结，状若断而还连；凤翥龙蟠，势如斜而反直。玩之不觉为倦，览之莫识其端，心慕手追，此人而已。其余区区之类，何足论哉！"

临终至以《兰亭序》殉葬。

> 《法书要录》："贞观二十三年，圣躬不豫。临崩，谓高宗曰：'吾欲从汝求一物。'高宗流涕听受制命。太宗曰：'吾所欲碑《兰亭》，可与我将去。'后随仙驾入玄宫矣。"

《唐书》以二王等书载之小学类，

> 《新唐书·艺文志》："二王、张芝、张昶等书一千五百一十卷。"（太宗出御府金帛，购天下古本，命魏徵、虞世南、褚遂良定真伪。凡得羲之真行二百九十纸，为八十卷。又得献之、张芝等书，以"贞观"字为印。草迹命遂良楷书小字以影之。其古本多梁、隋官

书。梁则满骞、徐僧权、沈炽文、朱异；隋则江总、姚
察署记。帝令魏、褚卷尾各署名。开元五年，敕陆玄
悌、魏哲、刘怀信检校，分益卷轶。玄宗自书"开元"
字为印。）

故知唐人之工书，不第由学校教授。且经贞观、开元之提倡，视
其他艺术为独尊也。古碑无行书，至唐始有之。

　　《语石》（叶昌炽）："隋以前碑无行书。以行书写
　　碑，自唐太宗《晋祠铭》始。开元以后，李北海、苏灵
　　芝皆以此体擅长。"

草书亦至唐而盛，张旭、怀素并称草圣，颜真卿传旭笔法。

　　《新唐书·张旭传》："后人论书，欧、虞、褚、陆
　　皆有异论，至旭无非短者。传其法惟崔邈、颜真卿云。"

真书行草，集篆籀分隶之大成。

　　《宣和书谱》："论者谓颜真卿书点如坠石，画如夏
　　雨，钩如屈金，戈如发弩。篆籀分隶而下，同为一律，
　　号为大雅，岂不宜哉！"

自宋及清，学书者无不师颜，亦可证张旭之所诣矣。
　　与书学并进者，又有绘事。隋置宝迹台以藏画，与妙楷台之
藏书并重。

《隋书·经籍志》："炀帝聚魏以来古迹名画，于观文殿后起二台。东曰妙楷台，藏古迹；西曰宝迹台，藏古画。"

至唐而集贤殿书院有画直。

《唐六典》："画直八人。"

画直之画，且志之于史籍。

《新唐书·艺文志》："杨昇画《望贤宫图》、《安禄山真》；张萱画《伎女图》、《乳母将婴儿图》、《按羯鼓图》、《秋千图》，并开元馆画直。"

是皆可为隋、唐注重绘事之证。前代绘画多重人物，如晋之顾恺之、梁之张僧繇等，皆以画人物擅名。宋之宗炳，始画山水于壁，以供卧游。

《名画录》："宋宗炳，字少文，善书画，好山水。西涉荆巫，南登衡岳，因结宇衡山，以疾还江陵，叹曰：'老疾俱至，名山恐难遍游，当澄怀观道，卧以游之。'凡所游历，皆画于壁，坐卧向之。"

至唐而王维、李思训、吴道子等，始画山水著名。

《唐画断》："王右丞维，画山水松石，风标特出。今京都千福寺西塔院有掩障，一画枫戊，一画辋川，山谷郁盘，云水飞动，意出尘外，怪生笔端。""又曰：山水松石，妙上上品。""开元中，诸卫将军李思训，子昭道为中合，俱得山水之妙。时人云大李将军、小李将军是也。思训格品高奇，山川妙绝，鸟兽草木，皆极其能。中舍之图，山水鸟兽甚多，繁巧智思，笔力不及也。天宝中，玄宗召思训画大同殿壁兼掩障。异日因奏断诏云：'卿所画掩障，夜闻水声，通神之佳手，国朝山水第一。'思训神品，昭道妙上品。""吴道玄字道子，年未弱冠，穷丹青之妙。玄宗天宝中，忽思蜀中嘉陵江山水，遂假吴生驿递，令往写貌。及回日，帝问其状，奏云：'臣无粉本，并记在心。'遣于大同殿图之，嘉陵江三百里山水一日而毕。时有李将军山水擅名，亦画大同殿壁，数月方毕。玄宗云：'李思训数月之功，吴道玄一日之迹，皆极其妙也。'"

然亦兼工人物，不专画山水。

《唐画断》："吴道子画人物、佛像、鬼神、禽兽、山水、台殿、草木，皆神妙也，国朝第一。"

若阎立本、韩幹等，尤专以人物著。《唐志》所载，皆人物图也。

《新唐书·艺文志》："阎立本画《秦府十八学士图》、《凌烟阁功臣二十四人图》。""韩幹画《龙朔功臣图》、《姚宋及安禄山图》、《相马图》、《玄宗试马图》、《宁王调马打球图》。"

近年敦煌石室发见唐画，皆极工细之人物。

> 《石室秘宝》载唐画五：一画壁《弥陀法会图》、
> 一藻井画《佛堂内诸佛图》、一画壁《千佛岩图》、一
> 画壁《明王像》、一画壁《太子求佛舍利图》。

故知唐画专以工细象形为主，非若后世之写意画，潦草简率，谓
得神似矣。

唐人学艺之精者，自诗文、书画外，复有二事：曰音乐、曰
医药。观其制度，盖皆以为专门之学，广置师弟以教之。教乐则
有太乐署，

> 《唐六典》："太乐令掌教乐人，调合钟律，以供邦
> 国之祭祀飨燕，丞为之贰。""凡习乐立师以教，每岁考
> 其师之课业，为上、中、下三等，申礼部。十年大校
> 之，若未成，则又五年而校之，量其优劣而黜陟焉。若
> 职事之为师者，则进退其考，习业者亦为之限，既成得
> 进为师。凡乐人及音声人应教习，皆著簿籍，核其名
> 数，而分番上下，皆教习检察以供其事。"

教医则有太医署。

> 《唐六典》："太医令掌诸医疗之法，丞为之贰。其
> 属有四：曰医师、针师、按摩师、咒禁师，皆有博士以
> 教之。其考试登用，如国子监之法。""医博士掌以医术
> 教授诸生，习《本草》、《甲乙脉经》。分而为业：一曰
> 体疗，二曰疮肿，三曰少小，四曰耳、目、口、齿，五

日角法。”"针博士掌教针生，以经脉孔穴，使识浮沉涩
滑之候。又以九针为补泻之法，凡针疾，先察五脏有余
不足而补泻之。凡针生习业者教之，如医生之法。”"按
摩博士掌教按摩生，以消息导引之法，以除人八疾：一
日风，二日寒，三日暑，四日湿，五日饥，六日绝，七
日劳，八日逸。凡人支节府藏积而疾生，导而宣之，使
内疾不留，外邪不入，若损伤折跌者，以法正之。”"咒
禁博士掌教咒禁生，以咒禁拔除邪魅之为厉者。”（其京
兆府各大都督府各州，皆有医学博士及助教学生等。诸
州每年任土所药物可用者，随时收采以给人之疾患。）

故唐之精于音乐者特多，上自帝王卿相，下至优伶工人。虽其所
工与古之雅乐并趣，而言梨园者必始于唐。

　　《旧唐书·音乐志》："玄宗于听政之暇，教太常乐
工子弟三百人为丝竹之戏。音响齐发，有一声误，玄宗
必觉而正之，号为皇帝弟子。”"梨园子弟以置院近于禁
苑之梨园，太常又有别教院教供奉新曲。太常每凌晨鼓
笛乱发于太乐别署，教院廪食常千人。”

至医药专家，则有甄权、孙思邈等。

　　《旧唐书·方伎传》："甄权撰《脉经针方》、《明堂
人形图》各一卷。”"孙思邈撰《千金方》三十卷。”

世虽属之方伎，然与袁天纲观相，李虚中之推命，固有学术之
殊焉。

第十章　工商进步之特征

唐代工商进步之特征有四：其一曰飞钱。飞钱者，纸币及汇兑之滥觞也。欲知其制之发生，当先知唐以前货币行使之沿革。秦、汉币制，黄金与铜钱并用。汉武、新莽广为货币，率未尽行。东汉以降，各地自为风气，不尽用钱。王莽乱后，货币杂用布帛金粟。至建武十六年，始行五铢钱。三国时，吴、蜀均用钱，而魏文帝罢五铢钱，使百姓以谷帛为市。晋太始中，河西荒废不用钱，裂匹以为货。安帝元兴中，桓玄辅政，议欲废钱，用谷帛，朝议以为不可，乃止。宋、齐两代，皆尝铸钱。梁初惟京师及三吴、荆、郢、江、襄、梁、益用钱，其余州郡则杂以谷帛交易。交广之域，则全以金银为货。后魏孝文帝时，始诏天下用钱，而河北诸州犹以他物交易，钱略不入市。盖执政者率不知钱币之原理，随时补苴而已。隋、唐之时，天下统一，悉行当时官铸之钱。而人口日增，商业日盛，行铸之钱，往往不周于用。唐开元中，屡敕禁民用钱。

《唐会要》（王溥）："开元十三年，敕绫罗、绢布、杂货等皆令通用。如闻市肆，必须见钱，深非通理。自今后与钱货并用，违者准法罪之。""开元廿二年，敕货物兼通，将以利用。自今以后，所有庄宅交易，并先用绢布、绫罗、丝绵等，其余市价至一千以上，亦令钱物兼用，违者科罪。"

德宗、宪宗时，迭申钱禁，而飞钱之制以兴。

《新唐书·食货志》："贞元初，骆谷、散关禁行人
以一钱出者。""民间钱益少，缯帛价轻，州县禁钱不出
境，商贾皆绝。浙西观察使李若初请通钱往来。而京师
商贾，赍钱四方贸易者，不可胜计，诏复禁之。二十年，
命市井交易以绫罗、绢布、杂货与钱兼用。""宪宗以钱
少，复禁用铜器。时商贾至京师，委钱诸道进奏院及诸
军、诸使富家，以轻装趋四方，合券乃取之，号飞钱。
京兆尹裴武请禁与商贾飞钱者，廋索诸坊，十人为保。"

嗣因商民之利，遂准其于官府飞钱。

《新唐书·食货志》："自京师禁飞钱，家有滞藏，
物价寝轻。判度支卢坦、兵部尚书判户部事王绍、盐铁
使王播，请许商人于户部、度支、盐铁三司飞钱，每
千钱增给百钱。然商人无至者，复许与商人敌贯而易
之，然钱重帛轻如故。宪宗为之出内库钱五十万缗市布
帛……而富家钱过五千贯者死，王公重贬，没入于官，
以五之一赏告者。"

盖钱币专重流通，流通则其数虽少而若多，不通则虽多而若少。
然苟明于汇兑之理，则一纸即可代钱，视挟赍以远行为便。当时
政府不知研究钱币与商业之关系，创立新法，而商贾独能发明此
理，则唐时商贾之智，高于政府中人多矣。

其二曰瓷器。唐、虞之时，即有陶器。不过今之盆、盎之类，无细瓷也。日用饮食之物，大都用竹木，后又进而用铜。至唐禁铜器，而陶器之业以盛。

《新唐书·食货志》："开元十一年，诏所在禁卖铜锡及造铜器者。""文宗病币轻钱重，诏方镇纵钱谷交易。时虽禁铜为器，而江淮岭南列肆鬻之，铸千钱为器，售利数倍，宰相李珏请加炉铸钱。于是禁铜器，官一切为市之。"

瓷之兴，盖自晋至北魏而渐多。

《景德镇陶录》："东瓯陶。瓯，越也。昔属闽地，今为浙江温州府。自晋已陶，其瓷青，当时著尚。杜育《荈赋》所谓'器泽陶简，出自东瓯'者也。""关中窑。元魏时所烧。出关中，即今西安府咸阳等处，陶以供御。""洛京陶。亦元魏烧造，即今河南洛阳县也。初都云中，后迁都此，故亦曰洛京所陶，皆供御物。"

其见于史策者，则自隋之何稠始。

《隋书·何稠传》："稠性极巧，有智思，览博古图，多识旧物。时中国久绝琉璃之作，匠人无敢厝意。稠以绿瓷为之，与真不异。"

唐时制瓷之地，如河南邢州、豫章等处，既见于史志，

《新唐书·地理志》："河南府贡埏埴盎缶。""邢州
贡瓷器。"《唐六典》："河南府贡瓷器。""邢州贡瓷器。"
《新唐书·韦坚传》："豫章瓷饮器、茗铛、釜。"

而寿州、洪州、越州、鼎州、婺州、岳州、邛州，均产名陶，

《景德镇陶录》："寿窑、洪州窑、越窑、鼎窑、婺
窑、岳窑、蜀窑，均唐代所烧造。"

其品第见于陆羽《茶经》。

《茶经》："碗，越州为上。其瓷类玉类冰，青而益
茶，茶色绿，邢瓷不如也。鼎州瓷碗次于越器，婺器次
于鼎，岳器次于婺，寿瓷色黄最下。洪州瓷褐，令茶色
黑，品更次寿州。"

其昌南镇之瓷，则今之景德镇瓷器之祖也。

《景德镇陶录》："陶窑，唐初器也。土惟白壤，体
稍薄，色素润。镇钟秀里人陶氏所烧造。邑志云：唐武
德中，镇民陶玉者，载瓷入关中，称为假玉器，且贡于
朝，于是昌南镇瓷名天下。"

综历代之用器观之，竹笾、木豆、瓦簋、铜錾，渐变而为瓷碗、
瓷盂，而精美轻细，不止于适用而已。此非化学工艺之进步乎？
迄今世界各国，犹推吾国之瓷为首。故自隋、唐迄今，直可谓之
瓷器时代。

其三曰茶盐。茶之兴，后于盐。而言唐之征商者，多以茶、盐并举，是二者皆唐之大商业也。古无茶字，故《孟子》称冬日则饮汤，夏日则饮水，未尝言饮茶也。茶、茗之称，始于三国。

> 《吴志·孙皓传》："韦曜素饮酒，不过三升，初见礼异时，常易裁减，或密赐茶茗以当酒。"

至晋而饮者犹少，

> 《世说新语》："王濛好饮茶，人至辄饮之。士大夫每往，必云今日有水厄。"

《新唐书·陆羽传》称其时尚茶成风，且以之与外国市易。

> 《新唐书·陆羽传》："羽嗜茶，著《茶经》三篇，言茶之原，茶之法，茶之具尤备。天下益知饮茶矣。时鬻茶者，至陶羽形置炀突间，祀为茶神。其后尚茶成风，回纥入朝，始驱马市茶。"

知饮茶之风，至唐始盛，而茶可为商品，则产之多可知矣。白居易《琵琶行》称茶商重利，而《唐书》载其时茶税特重。

> 《新唐书·食货志》："初，德宗纳户部侍郎赵赞议，税天下茶、漆、竹、木，十取一，以为常平本钱。及出奉天，乃悼悔，下诏罢之。""贞元八年，以水灾减税。明年，诸道盐铁使张滂奏：出茶州县若山，及商人要路，以三等定估，十税其一。自是岁得钱四十万

缙。""穆宗即位，盐铁使王播图宠以自幸，乃增天下茶税，率百钱增五十。江、淮、浙东西、岭南、福建、荆襄茶，播自领之，两川以户部领之。天下茶加斤至二十两，播又奏加取焉。其后王涯判二使，置榷茶使，徙民茶树于官场，焚其旧积者，天下大怨。""武宗即位，盐铁转运使崔珙，又增江淮茶税。是时茶商所过州县有重税，或掠夺舟车，露积雨中，诸道置邸以收税，谓之'拓地钱'，故私贩益起。大中初，盐铁转运使裴休著条约：私鬻三犯皆三百斤，乃论死；长行群旅，茶虽少皆死；雇载三犯至五百斤，居舍侩保四犯至千斤者，皆死；园户私鬻百斤以上，杖背，三犯，加重徭；伐园失业者，刺史、县令以纵私盐论。庐、寿、淮南皆加半税，私商给自首之帖，天下税茶增倍贞元。江淮茶为大摸，一斤至五十两。诸道盐铁使于惊每斤增税钱五，谓之'剩茶钱'，自是斤两复旧。"

官税愈严，私贩愈伙，知茶为利溥矣。今日国货之销于域外者，尚以茶为大宗。溯其权舆，固当详稽唐之茶法也。

吾国自唐、虞以来，久知食盐之利。其后太公、管子及汉之刘濞、孔仅等，多以盐为富国之本。

《史记·齐太公世家》："太公至国……通商工之业，便鱼盐之利，而人民多归齐，齐为大国。"

《管子·海王篇》："海王之国，谨正盐策。十口之家，十人食盐，百口之家，百人食盐。终月大男食盐五升少半，大女食盐三升少半，吾子食盐二升少半，此其大历也。盐百升而釜，令盐之重升加分强。釜五十

也，升加一强；釜百也，升加二强；釜二百也，钟
二千。十钟二万，百钟二十万，千钟二百万，万乘之国，
人数开口千万也。禺策之商，日二百万，十日二千万，一
月六千万，万乘之国，正九百万也。月人三十钱之籍，
为钱三千万，今吾非籍之诸君吾子，遂有二国之籍者
六千万。"

《汉书·吴王濞传》："吴有豫章郡铜山，即招致天
下亡命盗铸钱，东煮海水为盐，以故无赋，国用饶足。"
《汉书·食货志》："东郭咸阳、孔仅为大农丞，领盐铁
事。……元狩五年，仅、咸阳言：'山海、天地之藏，
宜属少府，陛下弗私，以属大农佐赋。愿募民自给费，
因官器作鬻盐，官与牢盆。浮食奇民，欲擅斡山海之
货，以致富羡，役利细民。其阻事之议，不可胜听。敢
私铸铁器鬻盐者，钛左趾，没入其器物。'使仅、咸阳
乘传举行天下盐铁，作官府，除故盐铁家富者为吏，吏
益多贾人矣。"

而言盐法者，多推刘晏。

《新唐书·食货志》云："乾元元年，盐铁铸钱使
第五琦初变盐法，就山海井灶近利之地置监院，游民
业盐者为亭户，免杂徭。盗鬻者论以法。及琦为诸州
榷盐铁使，尽榷天下盐，斗加时价百钱而出之，为钱
一百一十。自兵起，流庸未复，税赋不足供费，盐铁使
刘晏以为因民所急而税之，则国足用。于是上盐法轻重
之宜，以盐吏多则州县扰，出盐乡因旧监置吏，亭户粜
商人，纵其所之。江、岭去盐远者，有常平盐，每商人

不至，则减价以粜民，官收厚利，而人不知贵。"

盖管子、孔仅及第五琦等，皆用官专卖法。而晏则用就场征税之法，视盐与其他商货相等。粜之商人，听其所之，故盐商之业甚盛。天下之赋，盐利居半。

> 《新唐书·食货志》："晏之始至也，盐利岁才四十万缗。至大历末，六百余万缗。天下之赋，盐利居半。宫闱服御、军饷、百官禄俸皆仰给焉。"

而淮、浙之盐利，迄今远过于齐、鲁、晋、蜀者，亦自晏开之焉。

> 《新唐书·食货志》："（晏）随时为令，遣吏晓导，倍于劝农。吴、越、扬、楚盐廪至数千，积盐二万余石。有涟水、湖州、越州、杭州四场，嘉兴、海陵、盐城、新亭、临平、兰亭、永嘉、大昌、侯官、富都十监，岁得钱百余万缗，以当百余州之赋。"

其四曰互市。自汉以降，久与外国通商。

> 《汉书·地理志》："自日南障塞，徐闻、合浦船行可五月，有都元国；又船行可四月，有邑卢没国；又船行可二十余日，有谌离国；步行可十余日，有夫甘都卢国。自夫甘都卢国船行可二月余，有黄支国，民俗略与珠崖相类。其州广大，户口多，多异物。自武帝以来，皆献见。有译长，属黄门，与应募者俱入海，市明珠、

璧流离，奇石异物，赍黄金、杂缯而往。所至国皆禀食为耦，蛮夷贾船转送致之。"

　　《后汉书·西域传》："大秦王常欲通使于汉，而安息欲以汉缯彩与之交市，故遮阂不得自达。至桓帝延熹九年，大秦王安敦遣使自日南徼外献象牙、犀角、玳瑁，始乃一通焉。"

　　《梁书·诸夷传》："孙权黄武五年，有大秦贾人字秦伦，来到交趾。太守吴邈遣使送诣权……权差吏会稽刘咸送伦，咸于道物故，伦乃迳返本国。"

交、广诸州最称富饶者，以有互市之利也。然其商市率掌于地方官吏，未有专官司其事者，至隋始有互市专官。

　　《唐六典》："汉、魏以降，缘边郡国，皆有互市，与诸蕃交易。致其物产也，并郡县主之，而不别置官吏，至隋诸缘边州置交市监。"

《隋书·职官志》称四夷使者各一，掌其方国及互市事。其属有监置、互市监、参军事等。监置掌安置其驼马车船，并纠察非违；互市监掌互市；参军事掌出入交易。唐亦设互市监，掌诸蕃交易。

　　《唐六典》："诸互市监各掌诸蕃交易之事，丞为之贰。凡互市所得马、驼、驴、牛等，各别其色，具齿岁、肤第以言于所隶州府。"

而广州复有市舶使，

　　《国史补》（李肇）："南海舶外国船也，每岁至安南、广州。师子国舶最大，梯上下数丈，皆积宝货。至则本道奏报，郡邑为之喧阗。有蕃长为主，领市舶使籍其各物，纳舶价，禁珍异。"

　　《文献通考》："唐有市舶使，以右威卫中郎将周泽为之。""唐代宗广德元年，有广州市舶使吕太一。"

知岭南商业尤盛于诸边矣。西历九世纪，阿剌伯人伊宾戈尔他特宾（Ibn Khordabeh）著一书，曰《道程及郡国志》，中述唐代商港凡四。

　　《伊宾戈尔他特宾所述中国贸易港考》（桑原骘藏）："唐时中国与大食之间，海上之交通，极其繁盛。当时模哈麦特教徒之来航于中国之贸易港者尤多。西历九世纪之半顷，阿剌伯地理学者伊宾戈尔他特宾尝记之于《道程及郡国志》。此书之著作年代，颇多异说。英国学者认为西历八百六十四年顷之作，德国学者认为西历八百四十六年之作，法人认为西历八百四十四年乃至四十八年之作，要之必在西历九世纪之半顷也。……其书之关于中国之贸易港者，略曰：中国之最初贸易港曰龙编，有中国上等之铁器、瓷器及米谷等。次则广府，距龙编海程约四日，陆行约二十日。此地所产果实及野菜、小麦、大麦、米及甘蔗等甚夥。自广府行八日而达胶府。其地之物产，亦同于广府。自胶府行六日至扬州，其产物亦与前两地相同。此等中国之贸易港，外人皆得航行，其城市皆临大河之口，而河水通流，亦不受潮水涨落之影响。

河中多鹅、鸭及其他之鸟类云。"

今人所拟定者，曰广州，曰扬州。于广州，则知其地有犹太、波斯人等十余万。

> 《中国历史研究法》（梁启超）："九世纪时，阿剌伯人所著《中国见闻录》中一节云，有广府 Confu 者，为商舶荟萃地。纪元二百六十四年，叛贼黄巢 Punzo 陷广府，杀回、耶教徒及犹太、波斯人等十二万。其后有五朝争立之乱，贸易中绝。"

于扬州，则以文宗德音证之。知南海蕃舶，可直达扬州也。

> 《全唐文》卷七十五"文宗大和八年疾愈德音"："南海蕃舶，本以慕化而来，固在接以恩仁，使其感悦。其岭南、福建及扬州蕃客，宜委节度观察使常加存问。除舶脚收市进奉外，任其往来通流，自为交易，不得重加率税。"

然《唐书》称边境走集最要者七：

> 《新唐书·地理志》："入四夷之路与关戍走集最要者七：一曰营州，入安东道。二曰登州，海行入高丽、渤海。三曰夏州，塞外通大同、云中道。四曰中受降城，入回鹘道。五曰安西，入西域道。六曰安南，通天竺道。七曰广州，通海夷道。"

则中外之商业，亦不仅广东番舶一途。唐之京师，贾胡荟萃。

> 《通鉴》："大历十四年，诏回纥诸胡在京师者，各
> 服其服，无得效华人。先是回纥留京师者常千人，商
> 胡伪服而杂居者又倍之。县官日给饔饩，殖产赀，开
> 第舍，市肆美利皆归之。日纵贪横，吏不敢问。或衣华
> 服，夸取妻妾，故禁之。"

怀柔远人，至给饔饩，使殖赀产，不徒官吏存问仅收市脚而已。盖当时之政见，以天朝上国自居，不屑与外夷较利害。故待之极宽大，不似今之讲国际商业者，以国家为商贾之行为，而外商遂辐辏于吾国之通都大市，迄今犹称中国人曰唐人，知唐人所以来远人者，感之深矣。

第十一章　唐宋间社会之变迁

自唐迄宋，变迁孔多。其大者则藩镇之祸，诸族之兴，皆于政治文教有种种之变化；其细者则女子之缠足，贵族之高坐，亦可以见体质风俗之不同。而雕板印刷之术之勃兴，尤于文化有大关系。故自唐室中晚以降，为吾国中世纪变化最大之时期。前此犹多古风，后则别成一种社会。综而观之，无往不见其蜕化之迹焉。

唐之藩镇之祸，自安、史始。

《新唐书·藩镇传》："安、史乱天下，至肃宗大难略平，君臣皆幸安。故瓜分河北地，付授叛将，护养孽萌，以成祸根。乱人乘之，遂擅署吏，以赋税自私，不献于朝廷。效战国，肱髀相依，以土地传子孙，胁百姓，加锯其颈，利怵逆污，遂使其人自视犹羌狄然。一寇死，一贼生，讫唐亡百余年，卒不为王土。"

论者谓由于节度使之制不善。

《廿二史劄记》（赵翼）："唐之官制，莫不善于节度使。其始察刺史善恶者有都督，后以其权重，改置十道按察使。开元中，或加采访、观察、处置、黜陟等号，此文官之统州郡者也。其武臣掌兵，有事出征，则设大总管；无事时，镇守边要者，曰大都督。自高宗永徽以后，都督带使持节者，谓之节度使，然犹未以名官。景云二年，以贺拔延嗣为凉州都督河西节度使，节度使之官由此始。然犹第统兵，而州郡自有按察等使，司其殿最。至开元中，朔方、陇右、河东、河西诸镇皆置节度使，每以数州为一镇，节度使即统此数州，州刺史尽为其所属，故节度使多有兼按察使、安抚使、支度使者。既有其土地，又有其人民，又有其甲兵，又有其财赋，于是方镇之势日强。安禄山以节度使起兵，几覆天下。及安、史既平，武夫战将以功起行阵为侯王者，皆除节度使。大者连州十数，小者犹兼三四，所属文武官悉自置署，未尝请命于朝，力大势威，遂成尾大不掉之势。或父死，子握其兵，而不肯代，或取舍由于士卒，往往自择将吏，号为留后，以邀命于朝。天子力不能制，则含羞忍耻，因而抚之。姑息愈盛，方镇愈骄。其始为朝廷患者，只河朔三镇。其后淄青、淮蔡无不据地倔强，甚至同华逼近京邑，而周智光以之反，泽潞亦连畿甸，而卢从史、刘稹等以之叛。迨至末年，天下尽分裂于方镇，而朱全忠遂以梁兵移唐祚矣。推原祸始，皆由于节度使掌兵民之权故也。"

然立国之道，初非一端。或困于法，或劫于势，或歉于德，或缘于才，其为因果，盖也多矣。大抵秦、汉以来，辖地太广，民治既湮，惟恃中央一政府，其力实有所不及。故非君主有枭雄过人之才，其所属之地，必易于分裂。无论唐法之蔽，酿成五代之乱。

《廿二史劄记》："五代诸镇节度使，未有不用勋臣武将者，遍检薛、欧二史，文臣为节度使者，惟冯道暂镇同州，桑维翰暂镇相州及泰宁而已。兜鍪积功，恃勋骄恣，酷刑暴敛，荼毒生民，固已比比皆是。乃至不隶藩镇之州郡，自朝廷除刺史者，亦多以武人为之。欧史《郭延鲁传》谓刺史皆以军功拜，论者谓天下多事民力困敝之时，不宜以刺史任武夫，恃功纵下，为害不细。薛史《安重荣传》亦云自梁、唐以来，郡牧多以勋授，不明治道，例为左右群小所惑，卖官鬻狱，割剥蒸民。诚有慨乎其言之也。"

即宋之改制，亦仅能救一时之弊，而于经营全国之法，初未能尽善。

《宋史纪事本末》（陈邦瞻）："乾德元年春正月，初以文臣知州事。五代诸侯强盛，朝廷不能制，每移镇受代，先命近臣谕旨，且发兵备之，尚有不奉诏者。帝即位初，异姓王及带相印者不下数十人。至是用赵普谋，渐削其权。或因其卒，或因迁徙致仕，或以遥领他职，皆以文臣代之。""夏四月，诏设通判于诸州，凡军民之政皆统治之，事得专达，与长吏均礼，大州或置二员。又令节镇所领支郡，皆直隶京师，得自奏事，不属诸藩，于是节度使之权始轻。""三年三月初，置诸路转运使。自唐天宝以来，藩镇屯重兵，租税所入，皆以自赡，名曰留使、留州，其上供者甚少。五代藩镇益强，率领部曲，主场务，厚敛以入己，而输贡有数。帝素知其弊。赵普乞命诸州度支经费外，凡金帛悉送汴都，无得占留。每藩镇帅缺，即令文臣权知所在场务。凡一路之财，置转运使掌之，虽节度、防御、团练、观察诸使及刺史，皆不预签书金谷之籍，于是财利尽归于上矣。""八月，选诸道兵入补禁卫。先是帝诏殿前、侍卫二司各阅所掌兵，拣其骁勇者升为上军。至是命诸州长吏择本道兵骁勇者送都下，以补禁旅之阙。又选强壮卒，定为兵样，分送诸道，召募教习，俟其精练，即送阙下。复立更戍法，分遣禁旅，戍守边城，使往来道路，以习勤苦，均劳佚。自是将不得专其兵，而士卒不至于骄惰，皆赵普之谋也。"

故对内则财权、兵权悉操自上，而对外则力多不竞。辽、夏迭兴，无以制之。其中因果得失，盖难言矣。

唐室中叶，汉族势力日衰，沙陀、契丹、党项诸族并兴。

　　《中国民族志》（刘师培）："沙陀为突阙别种，居天山东北，服属吐蕃。后东徙代边，款关内附，为唐平乱，立功中原。据汾、晋之疆，拥甲兵以自固，而沙陀势力日盛。""契丹处潢河附近，残食邻封，其属土包满洲、蒙古。唐末率众南侵，营、平之州既沦，榆关之险遂失，而契丹势力日盛。""党项处西川边徼，服属唐廷。以苦吐蕃之侵，徙届灵、夏，部族渐蕃。其酋长拓跋思恭助唐讨乱，据夏、银、绥、宥、静五州，称靖难节度使，而党项势力日盛。"

五代之君，既多西戎族种。

《新五代史·唐本纪》："其先本号朱邪，盖出于西突厥。""明宗本夷狄，无姓氏。太祖养以为子，赐名嗣源。"《晋本纪》："高祖父臬捩鸡本出于西夷，自朱邪归唐，从朱邪入居阴山……臬捩鸡生敬瑭，其姓石氏，不知其得姓之始。"《汉本纪》："高祖姓刘氏，名知远，其先沙陀部人也。"

契丹、女真之南侵，摧残中国之文化，尤甚于刘、石之乱华。

《通鉴》："开运二年，契丹连岁入寇。中国疲于奔命，边民涂地。""三年，契丹主大举入寇，至洛阳，赵延寿请给上国兵廪食，契丹主曰：'吾国无此法。'乃纵胡骑四出，以牧马为名，分番剽掠，谓之打草谷。丁壮毙于锋刃，老弱委于沟壑，自东西两畿及郑、滑、曹、濮数百里间，财畜殆尽。""契丹入汴，纵胡骑打草谷，又多以其子弟及亲信左右为节度使、刺史，不通政事。华人之狡狯者，多往依其麾下，教之妄作祸福，掊敛货财，民不堪命。""契丹主发大梁，晋文武诸司从者数千人，诸军吏卒又数千人，宫女宦官又数百人，尽载府库之宝以行，所留乐器、仪仗而已。"

《辽史·太宗纪》："大同元年三月壬寅，晋诸司僚吏、嫔御、宦寺、方伎、百工、图籍、历象、石经、铜人、明堂刻漏、太常乐谱、诸宫悬卤簿法物及铠仗，悉送上京。""所归顺凡七十六处，得户一百九万百一十八。"

《宋史·钦宗纪》："靖康二年夏四月庚申朔，金人以帝及皇后太子北归，凡法驾、卤簿，皇后以下车辂、卤簿、冠服、礼器、法物、大乐、教坊乐器、祭器、八宝、九鼎、圭璧、浑天仪、铜人、刻漏、古器、景灵宫供器、太清楼秘阁三馆书、天下州府图，及官吏、内人、内侍、技艺、工匠、娼优，府库畜积，为之一空。"

《南烬纪闻》（黄冀之）："靖康元年十一月二十五日，京城陷，北兵入城。十二月初五日，遣兵搬运书籍及国子监三省六部司式官制、天下户口图籍赋役及宗室玉牒。初九日，又运车辂、卤簿、太常乐器及钟鼓刻漏，因是朝廷仪注法物，取之无遗。"

而汉族之混乱迁流，亦为从前所未有。

《中国民族志》："辽金南下以来，其影响及汉族者有三：一曰汉族之北徙也。自契丹南征，朔方沦陷，汉民陷虏，实繁有徒。或归于虏廷，或见俘于异域，而契丹民族遂向华风。及金人南伐，汉民罹祸尤深，此实汉族迁徙之一大关键也。加以汉族不振，浸染夷风，祖国山川，弃之如遗。甚至偷息苟生，右虏下汉。影响及汉族者，此其一；二曰异族之杂处也。金皇统五年，创屯田军，凡女真、契丹之民，皆自本部徙中土，计户受田，与民杂处，号明安穆昆，凡数万人。驱游牧之蛮民，适中华之乐土，是直以中国为牧场矣。《金史》天会六年，禁民汉服，令民削发，汉族之礼俗，无一不变于夷矣。影响及汉族者，此其二。"

义儿养子，胡汉杂糅，

《五代史·义儿传》:"世道衰,人伦坏,而亲疏之理反其常。干戈起于骨肉,异类合为父子。开平、显德五十年间,天下五代而实八姓,其三出于丐养。……李嗣昭,本姓韩氏,汾州大谷县民家子也。太祖取之,命弟克柔养之为子。……嗣本,本姓张氏,雁门人也。世为铜冶镇将,嗣本少事太祖,太祖爱之,赐以姓名,养为子。……嗣恩,本姓骆,吐谷浑部人也。少事太祖,能骑射,赐姓名以为子。……存信,本姓张氏,其父君政,回鹘李思忠之部人也。存信少善骑射,能四夷语,通六蕃书,从太祖起代北,遂赐姓名以为子。……存进,振武人也。本姓孙,名重进。太祖攻破朔州,得之,赐以姓名,养为子。……存贤,许州人也。本姓王,名贤。少为军卒,太祖击黄巢于陈州得之,赐以姓名,养为子。"

巨室世家,没为奴隶。

《容斋三笔》(洪迈)云:"靖康之后,陷于金虏者,帝王子孙,宦门仕族之家,尽没为奴婢,使供作务。每人一月支稗子五斗,令自春为米。得一斗八升,用为糇粮。岁支麻五把,令绩为裘,此外更无一钱一帛之入。男子不能绩者,则终岁裸体,虏或哀之,则使执爨。虽时负火得暖气,然才出外取柴归,再坐火边,皮肉即脱落,不日辄死。惟喜有手艺,如医人、绣工之类,寻常只团坐地上,以败席或芦藉衬之,遇客至开筵,引能乐者使奏技。酒阑客散,各复其初,依旧环坐刺绣,任其生死,视如草芥。"

而昔之标举门第，崇尚族望之风，由兹而隳。南北文化，亦以迥殊焉。

> 《中国民族志》："江淮大河以北，古称膏腴之区，文物之国者，何今北省诸地，人才湮没，文化陵夷，等于未开化之壤耶？则以与蛮族同化之故也。"

自唐以降，汉族不振，固有各种原因，而妇女之缠足，亦其一也。按俞正燮《癸巳类稿》、赵翼《陔余丛考》，皆以弓足盛于五代及宋元之时。

> 《癸巳类稿·书旧唐书舆服志后》（俞正燮）："刘昫等作志，时言妇人贵贱履舄及靴，略本《开元礼序例》下及《唐六典》内官尚服注。皇后太子妃青袜舄，加金饰，开元初或著丈夫靴。""迨后妇人足弓，于南唐渐成风俗。""南唐裹足，亦仅闻宵娘，《道山新闻》言之最详。""弓足之事，宋以后则实有可征。《鹤林玉露》云：建炎四年，柔福帝姬至，以足大疑之。颦蹙曰：'金人驱迫跣行万里，岂复故态？'上为恻然。徐积《睢阳蔡张氏诗》云：'手自植松柏，身亦委尘泥。何暇裹两足，但知勤四支。'已以足大不裹为异。《老学庵笔记》云：宣和末，妇人鞋底尖以二色合成，名曰'错到底'。元时亦有之。张翥《多丽》词云'一尖生色合欢鞵'是也。""《辍耕录》云：'元丰以前，犹少裹足，宋末遂以大足为耻。'此南宋时事。而《岭外代答》云：'安南国妇人足加鞋袜，游于衢路，与吾人无异。'所谓'吾人'，今广西人，是宋时岭外皆不弓足。《辍耕

录》云'程鹏举宋末被掳，配一宦家女，以所穿鞋易程一履'，是其时宦家亦有不弓足者。至金、元之制，《枫窗小牍》云：汴京闺阁，宣和以后，花靴弓履，穷极金翠，今房中闺饰复尔。瘦金莲方、莹面丸、遍体香，皆自北传南者。是金循旧俗，而元时南人亦有不弓足者。《湛渊静语》云：'伊川先生后人居池阳，其族妇人不缠足。'盖言其族女子不肯随流俗缠足也。《野获编》则云：'明浙东丐户，男不许读书，女不许裹足。'是反以裹足为贵，今徽州宁国小户亦然，积习所以难反。"

《陔余丛考》（赵翼）："妇人弓足，不知起于何时。有谓起于五代者，《道山新闻》谓李后主令宫嫔窅娘以帛绕脚，令纤小作新月状，由是人皆效之。""杜牧诗：'钿尺裁量减四分，纤纤玉笋裹轻云。'周达观引之，以为唐人亦裹足之证。尺减四分，尚未纤小，第诗家已咏其长短，则是时俗尚，已渐以纤小为贵可知。至于五代，乃盛行扎脚耳。《湛渊静语》谓程伊川六代孙淮居池阳，妇人不裹足，不贯耳，至今守之。陶九成《辍耕录》谓扎脚五代以来方为之。熙宁、元丰之间，为之者犹少。此二说皆在宋、元之间，去五代犹未远，必有所见闻，固非臆说也。今俗裹足，已遍天下，而两广之民，惟省会效之。乡村则皆不裹，滇、黔、瑶、苗、僰、夷亦然。苏州城中女子以足小为贵，而城外乡妇皆赤足种田，尚不缠裹。盖各随其风土，不可以一律论也。"

女子缠足，则身体孱弱，所生子女，必不强壮。此正汉族不及他族之弱点，而后世反以此为中国特别之风俗，取其与他族妇女有别，或且严禁而不能实行，斯则事之至可怪者也。

　　《陔余丛考》："康熙三年，诏禁裹足。王大臣等议，元年以后，所生子女，不得裹足，违者枷责流徙，其家长及该管官皆有罪。康熙七年，礼部奏罢此禁。"

中国古人，皆席地而坐，其坐或与跪相近。

　　《陔余丛考》："朱子《跪坐拜说》谓古者跪与坐相类。汉文帝不觉膝之前于席，管宁坐不箕股，榻当膝处皆穿。诸所谓坐，皆跪也。盖以膝隐地，伸腰及股，危而不安者，跪也。以膝隐地，以尻着蹠而体便安者，坐也。今成都学所存文翁礼殿刻石诸像，皆膝地危坐，两蹠隐然，见于坐后帷裳之下，尤足证云。又《后汉书》：向栩坐板床，积久，板乃有膝踝足指之处。据此，则古人之坐与跪，皆是以膝着地，但分尻着蹠与不着蹠耳。其有偃蹇伸脚而坐者，则谓之箕踞。《汉书·陆贾传》：'尉佗箕踞。'颜师古注：'伸其两足如箕形。'佛家盘膝而坐，则谓之跌坐，皆非古人常坐之法也。"

虽战国时已有高坐者，然尚未为普通之俗。唐、宋以来，始有绳床、椅子、杌子、墩子诸物，是亦俗尚之大异于古者也。

　　《陔余丛考》云："古人席地而坐，其凭则有几。《诗》所谓'授几有缉御'也。寝则有床，《诗》所谓'载寝之床'也。应劭《风俗通》：'赵武灵王好胡服，作胡床。'此为后世高坐之始。然汉时犹皆席地，文帝听贾谊语，不觉膝之前于席。暴胜之登堂坐定，隽不疑据地以示尊敬是也。至东汉末，始斫木为坐具，其名仍谓之床，又谓之榻，如向栩、管宁所坐可见。又《三国·魏志·苏则传》'文帝据床拔刀'，《晋书》'桓伊据胡床，取笛作三弄'，《南史》纪僧真诣江敩登榻坐，敩令左右移吾床让客。狄当、周赳诣张敷，就席，敷亦令左右移床远客。此皆高坐之证。然侯景升殿踞胡床垂脚而坐，《梁书》特记之，以为殊俗骇观。则其时坐床榻，大概皆盘膝无垂脚者。至唐又改木榻，而穿以绳，名曰绳床。程大昌《演繁露》云'穆宗长庆二年十二月，见群臣于紫宸殿，御大绳床'是也，而尚无椅子之名。其名之曰椅子，则自宋初始。丁晋公《谈录》：'窦仪雕起花椅子二，以各右丞及太夫人同坐。'王铚《默记》：'李后主入宋后，徐铉住见，李卒取椅子相待。铉曰：但正衔一椅足矣。李主出具宾主礼，铉辞，引椅偏坐。'张端义《贵耳集》：'交椅即胡床也，向来只有栲栳样。秦太师偶仰背坠巾，吴渊乃制荷叶托首以媚之，遂号曰太师样。'此又近日太师椅子所由起也。然诸书椅子，犹或作倚字，近代乃改从椅，盖取桐椅字假借用之。至杌子、墩子之名，亦起于宋，见《宋史·丁谓传》及周益公《玉堂杂记》。"

古人行路多乘车，以马牛曳之。自晋以来，始有肩舆。

《晋书·王羲之传》："子敬乘平肩舆入顾氏园。"

《梁书·萧渊藻传》："在益州乘平肩舆，巡行贼垒。"

唐宋大臣年老或有疾者，始乘肩舆，余多乘马。

　　《唐书·崔祐甫传》："被病，诏肩舆至中书。"
　　《宋史·舆服志》："神宗优待宗室，老病不能骑者，听肩舆出入。"

宋室南渡，仕宦皆乘舆，无复骑马者。

　　《癸巳类稿》引丁特起《靖康纪闻》云："靖康元年十二月初五日，籍马与金人，自是士大夫出入，止跨驴乘轿，至有徒步者。都城之马，搜括无遗矣。靖康二年正月二十九日，送戚里权贵女子于金，搜求肩舆赁轿之家，悉取无遗。"
　　张端义《贵耳集》云："渡江以前，无今之篮。"
　　《却扫编》云："汴京皆乘马。建炎初，驻跸扬州，特诏百官悉用肩舆出入。"
　　《东南纪闻》云："思陵在扬州传旨百官，许乘肩舆。"
　　《朝野杂记》："故事百官乘马，建炎初，以维扬砖滑，诏特许乘轿。"
　　《演繁露》云："寓京乘轿自扬州始，其后不复乘马。"

居处行动，皆求安适，人之文弱，盖缘于此矣。

第十二章　雕板印书之盛兴

吾国书籍，代有进化。由竹木而帛楮，由传写而石刻，便民垂远，其法夥矣。降及隋、唐，著作益富，卷轴益多，读书者亦益众，于是雕板印书之法，即萌芽于是时焉。

《中国雕板源流考》（孙毓修）："《河汾燕闲录》（陆深）：隋文帝开皇十三年十二月日，敕废像遗经悉令雕造。""《敦煌石室书录》：大隋《永陀罗尼本经》上面，左有施主李和顺一行，右有王文沼雕板一行，宋太平兴国五年翻雕隋本。""柳玭《训序》：中和三年，在蜀阅书肆所鬻书，率雕本。""《国史志》：唐末益州始有墨板，多术数小学字书。""《猗觉寮杂记》（朱翌）：唐末益州始有墨板。"

然隋唐之时，雕板之法，仅属萌芽，尚未大行。故唐人之书，率皆写为卷轴，而印刷成册者流传甚希。雕板大兴，盖在五代，官书家刻，同时并作。

《旧五代史》："后唐明宗长兴三年，宰相冯道、李愚请令制国子监田敏校正《九经》，刻板印卖。"

《五代会要》（王溥）："长兴三年二月，中书门下奏请依石经文字刻《九经》印板，敕令国子监集博士生徒，收西京石经本，各以所业本经，广为钞写，仔细看读。然后雇召能雕字匠人，各部随帙刻印，广颁天下。如诸色人要写经书，并须依所印敕本，不得更使杂本交错。其年四月，敕差太子宾客马缟、太常丞陈观、太常博士段颙、路航、尚书屯田员外郎田敏，充详勘官，兼委国子监于诸色选人中，召能书人，端楷写出，旋付匠雕刻。每日五纸，与减一选。""周广顺三年六月，尚书左丞兼制国子监事田敏，进印板《九经》书、《五经字样》各二部，一百三十册。又《和凝传》：凝长于短歌艳曲，尤好声誉，有集百卷，自篆于板，模印数百册，分惠于人焉。"

《挥麈录》（王明清）："蜀相毋公，蒲津人。先为布衣，常从人借《文选》、《初学记》，多有难色。公叹曰：'恨余贫不能力致，他日稍达，愿刻板印之，庶及天下学者。'后公果贵显于蜀，乃命工日夜雕板，印成二书，复雕《九经》诸史。西蜀文字，由此大兴。"

度其情势，似以蜀中刻板为早。自唐季及五代，时时有雕板印书者，故毋昭裔必就蜀中刻之。而唐《周官》板所刻既多，费时亦巨，自长兴至广顺，历四朝七主二十四年乃成，可知创始之不易矣。

北宋之初，雕印书籍，先佛藏而后儒书。

《大藏经雕印考》（常盘大定）引南宋僧志盘《佛祖统记》曰："宋太祖开宝四年，敕高品、张从信往益州雕《大藏经》板。至太宗太平兴国六年，板成，进上，凡四百八十一函，五千四十八卷。"

以其所刻藏经之数，与五代所刻儒书之数校之，则《九经》一百三十册，历二十四年始成；《佛藏》五千余卷，仅十年而成，可以见雕印之法之进步矣。嗣是赓续刻书，经史注疏皆备。

《玉海》（王应麟）："太宗端拱元年，敕司业孔维等校勘孔颖达《五经正义》，诏国子监镂板行之。""真宗景德二年，幸国子监，历览书库，观群书漆板，问祭酒邢昺曰：'板数几何？'昺曰：'国初印板，止及四千，今至十万，经史义疏悉备。'帝褒之。因益书库十步，以广所藏。"

后世官书，多雕印于国子监，号称监本，亦历史上相沿之例也。

刻板之法既兴，视抄写为便矣。然犹必按书雕之，不能以简驭繁也。于是又有活字排印之法。

《皇朝事实类苑》（江少虞）："庆历中，有布衣毕昇为活板。其法用胶泥刻字，薄如钱唇，每字为一印，火烧令坚。先设一铁板其上，以松脂蜡和纸灰之类冒之，欲印则以一铁范置铁板上。乃密布字印，满铁范为一板，持就火炀之。药稍熔，则以一平板按其面，则字平如砥。若止印三二本，未为简易，若印数十百千本，则极为神速。常作二铁板，一板印刷，一板已用布字，此印者才毕，则第二板已具。更互用之，瞬息可就。每一字皆有数印，如'之'、'也'等字，每字有一十余印，以备一板内有重复者。不用则以纸贴之，每韵为一贴，木格贮之。有奇字素无备者，旋刻之，以草火烧，瞬息可成。"

庆历当西历纪元后 1040 余年，距西洋人之发明，盖先四百余年。

> 《西洋通史》："关于活板之发明，荷兰人谓始于可斯特（Coster），德人则谓始于葛登堡（Gutenburg，1397—1468），其他异说尚多。要以可斯特发明刻板于 1420 年之说为近。葛登堡则由访问可斯特之工场，见其木板，后于 1438 年，始改良而为木制活字。其后更与佛奥斯忒（Johan Fust）等共制金属活字板，时在 1452 年。"

西人多称其印刷术得自中国，殆即毕昇之法。惜昇之生平无可考耳。

古书多作卷轴，后始变为单叶。宋人之书，多作蝴蝶装，即今西书式也。

> 《中国雕板源流考》引张萱《疑耀》曰："秘阁中所藏宋板书，皆如今制乡会进呈试录，谓之蝴蝶装。其糊经数百年不脱落。""孙毓修曰：按清季发内阁藏书，宋本多作蝴蝶装，直立架中如西书式，糊浆极坚牢。"

惟其书甚长大，不便翻阅。故宋时又别有巾箱本，以今日所传宋本书考之，其小者板心高不过三寸许，宽二寸半，一页刊三百二十四字，几如今之石印缩本。而字画清朗，不费目力，此可见宋时刻工之精矣。刻书多而书肆兴，不第售官印之本，且自刻而自售焉，是为坊本。宋时书肆有名者，如：王氏梅溪精舍、魏氏仁宝书堂、秀岩书堂、瞿源蔡潜道宅墨堂、广都裴宅、稚川世家传授堂、建安刘日省三桂堂、建邑王氏世翰堂、建安王懋甫桂堂、建安郑氏宗文堂、建宁王八郎书铺、建安慎独斋及建安刘叔刚宅，皆有书传于今，为研究宋板者所称。而建安余氏自唐已设书肆，至宋益盛，有勤有堂、双桂堂、三峰书舍、广勤堂、万卷堂、勤德书堂等名，盖刻书、售书之世家也。建安书肆，皆聚于麻沙、崇化二坊，其板本书籍行四方者，无远不至。惟校勘不精，故世称书板之恶劣者曰麻沙板。

　　《天禄琳琅书目续编》："《仪礼图》，是刊序后刻'余志安刊于勤有堂'。按宋板《列女传》，载建安余氏靖安刻于勤有堂，乃南北朝余祖焕，始居闽中，号勤有居士。盖建安自唐为书肆所萃，余氏世业之，仁仲最著，岳珂所称建安余氏本也。""孙毓修曰：按余氏勤有堂之外，别有双桂堂、三峰书舍、广勤堂、万卷堂、勤德世堂等名。《平津馆鉴藏记》《千家集注分类杜工部集》及《分类李太白集》，皆有'建安勤有堂刊'篆书木记。"

　　《福建省志·物产门》："书籍出建阳麻沙、崇化二坊，麻沙书坊元季毁，今书籍之行四方者，皆崇化书坊所刻者也。"

　　《老学庵笔记》(陆游)："三舍法行时，有教官出《易》义题云：'乾为金，坤又为金，何也？'诸生乃怀监本《易》至帘前，……请曰：'先生恐是看了麻沙板，若监本，则坤为釜也。'"

　　印售之书既多，藏书者亦因之而多。考宋初崇文院著录及宣

和馆阁《嘉定书目》，其数虽不逮隋、唐，

> 《文献通考》(马端临)："祖宗藏书之所，曰三馆秘阁，在左升龙门北，是为崇文院。自建隆至大中祥符，著录总三万六千二百八十卷。""景祐三年，诏购求逸书，仿《开元四部录》为《崇文总目》。庆历初成书，凡三万六百六十九卷。""淳熙四年，秘书少监陈骙等言：中兴馆阁藏书，前后搜访，部帙渐广，乞仿《崇文总目》类次。五年，书目成，计见在书四万四千四百八十六卷，较《崇文》所载，实多一万三千八百一十七卷。后参三朝所志，多八千二百九十卷，两朝所志，多三万五千九百九十二卷。嘉定十三年，以四库之外，书复充斥，诏秘书丞张攀等读书目，又得一万四千九百四十三卷。而太常博士之藏，诸郡诸路刻板而未及献者，不预焉。"

> 《宋史·艺文志》："徽宗时，更《崇文总目》之号为《秘书总目》，诏购求士民藏书，其有所秘未见之书，足备观采者，乃命以官。且以三馆书多逸遗，命建局以补全校正为名，设官总理，募工缮写，一置宣和殿，一置太清楼，一置秘阁。自熙宁以来，搜访补辑，至是为盛矣。尝历考之，始太祖、太宗、真宗三朝，三千三百二十七部、三万九千一百四十二卷，次仁、英两朝，一千四百七十二部、八千四百四十六卷，次神、哲、徽、钦四朝，一千九百六部、二万六千二百八十九卷。最其当时之目为部六千七百有五，为卷七万三千八百七十有七焉。"

而士大夫家以藏书名者，所在多有。其逾万卷者，如荣王宗绰，《史略》（高似孙）称濮安懿王之子荣王宗绰，聚书七万卷。王钦臣，《宋史新编》（柯维骐）称王洙，字原叔。泛览传记，无所不通。子钦臣，字仲至。性嗜古，藏书数万卷，手自雠正。徐度《却扫编》称王仲至家书目四万三千卷，而类书之卷册浩博，如《太平广记》之类，皆不在其间。宋敏求，《宋史新编》称宋敏求，字次道，家藏书三万卷，皆略诵习。李淑，《郡斋读书志》（晁公武）称李淑撰《邯郸图书志》，载其家所藏图书二万三千一百八十六卷。田伟，《郡斋读书志》称田伟居荆南，家藏书几三万卷。《荆州府志》亦称宋田伟，燕人。为江陵尉，因家焉。作博古堂，藏书三万七千卷。苏颂，《嘉定镇江志》（罗宪）称苏丞相颂，家藏书万卷。李常，《宋史·李常传》称李常，字公择。少读书庐山僧舍，留所钞书七千卷，名曰李氏山房。《齐东野语》（周密）称李氏山房藏书之富二万卷。晁公武，《直斋书录解题》（陈振孙）称《晁氏读书志》二十卷，晁公武撰。《郡斋读书志》称"吾家旧藏，除其重复，得二万四千五百卷"。蔡致君，《夷门蔡氏藏书目序》（苏过）称蔡致君喜收古今之书，手校而积藏之。凡五十年，今二万卷矣。叶梦得，《挥麈录》（王明清）称叶少蕴平生好收书，逾十万卷。郑寅，《澹生堂藏书训》（郁承璞）称莆田郑子敬，藏书卷帙，不减李献臣。陈振孙，《齐东野语》（周密）称陈直斋藏旧书至五万一千一百八十余卷，且仿《读书志》作《解题》，极其精详。周密，《杭州府志》：周密，字公谨。官义乌令，著有《齐东野语》。书中谓"吾家三世积累，凡有书四万二千余卷"。皆以藏书为世所称。其最富者，至逾十万卷，盖超过于宋之馆阁矣。得书易，则读书者不甚爱惜。其学力转不逮印刷未兴之先，宋人之文多有论之者。

　　《李氏山房藏书记》（苏轼）："余犹及见老儒先生，自言其少时欲求《史记》、《汉书》而不可得，幸而得之，皆手自书，日夜诵读，惟恐不及。近岁市人转相摹刻，诸子百家之书，日传万纸，学者之于书多且易致如此。而后生科举之士，皆束书不观，游谈无根。"

　　《文献通考》："叶梦得曰：唐以前，凡书籍皆写本，未有摹印之法，人以藏书为贵，人不多有，而藏书者精于雠对，故往往皆有善本，学者以传录之难，故其诵读亦精详。五代时，冯道始奏请官镂板印行。国朝淳化中，复以《史记》、前后《汉书》付有司摹印，自是书籍刊镂者益多。士大夫不复以藏书为意，学者易于得书，其诵读亦因灭裂。"

然宋时博闻强记之士甚多，皆由刻书藏书者之众所致。未可以"束书不观"及"诵读灭裂"概全体之学者也。

第十三章　宋儒之学

有宋一代，武功不竞，而学术特昌。上承汉、唐，下启明、清，绍述创造，靡所不备。言小学则二徐之于《说文》，

《直斋书录解题》（陈振孙）："《说文解字》三十卷，汉许慎撰。凡十四篇，并序目一篇，各分上下卷，凡五百四十部，九千三百五十三文，重一千一百六十三。雍熙中，右散骑常侍徐铉奉诏校定，以唐李阳冰排斥许氏为臆说。""《说文解字系传》四十卷，南唐校书郎广陵徐锴楚金撰。为通释三十篇，部叙二篇，通论三篇，祛妄、类聚、错综、疑义、系述各一篇。锴与兄铉齐名，或且过之。此书援引精博，小学家未有能及之者。"

邢昺之于《尔雅》，

《直斋书录解题》："《尔雅疏》十卷，邢昺等撰，共其事者，杜镐而下八人。""陈傅良跋曰：国初诸儒独追古，依郭氏注为之疏，《尔雅》稍稍出。"

吴棫之于古音，

《小学考》（谢启昆）："吴氏棫《毛诗补音》十卷，佚。棫字才老，本武夷人，后家同安。"

《诗考》："古音自才老始。"

司马光之于《切韵》，

《小学考》："司马光《切韵指掌图》三卷，存。"王行书后曰："华音之有翻切，未审昉于何时。世所大行，惟陆法言之五卷。至于图列音母，以简御烦，则又自司马公始也。大中祥符初，敕增修《唐韵》为《广韵》，昭陵又敕增为《集韵》，是图之作，实羽翼夫韵书也。"

实开后来汉学家之途径。言史学则温公之《通鉴》，

《文献通考》（马端临）："《资治通鉴》二百九十四卷，目录三十卷，《考异》三十卷。晁氏曰：治平中，司马光奉诏编集历代君臣事迹，许自辟官属以馆阁书，在外听以书局自随。至元丰七年，凡十七年始奏御，上起战国，下终五代，凡一千三百六十二年。又略举事目，年经国纬，以备检阅，别为《目录》；参考同异，俾归一途，别为《考异》各一编。公自谓精力尽于此书。"

夹漈之《通志》，

《文献通考》："《通志略》，莆田郑樵渔仲撰，淳

熙间经进自序略曰：臣今总天下之大学术而条其纲目，名之曰略，凡二十略，百代之宪草，学者之能事，尽于此矣。"《中兴四朝艺文志》别史类载《通志》二百卷。其后叙述云：中兴初，郑樵采历代史及他书，自三皇迄隋，为书曰《通志》，仿迁、固为纪传；而改表为谱，志为略。"

袁枢之《纪事本末》，

《文献通考》："《通鉴纪事本末》四十二卷。陈氏曰：工部侍郎袁枢机仲撰。"

马端临之《文献通考》，

《进文献通考表》（王寿衍）："饶州路乐平州儒人马端临，乃故宋丞相廷鸾之子。尝著述《文献通考》三百四十八卷，总二十四类。其书与唐杜佑《通典》相为出入。"

并为奕世著作家所宗仰。他若考证金石，群推欧、赵，

《直斋书录解题》："《集古录跋尾》十卷，欧阳修撰。《集古目录》二十卷，公子礼部郎官棐字叔弼撰。""《金石录》三十卷，东武赵明诚撰。盖仿欧阳《集古录》，而数则倍之。"

研求目录，尤重晁、陈，

　　《直斋书录解题》：“晁氏《读书志》二十卷，昭德晁公武撰。其所发明，有足观者。”

　　《四库全书提要》：“《直斋书录解题》，宋吴兴陈振孙撰。以历代典籍，分为五十三类，各详其卷帙多少，撰人名氏，且为品题其得失。古书之不传于今者，得借是以资征信。而其校核精详，议论醇正，于考古亦有助焉。”

推之地志、年谱、钟鼎款识、泉货文字之类，皆惟宋人考订述作为多。

　　而宋人之治经学者派别尤夥。有专主复古者，

　　《直斋书录解题》：“《古周易》八卷，中书舍人清丰晁说之以道所录。《卦爻》一，《彖》二，《象》三，《文言》四，《系辞》五，《说卦》六，《序卦》七，《杂卦》八。其说曰：以《彖》、《象》、《文言》杂入卦中，自费氏始。孔颖达又谓辅嗣之意，《彖》、《象》本释经，宜相附近；分爻之象辞，各附逐爻。则费氏初变古制时，犹若今乾、坤二卦各存旧本欤？古经始变于费氏，而卒大乱于王弼。奈何后之儒者尤而效之。杜预分《左氏传》于经，宋衷、范望散《太玄》测、赞于八十一首之下，是其明比也。”

　　《日知录》（顾炎武）：“《周易》自汉以来，为费直、郑玄、王弼所乱，取孔子之言，逐条附于卦爻之下，程正叔《传》因之。及朱元晦《本义》，始依古文，故于《周易》上经条下云，中间颇为诸儒所乱。近世晁氏始正其失，而未能尽合古文。吕氏又更定著为《经》二

卷、《传》十卷，乃复孔氏之旧云。"

有勇于疑古者，

《易童子问》（欧阳修）曰："《系辞》非圣人之作乎？曰：何独《系辞》焉？《文言》、《说卦》而下，皆非圣人之作。而众说淆乱，亦非一人之言也。若余者，可谓不量力矣。邈然远出诸儒之后，而学无师授之传，其勇于敢为而决于不疑者，以圣人之经尚在，可以质也。"

《尚书古文疏证》（阎若璩）："《书》古文出魏、晋间，距东晋建武元年凡五十三四年，始上献于朝，立学官。建武元年，下到宋南渡初，八百一十有一年，有吴棫字才老者出，始以此书为疑，真可谓天启其衷矣。……其言曰：伏生传于既耄之时，而安国为隶古，又特定其所可知者。而一篇之中，一简之内，其不可知者，盖不无矣。乃欲以是尽求作书之本意，与夫本末先后之义，其亦可谓难矣。而安国所增多之书，今书目具在，皆文从字顺，非若伏生之书屈曲聱牙，至有不可读者。夫四代之书，作者不一，乃至二人之手而定为一体乎，其亦难言矣。"

《朱子语类》："问：林少颖说《盘诰》之类，皆出伏生，如何？曰：此亦可疑。盖《书》有古文，有今文。今文乃伏生口传，古文乃壁中之书。《禹谟》、《说命》、《高宗肜日》、《西伯戡黎》、《泰誓》等篇，凡易读者，皆古文。况又是科斗书，以伏生书字文考之方读得。岂有数百年壁中之物，安得不讹损一字，又却是伏生记得者难读，此尤可疑。今人作全书解，必不是。""《尚书》注并序，某疑非孔安国所作。盖文字善困，不类西汉人文章，亦非后汉之文。""《尚书》决非孔安国所注。""《尚书孔安国传》，此恐是魏、晋间人所作，托安国为名，与毛公《诗传》大段不同。""《诗大序》亦只是后人作，其间有病句。""《诗序》，《东汉·儒林传》分明说道是卫宏作，后来经意不明，都是被他坏了。某又看得亦不是卫宏一手作，多是两三手合成一序，愈说愈疏。"

《困学纪闻》（王应麟）："王介甫《答韩求仁问春秋》曰：此经比他经尤难，盖三传不足信也。尹和靖云：介甫不解《春秋》，以其难之也。废《春秋》非其本意。朱文公亦曰：《春秋》义例，时亦窥其一二大者，而终不能自信于心，故未尝敢措一辞。"

有各持所见。不为苟同者，

《困学纪闻》："欧阳公以《河图》、《洛书》为怪妄。东坡云：著于《易》，见于《论语》，不可诬也。南丰云：以非所习见，则果于以为不然，是以天地万物之变，为可尽于耳目之所及，亦可谓过矣。苏、曾皆欧阳公门人，而论议不苟同如此。"

《朱子语类》："邵浩云：苏子由却不取《小序》。曰：他虽不取下面言语，留了上一句，便是病根。伯恭专信《序》，又不免牵合。伯恭凡百长厚，不肯非毁前辈，要出脱回护，不知道只为得个解经人，却不曾为得圣人本意。是便道是，不是便道不是，方得。"

有贯串群书，务极精博者。

> 《四库全书总目提要》："《仪礼释宫》一卷，宋李如圭撰。如圭既为《仪礼集释》，又为是书，以考论古人宫室之制。仿《尔雅·释宫》，条分胪序，各引经记注疏，参考证明，深得经义，非空言说礼者所能也。""《礼记集说》二百六十卷，宋卫湜撰。其书始作于开禧、嘉定间，自序言日编月削，继二十余载而后成。……采撷群言，最为赅博，去取亦最为精审。自郑《注》而下，所取凡一百四十四家，其他之涉于《礼记》者，所采录不在此数焉。""朱彝尊《经义考》采撷最为繁富，而不知其书与不知其人者，凡四十九家，皆赖此书以传，亦可云礼家之渊海矣。"

故谓宋人空疏不学，较之后世若远不逮者，实臆论也。然而宋儒之学，虽已有此种种特色，而犹未足为宋儒之学之主体。其为宋儒之学之主体者，即《宋史》特立一传之道学，而世所称为理学者也。道学之名，不见于古。《宋史》已言之，而其特立此传者，以宋儒讲求此学者独盛也。

> 《宋史·道学传》："道学之名，古无是也。三代盛时，天子以是道为政教，大臣百官有司以是道为职业，党、庠、术、序师弟子以是道为讲习，四方百姓日用是道而不知。""于斯时也，道学之名，何自而立哉！""至宋中叶，周敦颐出于舂陵，乃得圣贤不传之学，作《太极图说》、《通书》，推明阴阳五行之理，命

于天而性于人者，了若指掌。张载作《西铭》，又极言理一分殊之旨，然后道之大原出于天者，灼然而无疑焉。仁宗明道初年，程颢及弟颐实生。及长，受业周氏，已乃扩大其所闻，表章《大学》、《中庸》二篇，与《语》、《孟》并行，于是上自帝王传心之奥，下至初学入德之门，融会贯通，无复余蕴。迄宋南渡，新安朱熹得程氏正传，其学加亲切焉。大抵以格物致知为先，明善诚身为要。凡《诗》《书》六艺之文，与夫孔、孟之遗言，颠错于秦火，支离于汉儒，幽沈于魏、晋、六朝者，至是皆焕然而大明，秩然而各得其所。此宋儒之学所以度越诸子，而上接孟氏者欤？"

《道学传》以周、程、张、邵、朱、张为主，程、朱门人亦以类从，

> 《宋史·道学传》："邵雍高明英悟，程氏实推重之。旧史列之隐逸，未当，今置张载后。张栻之学，亦出程氏，既见朱熹，相与博约，又大进焉。其他程、朱门人，考其源委，各以类从。"

而吕祖谦、蔡元定、陆九龄、九渊等，则列之《儒林传》，其意盖严于统系，而未能备见宋儒之学派。近代黄宗羲、全祖望编《宋元学案》，自胡瑗、孙复至王安石、苏轼等，皆编为学案，标举其学术宗旨，而宋儒之学，囊括无遗。盖周、程诸儒，固擅道学之正统，而自安定、泰山以下，乃至荆、蜀之学，虽有浅深纯驳之差，而其讲求修身为人之道，则同一鹄的。上下千古，求其学者派别孔多，而无不讲求修身为人之道者，殆无过于赵宋

宋儒学派表

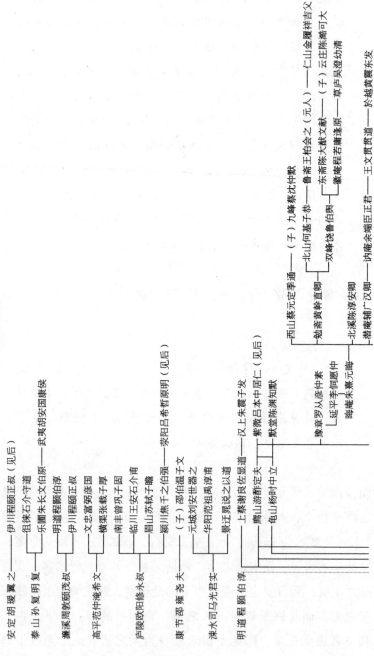

一朝。故谓有宋为中国学术最盛之时代，实无不可。今就《宋元学案》所列诸儒之学，胪列其派别之大者于下。（后附"宋儒学派表"）

秦以降，学术衰。汉以降，世风敝。乘其隙而入者，惟佛学。发人天之秘，拯盗杀之迷。而吾国思想高尚之人，遂多入于彼教。披六朝、隋、唐历史，凡墨守儒教者，殆无大思想家，以此也。隋、唐外竞虽力，而风俗日即于奢淫，士习日趋于卑陋。皇纲一坠，藩镇朋兴，悍将骄兵，宦官盗贼，充塞于唐季、五代之史籍，人群棼乱极矣。物极则反，有宋诸帝，崇尚文治，而研穷心性，笃于践履之诸儒，乃勃兴于是时。推诸儒所以勃兴之原，约有数端：（一）则鉴于已往之社会之堕落，而思以道义矫之也；（二）则鉴于从来之学者专治训诂词章，不足以淑人群也；（三）则韩、李之学已开其绪，至宋而盛行古文，遂因文而见道也；（四）则书籍之流通盛于前代，其传授鼓吹，极易广被也。而其尤大之原因，则沟通佛、老，以治儒书，发前人之所未发，遂别成为一时代之学术。虽其中有力求与佛说异者，要皆先尝涉猎，而后专治儒书，是固不必为之讳也。

　　《朱子语类》（卷一百二十六）："近看《石林过庭录》载上蔡说，伊川参某僧后，有得，遂反之，偷其说来做己使，是为洛学。某也尝疑，如石林之说，固不足信，却不知上蔡也恁地说时怎生地。后见某僧与伊川帖，乃载《山谷集》中，其差谬类如此。但当初佛学只是说无存养底工夫，至唐六祖始教人存养工夫；当初学者亦只是说不曾就身上做工夫，至伊川方教人就身上做工夫：所以谓伊川偷佛说为己使。"

按此可见洛学之近于禅。朱子虽辨之，而谓其就身上做工夫与六祖相同，此可以见唐以降，佛学惟禅宗最盛，及儒学惟理学家最盛之消息矣。就身上做工夫一语最妙，文、周、孔、孟皆是在身上做工夫者。自汉以来，惟解释其文学，考订其制度，转忽略其根本，其高者亦不过谨于言行，自勉为善，于原理无大发明。至宋儒始相率从身上做工夫，实证出一种道理。不知者则以是为虚诞空疏之学，反以考据训诂为实学。不知腹中虽贮书万卷，而不能实行一句，仍是虚而不实也。

宋儒之学，派衍支分，不可殚述。有讲术数者，有务事功者，有以礼制为主者，有兼治乐律者。而朱、陆之分，尤为灼然共见。故泛称宋学，必无一定义以赅之也。吾观于诸儒之学，择其可以表示文化之进步轶于前代，而为后人所祖述者，大要有四：

（一）修养之法之毕备也。躬行实践，不专事空谈，此宋儒之共同之点。虽其途术各有不同，要皆以实行有得。人人能确指修养之法，以示学者。如周子之主一，

　　《通书》曰："圣可学乎？"曰："可。"曰："有要乎？"曰："有。"请问焉，曰："一为要。一者，无欲也。无欲则静虚动直。静虚则明，明则通；动直则公，公则溥。明通公溥，庶矣乎！"

张子之变化气质，

　　《横渠理窟》曰："为学大益，在自能变化气质。不尔，卒无所发明，不得见圣人之奥。"

明道之识仁，

> 《识仁篇》曰："学者先须识仁。识得此理，以诚敬
> 存之，不须防检，不须穷索。"

伊川之用敬致知，

> 《伊川语录》曰："涵养须用敬，进学则在致知。"

上蔡之去矜，

> 《近思录》曰："谢子与伊川别一年，往见之。伊
> 川曰：'相别一年，做得甚工夫？'谢曰：'也只去得个
> 矜字。'曰：'何故？'曰：'予细检点得来，病痛尽在
> 这里。'"

延平之观喜怒哀乐未发前气象，

> 《延平问答》曰："罗先生令静中看喜怒哀乐未发时
> 作何气象，此意不惟于进学有方，兼得养心之要。"

南轩之辨义利，

> 《张南轩行状后述》（朱熹）曰："公之教人，必先
> 使之有以察乎义利之间，而后明理居敬，以造其极。"

晦庵之格物致知，

　　《补大学格物致知传》（朱熹）曰："《大学》之教，必使学者即凡天下之物，莫不因其已知之理而益穷之，以求至乎其极。至于用力之久，而一旦豁然贯通，则众物之表里精粗无不到，而吾心之全体大用无不明矣。"

象山之先立乎大，

　　《象山语录》曰："大凡为学须要有所立。《论语》云：'己欲立而立人。'卓然有不为流俗所移，乃为有立。须思量天之所以与我者是甚底，为还是要做人否？理会得这个明白，然后方可谓之学问。"

皆诸儒以其生平得力之处，示学者以正鹄。学者可由之以证人之法也。

　　（二）教育之复兴也。自汉以后，学校教育，皆利禄之途，无所谓人格教育也。宋仁宗时，胡瑗倡教于苏州、湖州及太学，以经义、治事分斋，而以身教人之风始盛。周、张、二程，皆于私家讲学，而师道大兴。濂洛之学，遂成统系。朱、陆诸子，亦随在讲学，或设书院，或于家塾，虽为世所诋毁，而师生相从，讲习不倦。观诸儒之教人，或随事指示，

　　《近思录》（朱熹）："程明道曰：昔受学于周茂叔，每令寻仲尼、颜子乐多，所乐何事。""又曰：吾年十六七时，好田猎。既见茂叔，则自谓已无此好矣。茂叔曰：何言之易也，但此心潜隐未发，一日萌动，复如初矣。后十二年，复见猎者，不觉有喜心，乃知果未也。"

《宋元学案》："明道先生与门人讲论有不合者，则
曰更有商量。""明道见谢子记问甚博，曰：'贤却记得
许多？'谢子不觉面赤身汗。先生曰：'只此便是恻隐
之心。'""陆九渊始至行都，从游者甚众。先生能知其心
术之微，言中其情，多至汗下。'"一生饭次交足，饭
既，先生谓之曰：'汝适有过，知之乎？'生曰：'已
省。'其规矩之严又如此。"

或订为教条学则，

《白鹿洞书院教条》（朱熹）："窃观古昔圣贤所以
教人为学之意，莫非使之讲明义理，以修其身，然后推
以及人。非徒欲其务记览为词章，以钓声名取禄利而已
也。今人之为学者，既反是矣。然圣贤所以教人之法，
具存于经，有志之士，固当熟读深思而问辨之。苟知
其理之当然，而责其身以必然，则夫规矩禁防之具，岂
待他人设之，而后有所持循哉！近世于学有规，其待学
者为已浅矣。而其为法，又未必古人之意也。故今不复
以施于此堂，而特取凡圣贤所以教人为学之大端，条列
如右。而揭之楣间，诸君其相与讲明遵守，而责之于身
焉。则夫思虑云为之际，其所以戒谨而恐惧者，必有严
于彼者矣。其有不然而或出于禁防之外，此言之所弃，
则彼所谓规者，必将取之，固不得而略也。"

《程董学则》："凡学于此者，必严朔望之仪，谨晨
昏之令。居处必恭，步立必正，视听必端，言语必谨，
容貌必庄，衣冠必饬，饮食必节，出入必谨，省书必专
一，写字必楷敬，几案必整齐，堂室必洁净，相呼必以

齿，接见必有定。修业有余功，游艺有适性，使人庄以恕，而必专所听。"

其所感化，自门弟子以至乡人异端，皆有征验。

《宋史》："侯师圣学于程颐。未悟，访周敦颐。敦颐曰：'吾老矣，说不可不详。'留对榻夜谈，越三日乃还。颐惊异之曰：'非从周茂叔来耶？'其善开发人类此。""司马光兄事邵雍，而二人纯德，尤为乡里所慕向。父子昆弟每相饬曰：毋为不善，恐为司马端明、邵先生知。"

《宋元学案》："尹彦明先生穷居讲论，不肯少自贬屈。拱手敛足，即醉后未尝别移一处。在平江累年，所用止有一扇，用毕置架上，几百严整有常。一僧见之曰：吾不知儒家所谓周、孔如何，恐亦只如此也。"

第取《朱子语类》观之，当时学子对于其师之一话一言，皆谨录之，以为世法。录者九十九人，成书至一百四十卷，亦自古所未有也。所惜者，古代教育必兼礼乐，庄敬和乐，内外兼之。宋时礼乐均失传，故惟恃教者之躬行，示之模范，而以口语辅之，学者或有执滞于语言，

《宋元学案》："上蔡曰：'昔伯淳先生教子，只管看他言语。'伯淳曰'与贤说话，却是扶醉汉，救得一边，倒了一边，只怕人执着一边。'"

及病其拘苦者。

《宋元学案》："二程随侍太中知汉州，宿一僧寺。明道入门而右，从者皆随之；伊川入门而左，独行。至法堂上相会，伊川自谓此是某不及家兄处。盖明道和易，人皆亲近；先生严重，人不敢近也。"

《宋史纪事本末》（陈邦瞻）："胡纮未达时，尝谒朱熹于建安。熹待学士惟脱粟饭，遇纮不能异也。纮不悦，语人曰：'此非人情，只鸡斗酒，山中未为乏也。'及为监察御史，乃锐然以击熹自任。"

要之，人师之多，人格之高，蔑有过于宋者也。

（三）哲学之大昌也。宋儒之哲学，大抵本于《周易》、《洪范》，而各加以推阐之功。司马光作《潜虚》，立原荧本廿基之名象；邵雍作《皇极经世》，立太阴、太阳、少阴、少阳、太刚、太柔、少刚、少柔之名象。盖一则出于五行，一则出于八卦也。周敦颐作《太极图》及《说》，首曰"无极而太极"，其说更进于《系辞》。而儒家为此断断争辩，累世不休。

《与朱熹书》（陆象山）曰："梭山兄谓《太极图说》与《通书》不类，疑非周子所为。不然，或是其学未成时所作。不然，则或是传他人之文，后人不辨也。""《易大传》曰：《易》有太极，圣人言有，今乃言无，何也？""朱子发谓濂溪得太极图于穆伯长，伯长之传，出于陈希夷，其必有考。希夷之学，老氏之学也。无极二字，出于《老子》知其雄章，吾圣人之书所无有也。"

朱熹《答书》曰："伏羲作《易》自一画以下，文王演《易》自乾元以下，皆未尝言太极也，而孔子

言之。孔子赞《易》，自太极以下，未尝言无极也，
而周子言之。夫先圣后圣，岂不同条而共贯哉。""若
论'无极'二字，乃是周子灼见道体，迥出常情，不
顾旁人是非，不计自己得失，勇往直前，说出人不敢
说底道理。今后之学者，晓然见得太极之妙，不属
有无，不落方体。若于此看得破，方见此老真得千圣
以来不传之秘。""前书所谓不言无极，则太极同于
一物，而不足为万化根本；不言太极，则无极沦于空
寂，而不能为万化根本：乃是推本周子之意，以为当
时若不如此两下说破，则读者错认语意，必有偏见之
病。""《老子》'复归于无极。'无极乃无穷之义，如
庄生入无穷之门，以游无极之野云尔。非若周子所言
之意也。"

其实"无极"二字，即出于道家，亦无碍于学理。太极之先，自
必有无极，周、朱皆见及此，而陆似执著于学派家法，而未求之
于太极之先也。然诸儒公认太极以下诸说，而力争太极以上有无
无极之义，其不囿于人生观，而必欲穷宇宙之原理，亦为前此儒
家所未有矣。张子及二程子，虽不言无极、太极之理，而张载推
本于太和。

　　《正蒙》（张载）："太和所谓道，中涵浮沈、升降、
动静相感之性。"

明道推本于乾元一气，

　　《二程全书》："凡人类禽兽草木，莫非乾元一气

所生。"

亦皆有意说明人物之本源。而程子谓"冲穆无朕，万象森然已具"，尤有契于此旨。

> 《二程全书》："冲穆无朕，万象森然已具，未应不是先，已应不是后。如百尺之木，自根本至枝叶，皆是一贯，不可道上面一段是无形无兆，却待人旋安排引出来，教入涂辙。既是涂辙，却只是一个涂辙。"

盖宋之大儒，皆尝从静养中作工夫。故其所见所证，确然有以见万物一体，而有无朕无形、万化自具之妙。故或说性即理，

> 《二程全书》："性即理也，所谓理性是也。"
> 朱熹《中庸注》："性即理也。"

或说天即理，

> 《论语注》（朱熹）："天即理也。"

其名义尽自分立，其理性无不贯澈。大抵周、秦经子之书，已蕴其端，至宋始发挥透辟。世或斥其说为古人所未有，或谓其涉于异端，如戴震曰："《大学》开卷说虚灵不昧，便涉异学。以具众理而应万事，非心字之旨。《论语》开卷说可以明善而复其初，出《庄子》，全非《孟子》扩充言学之意。《中庸》开卷说性即理也，如何说性即是理。"要皆未尝亲证宋儒所造之境，惟就文字训诂测之耳。

（四）本末之一贯也。自宋以前，儒者之学，仅注重于人伦日用之间，而不甚讲求玄远高深之原理。道、释二氏，则又外于伦纪，而为绝人出世之想。惟宋之诸儒，言心言性，务极其精微；而于人事，复各求其至当，所谓明体达用，本末兼赅，此尤宋儒之特色也。虽其中亦有偏于虚寂，颇近禅学者，而程、朱诸儒，则皆一天人，合内外，而无所不备。

《宋元学案》："唐一庵曰：明道之学，嫡衍周派，一天人，合内外，立于敬而行之以恕，明于庶物而察于人伦，务于穷神知化而能开物成务。"伊川曰："学者不可不通世务。天下事譬如一家，非我为，则彼为，非甲为，则乙为。""人恶多事，或人悯之；世事虽多，尽是人事。人事不教人做，更责谁做。"朱熹曰："今也须如僧家行脚，接四方之贤士，察四方之事情，览山川之形势，观古今兴亡治乱得失之迹，这道理方见得周遍。士而怀居，不足以为士矣。不是块然守定这物事，在一室闭户独坐便了，便可以为圣贤。自古无不晓事情底圣贤，亦无不通变底圣贤，亦无关门独坐的圣贤。圣贤无所不通，无所不能，那个事理会不得？如《中庸》，天下国家有九经，便要理会许多事物。如武王访箕子，陈《洪范》，自身之貌言视听思，极至于天人之际。以人事则有八政，以天时则有五纪。稽之于卜筮，验之于庶征，无所不备。如《周礼》一部书，载周公许多经国制度，便有国家当自家做，只是古圣贤许多规模大体也。要识得这道理，无所不该，无所不在，且如礼、乐、射、御、书、数，许多周旋升降、文章品节之繁，岂有妙道精义在？只是也要理会。理会得熟时，道理便在上面。又如律历、刑法、天文、地理、军旅、职官之类，都要理会，虽未能洞研其精微，然也要识个规模大概，道理方浃洽通透。若只守个些子，捉定在这里，把许多都做闲事，便都无事了，如此只理会得门内事，门外事便了不得。"

即象山之学，亦以宇宙内事为己分内事，

> 《宋元学案》："陆九渊读古书至宇宙二字，解者曰：四方上下曰宇，往古来今曰宙。忽大省曰：宇宙内事乃己分内事，己分内事乃宇宙内事。"

故其服官治政，治效卓然，亦非徒事玄虚、不务人事也。近人病宋学者，往往以为宋学虚而不实，或病其无用，或病其迂腐，要皆未知宋儒之实际也。观张载《西铭》，

> 《西铭》："乾称父，坤称母，予兹藐焉，乃浑然中处。故天地之塞，吾其体；天地之帅，吾其性。民吾同胞，物吾与也。大君者，吾父母宗子；其大臣，宗子家相也。尊高年，所以长其长；慈孤弱，所以幼其幼。圣其合德，贤其秀也。凡天下疲癃残疾茕独鳏寡，皆吾兄弟之颠连而无告者也。"

及《论语说》，

> 《论语说》："为天地立心，为生民立命，为往圣继绝学，为万世开太平。"

其心量之广远，迥非区区囿于一个人、一家族、一社会、一国家、一时代者所可及。盖宋儒真知灼见人之心性，与天地同流。故所言所行，多彻上彻下，不以事功为止境，亦不以禅寂为指归。此其所以独成为中国唐、五代以后勃兴之学术也。

第十四章　政党政治

自汉以来，君主政体无所变革。然政治之中心，往往不在君主本身，而旁及于女主、外戚、宦寺、嬖幸、宗王、强藩之手。有宋尽革其弊，虽间有女主垂帘、宦者得势之时，要皆视两汉、晋、唐为不侔。

　　《宋史·后妃传》："慈圣光献曹后拥佑两朝，宣仁圣烈高后垂帘听政，而有元祐之治。""宋三百余年，外无汉王氏之患，内无唐武、韦之祸，岂不卓然而可尚哉。"《宦官传》："宋世待宦者甚严。太祖初定天下，掖庭给事不过五十人，宦寺中年方许养子为后。又诏臣僚家毋私蓄阉人，民间有阉童孺为货鬻者论死。去唐未远，有所惩也。厥后太宗却宰相之请，不授王继恩宣徽。真宗欲以刘承规为节度使，宰相持不可而止，中更主幼母后听政者凡三朝。在于前代，岂非宦者用事之秋乎？祖宗之法严，宰相之权重，貂珰有怀奸慝，旋踵屏除，君臣相与防微杜渐之虑深矣。然而宣、政间童贯、梁师成之祸，亦岂细哉！南渡苗、刘之逆，亦宦者所激也。"

盖宋之政治，士大夫之政治也。政治之纯出于士大夫之手者，惟宋为然。故惟宋无女主、外戚、宗王、强藩之祸。宦寺虽为祸而亦不多，而政党政治之风，亦开于宋。《论语》曰："君子群而不党。"以党为不良之名词。故世多以党为戒，后汉始有党禁。

> 《后汉书·灵帝纪》："建宁二年冬十月丁亥，中常侍侯览讽有司奏前司空虞放、太仆杜密、长乐少府李膺、司隶校尉朱㻧、颍川太守巴肃、沛相荀昱、河内太守魏朗、山阳太守翟超，皆为钩党。下狱死者百余人，妻子徙边，诸附从者锢及五属。制诏州郡大举钩党，于是天下豪杰及儒学行谊者，一切结为党人。""熹平五年闰月，永昌太守曹鸾坐讼党人弃市。诏党入门生、故吏、父兄、子弟在位者，皆免官禁锢。""光和二年四月丁酉，大赦天下。诸党人禁锢，小功以下皆除之。""中平元年三月壬子，大赦天下党人，还诸徙者。"

唐代亦有牛、李之党，

> 《通鉴目录》："穆宗长庆元年，李德裕、李宗闵始为朋党。"
> 《通鉴》："长庆三年三月，以牛僧孺为中书侍郎，同平章事。时僧孺与李德裕皆有入相之望，德裕出为浙西观察使，八年不迁，以为李逢吉排己，引僧孺为相。由是牛、李之怨愈深。""太和七年二月，以兵部尚书李德裕同平章事。德裕入谢，上与之论朋党事，对曰：方今朝士，三分之一为朋党。""八年十一月，李宗闵言李德裕制命已行，不宜自便。乙亥，复以德裕为镇海节度使，不复兼平章事。时德裕、宗闵各有朋党，互相挤

援。上患之，每叹曰：去河北贼易，去朝中朋党难。"

其事虽不同，要皆不可目为政党。盖汉之党人，徒以反对宦官、自树名节为目的，固无政策之关系。其与之为难之宦官，更不成为敌党。唐之牛僧孺、李德裕虽似两党之魁，然所争者官位，所报者私怨，亦无政策可言。故虽号为党，而皆非政党也。

宋仁宗时，始有朋党之议。

> 《宋史纪事本末·庆历党议篇》(陈邦瞻)："仁宗景祐三年，礼部员外郎天章阁待制判国子监范仲淹，以吕夷简执政，进用多出其门，上《百官图》指其次第。……为四论以献……大抵讥切时敝。……夷简诉仲淹越职言事，离间君臣，引用朋党。仲淹对益切，由是落职，知饶州。集贤校理余靖请改前命，坐落职，监筠州酒税。馆阁校勘尹洙上疏，自承是仲淹之党。夷简怒，斥监郢州酒税。馆阁校勘欧阳修责司谏高若讷不能谏，若讷怒，上其书，修坐贬夷陵令。馆阁校勘蔡襄作四贤一不肖诗，以誉仲淹、靖、洙、修而讥若讷，都人士相传写，鬻书者市之，得厚利。""御史韩缜，希夷简旨，请以仲淹朋党榜朝堂，戒百官越职言事者。从之。""宝元元年冬十月丙寅，诏戒百官朋党。"

欧阳修著《朋党论》，谓惟君子有朋。

> 《宋史纪事本末》："庆历三年三月，以欧阳修、王素、蔡襄知谏院。""自范仲淹贬饶州，修及尹洙、余靖，皆以直仲淹见逐。群邪目之曰党人，于是朋党之议

遂起。修乃为《朋党论》以进曰：'臣闻朋党之说，自古有之，惟幸人君辨其君子小人而已。大凡君子与君子以同道为朋，小人与小人以同利为朋，此自然之理也。然臣谓小人无朋，惟君子则有之。……故为人君者，但当退小人之伪朋，用君子之真朋。'"

盖已明于君子执政，必多集同志以行其政策，不必以朋党为讳矣。然庆历中虽有党论，而并无两党相对峙之形式。范仲淹、欧阳修等为党，而反对范、欧等之吕夷简、夏竦等并不能为党。吕虽反对范，后转为之画策，明与夏非党。

《宋史纪事本末》："夏竦怨石介斥己，欲因以倾富弼等。乃使女奴阴习介书……伪作介为富弼撰废立诏草，飞语上闻。帝虽不信，而弼与仲淹恐惧，不自安于朝，皆请出按西北边，不许。适闻契丹伐夏，仲淹固请行，乃独允之。仲淹将赴陕，过郑州。时吕夷简已老，居郑，仲淹往见之。夷简问：'何事遽出？'仲淹对以暂往经抚两路，事毕即还。夷简曰：'君此行正蹈危机，岂复再入？若欲经制西事，莫如在朝廷为便。'仲淹愕然。"

范之无憾于吕，尤能分别公私之界。

《宋史·范仲淹传》："夷简再入相，帝谕仲淹使释前憾。仲淹顿首谢曰：臣乡论盖国家事，于夷简无憾也。"

故仁宗时之党议，不得谓之政党，而君子之风有足多者。

中国之有政党，殆自宋神宗时之新旧两党始。其后两党反复互争政权，讫北宋被灭于金始已。

北宋新旧党政争表

元　首		年　号	党　派	首　　领	执政年间
神　宗		熙　宁 元　丰	新	王安石　　吕惠卿 章　惇　　蔡　碻	一六
哲　宗	高太后	元　祐	旧	司马光　范纯仁　吕大防	九
	亲　政	绍　圣	新	章　惇　曾　布　蔡　卞	六
徽　宗	向太后	建中靖国	旧	韩忠彦	二
	亲　政	崇宁以后	新	曾　布　蔡　京	二〇

论史者恒以宋之党祸比于汉、唐，实则其性质大不相同。新旧两党各有政见，皆主于救国，而行其道特以方法不同，主张各异，遂致各走极端。纵其末流，不免于倾轧报复，未可纯以政争目之；而其党派分立之始，则固纯洁为国，初无私憾及利禄之见羼杂其间。此则士大夫与士大夫分党派以争政权，实吾国历史上仅有之事也。

自唐、五代以降，因仍苟且，政法大敝。宋室区区，仅能谋政权之统一，图皇位之世袭，而于民生国计之要，初未能有大经大法，起积弊而垂之于无穷。故有识之士，咸思奋发有为。范仲淹、欧阳修等，皆尝持改革之论。

《宋史·范仲淹传》："帝方锐意太平，数问当世事。仲淹语人曰：上用我至矣，事有先后，久安之弊，非朝夕可革也。帝再赐手诏，又为之开天章阁，召二府

条对。仲淹皇恐，退而上十事。"（其十事为：一曰明黜
陟，二曰抑侥幸，三曰精贡举，四曰择长官，五曰均公
田，六曰厚农桑，七曰修武备，八曰推恩信，九曰重命
令，十曰减徭役。）"仲淹以天下为己任，裁削幸滥，考
核官吏，日夜谋虑，兴致太平。然更张无渐，规模阔
大，论者以为不可行。"

《本论》（欧阳修）："今之务众矣，所当先者五也。
其二者有司之所知，其三者则未之思也。足天下之用，
莫先乎财；系天下之安危，莫先乎兵，此有司之所知
也。然财丰矣，取之无限而用之无度，则下益屈而上益
劳；兵强矣，而不知所以用之，则兵骄而生祸。所以节
财用兵者，莫先乎立制。制已具备，兵已可使，财已足
用，所以共守之者，莫先乎任人。……天下之势，有若
敝庐，补其奥则隅坏，整其栋则栋倾，枝撑扶持，苟存
而已。……是以兵无制，用无节，国家无法度，一切苟
且而已。……今宋之为宋，八十年矣。天下为一，海内
晏然。为国不为不久，天下不为不广也。然而财不足用
于上而下已敝，兵不足威于外而敢骄于内，制度不可为
万世法而日益丛杂，一切苟且，不异五代之时。此甚可
叹也。"

至神宗时，积弊愈甚。而王安石、吕惠卿等，以学者见信于神
宗，遂力主改革旧弊，创立新法。十余年间，于理财讲武、恤民
救灾、兴学育才、建官明法之要政，粗有图议，尚未能大树规
模。而当时之守旧者，若司马光、富弼、韩琦、文彦博、范纯仁
等，群起反对。致王、吕之事，未能展其六七。盖以其施行太
骤，陈义太高，蚩蚩之民，相率咨怨。而奉行之官吏，又不能尽

如立法者之意，有以贻反对者之口实也。今观其施行次第：

《宋史·神宗纪》载：熙宁二年二月庚子，以王安石参知政事。　甲子，陈升之、王安石创置三司条例，议行新法。　三月乙酉，诏漕运盐铁等官，各具财用利害以闻。　四月丁巳，遣使诸路，察农田水利赋役。　七月辛巳，立淮、浙、江、湖六路均输法。　九月丁卯，立常平给敛法。　十一月乙丑，命韩绛制置三司条例。　丙子，颁《农田水利约束》。　闰月，差官提举诸路常平、广惠仓，兼管勾农田水利差役事。　三年正月乙卯，诏诸路散青苗钱，禁抑配。　十二月己未，立诸路更戍法，旧以他路兵杂戍者遣还。　乙丑，立保甲法。　丁卯，以韩绛、王安石并同中书门下平章事。　戊寅，初行免役法。　四年正月壬辰，王安石请鬻天下广惠仓田，为三路及京东常平仓本，从之。　二月丁巳朔，罢诗赋及明经诸科，以经义、论、策试进士。置京东西、陕西、河东、河北路学官，使之教导。　辛酉，诏治吏沮青苗法者。　三月庚寅，诏给诸路学田，增教官员。　辛卯，遣使察奉行新法不职者。　十月壬子朔，罢差役法，使民出钱募役。　戊辰，立太学生内、外、上舍法。　五年三月丙午，以内藏库钱置市易务。　四月己未，括闲田，置弓箭手。　六月乙亥，置武学。八月甲辰，颁方田均税法。六年三月庚戌，置经局，命王安石提举。　己未，置诸路学官。　丁卯，诏进士、诸科，并试明法注官。　四月乙亥，置律学。　戊戌，裁定在京吏禄。　八月戊戌，复比闾族党之法。　九月壬寅，置两浙和籴仓，立敛散法。　戊申，诏兴水利。 七年三月己未，行方田法。 四月丙戌，王安石罢知江宁府。以韩绛同中书门下平章事，监修国史。翰林学士吕惠卿参知政事。 十月庚辰，置三司会计司，以韩绛提举。 八年二月癸酉，以王安石同中书门下平章事。 六月己酉，颁王安石《诗》、《书》、《周礼义》于学官。辛亥，以王安石为尚书左仆射兼门下侍郎。 十月壬寅，罢手实法。 九年十月丙午，王安石罢知江宁府。十年六月癸巳，王安石以使相为集禧观使。 九月癸酉，立义仓。元丰元年正月乙卯，以王安石为尚书左仆射、舒国公、集禧观使。 二年五月戊子，御史中丞蔡确参知政事。 三年二月丙午，以翰林学士章惇参知政事。 六月丙午，诏中书详定官制。 九月乙亥，正官名。 乙酉，以王安石为特进，改封荆国公。五年四月癸酉，官制成。以王珪为尚书左仆射兼门下侍郎，蔡确为尚书右仆射兼中书侍郎。 甲戌，以太中大夫章惇为门下侍郎。 五月辛巳朔，行官制。

则安石初执政时，改革最锐。至再执政，仅颁行《三经新义》及罢手实法而已。元丰初政，惟改官制，余多循熙宁之法行之。则以反对者之烈，未能举旧制一一研索，扫地而更张也。

神宗崩，高太后听政。元祐诸贤，力反王、吕、章、蔡所为。

《宋史纪事本末·元祐更化篇》称：元丰八年五月，诏起司马光知陈州。光过阙入见，留为门下侍郎。 七月，罢保甲法。 十一月丙戌，罢方田。 十二月壬戌，罢市易法。 罢保马法。 元祐元年三月，司马光请悉罢免役钱，复差役法。诸色役人，皆如旧制。　光居政府，凡王安石、吕惠卿所建新法，划革略尽。　八月辛卯，诏复常平旧法，罢青苗钱。

其势似颇专于守旧。然其于学校贡举，亦思多立新制以祛旧弊。

《宋史纪事本末·学校科举之制篇》称：元祐元年四月辛亥，司马光请立经明行修科。　五月戊辰，命程颐等修定学制。　颐以为学校礼义相先之地，而月使之争，殊非教养之道。请改试为课，有所未至，则学官召而教之，更不考定高下。置尊贤堂，以延天下道德之士，镌解额以去利诱。及置待宾吏师斋，立观光法，如是者亦数十条。　七月癸酉，立十科举士法。一曰行义纯固，可为师表：二曰节操方正，可备献纳；三曰智勇过人，可备将帅；四曰公正聪明，可备监司；五曰经术精通，可备讲读：六曰学问该博，可备顾问；七曰文章典丽，可备著述；八曰善听狱讼，尽公得实；九曰善治财赋，公私俱便；十曰练习法令，能断请谳。

使温公等执政稍久，未必不别有所建设。惟其建设之法，必有鉴于王、吕等，不期急进，而务得民心。且即王、吕之所创置，亦未尝不可采用。如差役之法，苏轼、范纯仁等皆以为不如免役。足证守旧者未必不知新法之孰长孰短。即温公一概抹杀，而苏、范且抗颜力争矣。

宋之新党近于管、商，旧党近于黄、老。其根本观念不同，故政策亦各有所蔽。第以司马温公与王荆公辩论之书观之，即可知其政策之原本：

《司马光与王介甫书》："窃见介甫独负天下大名三十余年，才高而学富，难进而易退。远近之士，识与不识，咸谓介甫不起则已，起则太平可立致，生民咸被其泽矣。天子用此起介甫于不可起之中，引参大政，岂非欲望众人之所望于介甫邪？今介甫从政始期年，而士大夫在朝廷及自四方来者，莫不非议介甫如出一口。下至闾阎细民、小吏、走卒，亦切切怨叹，人人归咎于介甫，不知介甫亦尝闻其言而知其故乎？""今天下之人，恶介甫之甚者，诋毁无所不至，光独知其不然。介甫固大贤，其失在于用心太过、自信太厚而已。何以言之？自古圣贤所以治国者，不过使百官各称其职，委任而责成功也。其所以养民者，不过轻租税、薄赋敛、已逋责也。介甫以为此皆腐儒之常谈，不足为，思得古人所未尝为者而为之。于是财利不以委三司而自治之，更立制置三司条例司，聚文章之士及晓财利之人，使之讲利。""又置提举句当常平广惠仓使者四十余人，使行新法于四方。先散青苗钱，次欲使比户出助役钱，次又欲更搜求农田水利而行之。""所遣者虽皆选择才俊，然其中亦有轻佻狂躁之人，陵轹州县、骚扰百姓者。于是士大夫不服，农商丧业，故谤议沸腾，怨嗟盈路。迹其本原，或以此也。""夫侵官者，乱政也，介甫更以为治术而先施之；贷息钱，鄙事也，介甫更以为王政而力行之；缲役自古皆从民出，介甫更欲敛民钱雇市佣而使之。此三者，常人皆知其不可，而介甫独以为可。非介甫之智不及常人也，直欲求非常之功，而忽常人之所知耳。""介甫素刚直，每议事于人主前，如与朋友争辨于私室，不少降辞气，视斧钺鼎镬无如也。及宾客僚属谒见论事，则唯希意迎合、曲从如流者，亲而礼之；或所见小异、微言新令之不便者，介甫辄艴然加怒，或诟骂以辱之，或言于上而逐之，不待其辞之毕也。明主宽容如此，而介甫拒谏乃尔，无乃不足于恕乎！""光昔从介甫游，于诸书无不观，而特好《孟子》与《老子》之言，今得君得位而行其道，是宜先其所美，必不先其所不美也。《孟子》曰：'仁义而已矣，何必曰利？'又曰：'为民父母，使民盻盻然，将终岁勤动，不得以养其父母，又称贷而益之，恶在其为民父母也。'今介甫为政，首制置条例，大讲财利之事；又命薛向行均输法于江淮，欲尽夺商贾之利；又分遣使者散青苗钱于天下而收其息，使人人愁痛，父子不相见，兄弟妻子离散。此岂孟子之志乎？《老子》曰：'天下神器不可为也。为者败之，执者失之。'又曰：'我无为而民自化，我好静而民自正，我无事而民自富，我无欲而民自朴。'又曰：'治大国若烹小鲜。'今介甫为政，尽变更祖宗旧法，先者后之，上者下之，右者左之，成者毁之，弃者取之，矻矻焉穷日力，继之以夜而不得息。使上自朝廷，下及田野，内起京师，外周四海，士吏兵农工商僧道无一人得袭故而守常者，纷纷扰乱，莫安其居者，岂老氏之志乎？何介甫总角读书，白头秉政，乃尽弃其所学，而从今世浅丈夫之谋乎！""观介甫之意，必欲力战天下之人，与之一决胜负，不复顾义理之是非、生民之忧乐、国家之安危，光窃为介甫不取也。""光今所言，正逆介甫之意，明知其不合也。然光与介甫趣向虽殊，大归则同，介甫方欲得位以行我道，泽天下之民；光方欲辞位以行其志，救天下之民者：所谓和而不同者也。故敢一陈其志，以自达于介甫，以终益友之义。其舍之取之，则在介甫矣。"

《王安石答司马谏议书》："某启：昨日蒙教，窃以为与君实游处相好之日久，而议事每不合，所操之术多异故也。虽欲强聒，终必不蒙见察，故略上报，不复一一自辨。重念蒙君实视遇厚，于反复不宜卤莽，故今具道所以，冀君实或见恕也。盖儒者所争，尤在于名实。名实已明者，天下之理得矣。今君实所以见教者，以为侵官、生事、征利、拒谏，以致天下怨谤也。某则以谓受命于人主，议法度而修之于朝廷，以授之于有司，不为侵官；举先王之政，以兴利除弊，不为生事；为天下理财，不为征利；辟邪说，难壬人，不为拒谏。至于怨诽之多，则固前知其如此也。人习于苟且非一日，士大夫多以不恤国事，同俗自媚于众为善。上乃欲变此，而某不量敌之众寡。欲出力助上以抗之，则众何为而不汹汹然！盘庚之迁，胥怨者民也，非特朝廷士大夫而已。盘庚不为怨者故改其度，度义而后动，是而不见可悔故也。如君实责我以在位久，未能助上大有为，以膏泽斯民，则某知罪矣。如曰今日当一切不事事，守前所为而已，则非某之所敢知。无由会晤，不任区区向往之至。"

惟旧者偏徇俗见，新者间杂意气，则皆不免为贤者之累。其后新党为众论所排，不得不用政见相同之人，而小人乃乘而为利。旧党当元祐中虽暂得势，寻复分裂，而有洛、蜀、朔党之别。而两方始不以政策为重，而以党派为争矣。

《宋史纪事本末》："元祐二年，吕公著独当国，群贤咸在朝，不能不以类相从，遂有洛党、蜀党、朔党之语。洛党以程颐为首，而朱光庭、贾易为辅。蜀党以苏轼为首，而吕陶为辅。朔党以刘挚、梁焘、王岩叟、刘安世为首，而辅之者尤众。"

熙、丰、元祐之分党，最为纯洁。其于异党之人，虽亦排斥，然未尝明著党籍，诬加罪状也。其后绍述调停反覆不已，而蔡京当国，遂至仇异党而刻石示众。

《宋史纪事本末·蔡京擅国篇》："（崇宁元年）秋七月戊子，以蔡京为尚书右仆射兼中书侍郎。……九月己亥，立党人碑于端礼门，籍元符末上书人，分邪、正等黜陟之。时元祐、元符末群贤贬窜死徙者略尽，蔡京犹未慊意，乃与其客强浚明、叶梦得籍宰执司马光、文彦博、吕公著、吕公亮、吕大防、刘挚、范纯仁、韩忠彦、王珪、梁焘、王岩叟、王存、郑雍、傅尧俞、赵瞻、韩维、孙固、范百禄、胡宗愈、李清臣、苏辙、刘奉世、范纯礼、安焘、陆佃，曾任侍制以上官苏轼、范祖禹、王钦臣、姚勔、顾临、赵君锡、马默、王汾、孔文仲、孔武仲、朱光庭、孙觉、吴安持、钱勰、李之纯、赵彦若、赵卨、孙升、李周、刘安世、韩川、吕希纯、曾肇、王觌、范纯粹、杨畏、吕陶、王古、陈次升、丰稷、谢文瓘、鲜于侁、贾易、邹浩、张舜民，馀官程颐、谢良佐、吕希哲、吕希绩、晁补之、黄庭坚、毕仲游、常安民、孔平仲、司马康、吴安诗、张耒、欧阳棐、陈瓘、郑侠、秦观、徐常、汤戫、杜纯、宋保国、刘唐老、黄隐、王巩、张保源、汪衍、余爽、常立、唐义问、余卞、李格非、商倚、张廷坚、李祉、陈佑、任伯雨、朱光裔、陈郭、苏嘉、龚夬、欧阳中立、吴俦、吕仲甫、刘当时、马琮、陈彦、刘昱、鲁君贶、韩跂，内臣张士良、曾焘、赵约、谭稹、王偁、陈询、张琳、裴彦臣，武臣王献可、张巽、李备、胡田，凡百二十人，等其罪状，谓之奸党，请御书刻石于端礼门。京等复请下诏，籍元符末日食求言章疏及熙宁、绍圣之政者，付中书，定为正上、正中、正下三等，邪上、邪中、邪下三等。于是钟世美以下四十一人为正等，悉加旌擢；范柔中以下五百余人为邪等，降责有差。"

《金石萃编·元祐党籍碑》（王昶）："碑有二本。一是装本，正书隶额，有饶跋，在静江府。一碑高六尺，广三尺一寸五分，行字多寡不等，正书。额题'元祐党籍碑'五字，亦正书，有沈跋，在融县……《元祐党籍碑》，徽宗朝原有两本。崇宁元年九月己亥，御书刻石于端礼门者，初本也。三年六月戊午，重位一籍，通三百九人，御书刊石置文德殿门东壁，又诏蔡京书之，颁之州县，令皆刻石者，再刻本也。五年正月，以星变除毁朝堂石刻，如外处有石刻亦令除毁，而原刻无有存者。今世所传，乃南宋人所翻三百九人之本……玩碑文先立于宫学，次及太学辟雍，又次及天下郡邑，则宫学在太学之上矣。此碑今存者，山左较多，河南次之。"

此则政党史之污点也。蔡京与王安石有连，然当王、吕时，未尝得志。元祐初，且以复差役为司马光所赏。

> 《宋史纪事本末·元祐更化篇》："初，差役之复，为期五日。同列病其太迫，知开封府蔡京独如约，悉改畿县雇役，无一违者。诣政事堂白光。光喜曰：使人人奉法如君，何不可行之有！"

则徽宗时之斥逐奸党，直元祐叛党所为，而无与于熙、丰之党也。

熙、丰、元祐之政党，败坏于蔡京。经宣和、靖康之变，而新党无所容喙。观崔鷃之疏，可知当日群议之归向。

> 《宋史纪事本末·群奸之窜篇》："宣和七年十二月，右正言崔鷃上疏曰：'数十年来，王公卿相皆自蔡京出，要使一门生死则一门生用，一故吏逐则一故吏来，更持政柄，无一人害己者。……王安石除异己之人，著《三经》之说以取士，天下靡然雷同，陵夷至于大乱。……京又以学校之法驭士人，如军法之驭卒伍，一有异论，累及学官。若苏轼、黄庭坚之文章，范缜、沈括之杂说，悉以严刑重赏，禁其收藏，其苛锢多士，亦已密矣。……仁宗、英宗选敦朴敢言之士，以遗子孙。安石目为流俗，一切逐去，司马光复起而用之，元祐之治，天下安于泰山。及章惇、蔡京倡为绍述之论以欺人主，绍述一道德而天下一于谄佞，绍述同风俗而天下同于欺罔，绍述理财而公私竭，绍述造士而人才衰，绍述开边而塞尘犯阙矣。……京奸邪之计大类王莽，而朋党之众则又过之。愿斩之以谢天下。'累章极论，时议归

重焉。"

建炎仓猝之际,首诏停散青苗钱,及还元祐党籍及上书人恩数。

> 《宋史·高宗本纪》:"建炎元年五月庚寅朔,帝即
> 位,改元建炎。""罢天下神霄宫,住散青苗钱。""六月
> 辛未,还元祐党籍及上书人恩数。"

而洛、蜀诸人之学术,复重于世,荆公之新说衰矣。然朱熹所订
《社仓事目》,实本熙宁青苗之法。

> 《史传今义》(梁启超):"后此有阴窃青苗法之
> 实而阳避其名者,则朱子之《社仓》是也。其法取息
> 十二,夏放而冬收之,此与青苗何异?朱子行之于崇安
> 而效,而欲以施之天下,亦犹荆公行之于鄞而效,而欲
> 以施之天下也。朱子平日痛诋荆公,谓其汲汲财利,使
> 天下嚣然丧其乐生之心。及倡《社仓》议,有诘之者,
> 则奋然曰:介甫独散青苗一事是耳。"

是洛党学者,亦未尝不用新法之善者也。

宋代党论,历时最久。元祐党案甫衰,庆元党案复起(《宋
元学案》有《元祐党案》、《庆元党案》两表)。然伪学之禁,虽
亦由执政者之分党相攻,而韩侂胄、京镗等初无政策可言,赵、
留、朱、蔡等亦未尝标榜政策,反对异党。其事止类于后汉之党
锢,与北宋之党争不同也。自是而后,惟学有党,而政无党。明
之东林党议虽亦以政权相倾轧,历时至五十年。

　　《明史纪事本末·东林党议篇》："顾宪成既谪归，
讲学于东林，故杨时书院也。孙丕扬、邹元标、赵南星
之流，謇谔自负，与政府每相持。其附阁臣沈一贯者，
科道亦有人，而宪成讲学，天下趋之。一贯持权求胜，
受黜者身去而名益高，此东林浙党所自始也。其后更相
倾轧，垂五十年。"

然反对东林者，亦复不足齿数。上下数千年，惟北宋卓然有政
党，岂不异哉！

第十五章　辽夏金之文化

自后梁开平元年，辽太祖安巴坚称帝，而契丹立国于吾国之东北，传九世，二百一十九年。宋仁宗宝元元年，夏景宗曩霄称帝，而西夏立国于吾国之西北，传十世，百九十年。宋徽宗政和五年，金太祖阿古达称帝，而女真遂灭辽而与宋平分中夏，传九世，百二十年。宋宁宗开禧二年，蒙古太祖铁木真称成吉思汗，而其后遂灭夏、金，入主中国，国号曰元，传十四世，一百六十二年。故自五代迄元末，为汉族式微，西北诸族崛兴之时，其祸且甚于晋、隋之际。观于宋人之衰弱，几疑中国之文化实足为国家种族之害，反不若野蛮人种之尚武，可以凌驾文明国人之上。然试考诸国之历史，则其事殊不尽然。凡异族之以武力兴者，率多同化于汉人之文教，即其文字有特创者，亦多出于华文，此则文化不以种族而分之证也。蒙古之事，具于后篇。兹先述辽、夏及金之梗概。

契丹虽兴于元魏之时，而进化甚迟，至唐季始有城邑。

《辽史·太祖本纪赞》："懿祖生匀德实，始教民稼穑，善畜牧，国以殷富，是为玄祖。玄祖生撒剌的，仁民爱物，始置铁冶，教民鼓铸，是为德祖，即太祖之父也。世为契丹遥辇氏之夷离堇，执其政柄。德祖之弟述澜，北征于厥、室韦，南略易、定、奚、霫，始兴板筑，置城邑，教民种桑麻，习织组，已有广土众民之志。而太祖受可汗之禅，遂建国。"

太祖之立，实本汉人之教。

> 《新五代史·四夷附录》："契丹部族之大者曰大贺氏，后分为八部。……部之长号大人，而常推一大人建旗鼓，以统八部。至其岁久，或其国有灾疾而畜牧衰，则八部聚议，以旗鼓立其次而代之。""某部大人遥辇次立时，八部之人，以为遥辇不任事，选于其众，以阿保机代之。""是时刘守光暴虐，幽、涿之人多亡入契丹。阿保机乘间入塞，攻陷城邑，俘其人民，依唐州县置城以居之。汉人教阿保机曰：'中国之王，无代立者。'由是阿保机益以威制诸部，而不肯代。其立九年，诸部以其久不代，共责诮之。阿保机不得已，传其旗鼓而谓诸部曰：吾立九年，所得汉人多矣，吾欲自为一部，以治汉城，可乎？""汉城在炭山东南滦河上，有盐铁之利，其地可植五谷。阿保机率汉人耕种，为治城郭邑屋廛市如幽州制度，汉人安之，不复思归。"

用兵四方，恒用汉字刻石纪功，

> 《辽史·太祖纪》："三年夏四月乙卯，诏左仆射韩知古，建碑龙化州大广寺，以纪功德。""五年三月，次滦州，刻石纪功。""神册元年八月，拔朔州，擒节度使李嗣本，勒石纪功于奇冢南。"

且自矜其能汉语。

> 《新五代史·四夷附录》：阿保机谓姚坤曰："吾能
> 汉语，然绝口不道于部人，惧其效汉而怯弱也。"

则其机智绝伦，所以能弹压诸部者，自有吾国文教之关系矣。据
《辽史》本纪，当时三教并崇，

> 《辽史·太祖纪》："神册三年五月乙亥，诏建孔子
> 庙、佛寺、道观。"

然以《义宗传》证之，则太祖实独尊孔教。

> 《辽史·义宗列传》："太祖常问侍臣曰：'受命之
> 君，当事天敬神。有大功德者，朕欲祀之，何先？'皆
> 以佛对。太祖曰：'佛非中国教。'倍曰：'孔子大圣，
> 万世所尊，宜先。'太祖大悦。即建孔子庙，命倍春秋
> 释奠。"

义宗既好汉籍，

> 《新五代史·四夷附录》："突欲好饮酒，工画，颇
> 知书。其自契丹归中国，载书数千卷。枢密使赵延寿每
> 假其异书、医经，皆中国所无者。"

其立国东丹，一用汉法。

　　《辽史·义宗传》："太祖改渤海国曰东丹，名其城曰天福，以倍为人皇王主之。仍赐天子冠服，建元甘露，称制，置左右大次四相及百官，一用汉法。""太宗既立，见疑，以东平为南京，徙倍居之。倍既归国，起书楼于西宫。"

自后辽室诸帝，皆通汉学，

　　《辽史·圣宗纪》："帝幼喜书翰，十岁能诗。既长，精射法，晓音律，好绘画。"《兴宗纪》："善骑射，好儒术，通音律。"《道宗纪》："咸雍九年十月丁丑，诏有司颁行《史记》、《汉书》。""大安二年正月癸丑，召权翰林学士赵孝严、知制诰王师儒等，讲《五经》大义。""四年四月癸卯，召枢密直学士耶律俨讲《尚书·洪范》。五月辛亥，命燕国王延禧写《五子之歌》。"

不独太宗置宫立制，皆依中国也。

　　《新五代史·四夷附录》："契丹以幽州为燕京，改天显十一年为会同元年，更其国号大辽。置百官，皆依中国，参用中国之人。"

五代之时，中国多有契丹人，

　　《新五代史·四夷附录》："德光遣秃馁、荫剌等，以五千骑救王都。又遣惕隐赫邈，益秃馁以骑七千。”“明宗斩秃馁等六百余人，而赦赫邈，选其壮健者五千余人，为契丹直。”“长兴元年，突欲自扶余泛海奔于唐。明宗因赐其姓为东丹，而更其名曰慕华。”“其部曲五人，皆赐姓名。罕只曰罕友通，穆葛曰穆顺义，撒罗曰罗宾德，易密曰易师仁，盖礼曰盖来宾，以为归化、归德将军郎将。又赐前所获赫邈姓名曰狄怀惠，捏列曰列知思，蒯剌曰原知感，福郎曰服怀造，竭矢讫曰讫怀宥。其余为契丹直者，皆赐姓名。”

而契丹尤喜用中国人。

《新五代史·四夷附录》：“当阿保机时，有韩延徽者，幽州人也，为刘守光参军，守光遣延徽聘于契丹，阿保机奇之，遂用以为谋主。阿保机攻党项、室韦，服诸小国，皆延徽谋也。”“阿保机僭号，以延徽为相，号政事令，契丹谓之崇文令公。”“张砺，明宗时翰林学士。德光重其文学，仍以为翰林学士。砺常思归，逃至境上，为追者所得。德光责之，砺曰：‘臣本汉人，衣服饮食言语不同，今思归而不得，生不如死。’德光顾其通事高唐英曰：‘吾戒尔辈善待此人，致其逃去，过在尔也。’因笞唐英一百，而待砺如故。”

太宗之人晋，尤乐晋之仪制。

《新五代史·四夷附录》：“德光胡服视朝于广政殿。”“被中国冠服，百官常参起居，如晋仪。”“德光服靴袍御崇元殿，百官入阁，德光大悦。顾其左右曰：汉家仪物，其盛如此，我得于此殿坐，岂非真天子耶！"

故辽之制度，有国制、汉制之别。

> 《辽史·百官志》："太祖神册六年，诏正班爵。至于太宗，兼制中国。官分南北，以国制治契丹，以汉制待汉人。国制简朴，汉制则沿名之风固存也。"

用以招徕中国之人，

> 《辽史·百官志》："辽有北面朝官矣。既得燕代十有六州，乃用唐制，复设南面三省、六部、台、院、寺、监、诸卫、东宫之官，诚有志帝王之盛制，亦以招徕中国之人也。"

甚至以汉人、汉儿名其职务。

> 《辽史·百官志》："汉人枢密院，本兵部之职。""太祖初有汉儿司，韩知古总知汉儿司事。太宗入汴，因晋置枢密院，掌汉人兵马之政。""汉儿行宫都部署院，亦曰南面行宫都部署司。圣宗开泰九年，改左仆射。某宫汉人行宫都部署，某宫同知汉人都部署。"

其南面军官大抵用宋人。

> 《辽史·百官志）："南面军官。""《传》曰：'虽楚有材，晋实用之。'辽自太祖以来，攻掠五代、宋境，

得其人则就用之。东北二部，以农以工，有事则从军政，计之善者也。”

盖纯用契丹之人、契丹之法，决不足以为国也。《辽史》诸志，备详汉制。

　　《辽史·礼志》：“太宗克晋，稍用汉礼。今国史院有金陈大任《辽礼仪志》，皆其国俗之故，又有《辽朝杂礼》，汉仪为多。”《乐志》：“辽有国乐，犹先王之风；其诸国乐，犹诸侯之风，故志其略。”“自汉以后，相承雅乐，有古《颂》焉，有古《大雅》焉。辽阙郊庙礼，无颂乐。大同元年，太宗自汴将还，得晋太常乐谱、宫悬、乐架，委所司先赴中京。”“自汉以来，因秦、楚之声置乐府。至隋得西域七声，由是雅俗之乐皆用之。晋高祖使冯道、刘煦册应天太后、太宗皇帝，其声器、工官与法驾，同归于辽。”“今之散乐，俳优、歌舞杂进，往往汉乐府之遗声。晋天福三年，遣刘煦以伶官来归，辽有散乐，盖由此矣。”《仪卫志》：“辽国自太宗入晋之后，皇帝与南班汉官用汉服；太后与北班契丹臣僚用国服。其汉服，即五代晋之遗制也。”“太宗皇帝会同元年，晋使冯道、刘煦等备车辂法物，上皇帝、皇太后尊号册礼。自此天子车服，昉见于辽。太平中行汉册礼，乘黄令陈车辂，尚辇奉御陈舆辇。盛唐辇辂尽在辽廷矣。”

至谓辽之所重，以汉仗为大端。

　　《辽史·仪卫志）：“金吾、黄麾六军之仗，辽受之晋，晋受之后唐，后唐受之梁、唐，其来也有自。""大贺失活入朝于唐，娑固兄弟继之，尚主封王，饫观上国。开元东封，邵固扈从，又览太平之盛。自是朝贡岁至于唐。辽始祖涅里立遥辇氏，世为国相，目见耳闻，歆企帝王之容辉有年矣。遥辇致鼓纛于太祖帐前，曾何足以副其雄心霸气之所睥睨哉。厥后交梁聘唐，不惮劳勚。至于太宗，立晋以要册礼，入汴而收法物，然后累世之所愿欲者，一举而得之。太原擅命，力非不敌，席卷法物，先致中京，踠弃山河，不少顾虑，志可知矣。于是秦汉以来帝王文物，尽入于辽。周、宋按图更制，乃非故物。辽之所重，此其大端，故特著焉。"

中原文物，为异族所歆羡如此，非惟可以觇辽国之风化，抑亦可以见元代修《辽史》者之心理焉。

契丹太祖时，尝制契丹大字，

  《辽史·太祖纪》："神册五年正月乙丑，始制契丹大字。""九月壬寅，大字成，诏颁行之。"

突吕不实赞其事，

  《辽史》列传第五："突吕不，字铎衮，幼聪敏嗜学。事太祖，见器重。及制契丹大字，突吕不赞成为多。"

字体亦本汉文，

　　《书史会要》(陶宗仪)："辽太祖用汉人，以隶书
之半增损之，制契丹字数千，以代刻木之约。"

字数虽不多，然已敷翻译汉籍之用。且自成其为辽文。

　　《辽史·义宗传》："工辽、汉文章，尝译《阴符
经》。"又《萧韩家奴传》："欲帝知古今成败，译《通
历》、《贞观政要》、《五代史》。"

是契丹亦能食中国之文化而自成其文化矣。第辽族以文学著者，
多以工汉文得名。

　　《廿二史劄记》(赵翼)："辽太祖起朔漠，而长子
人皇王倍已工诗善画，……藏书于医巫闾山绝顶。……
其浮海适唐也，刻诗海上，曰：'小山压大山，大山全
无力。羞见故乡人，从此投外国。'情调凄惋，言短意
长，已深有合于风人之旨矣。平王隆先，亦博学能诗，
有《阆苑集》行世。其他宗室内亦多以文学著称，如耶
律国留，善属文。坐罪在狱，赋《寤寐歌》，世竞称之。
其弟资忠，亦能诗。使高丽被留，有所著，号《西亭
集》。耶律庶成，善辽、汉文，尤工诗。耶律富鲁，为
牌印郎君，应诏赋诗，立成以进。其父庶箴，尝寄《戒
谕诗》，富鲁答以赋，时称典雅。耶律韩留，工诗。重
熙中，诏进《述怀诗》，帝嘉叹。耶律辰嘉努，遇太后
生辰进诗，太后嘉奖。耶律良，重熙中，从猎秋山，进
《秋猎赋》。清宁中，上幸鸭子河，良作《捕鱼赋》。尝
请编御制诗文曰《清宁集》，上亦命良诗为《庆会集》，

亲制序赐之。耶律孟简，六岁能赋《晓天星月诗》，后以太子浚无辜被害，以诗伤之，无意仕进，作《放怀诗》二十首。耶律古裕，工文章，兴宗命为诗友。此皆宗室之能文者。按道宗长子浚，幼而能言，好学知书。铎卢斡，好学，喜属文，尝作《古诗》三章见志。当时名士，称其高情雅韵，不减古人。萧韩家奴，博览经史，通辽、汉文字。耶律昭，博学善属文。萧文，笃志力学，喜愠不形。皆辽人之以文学著者。若耶律俨，好学，有诗名，则汉人之入辽赐国姓者也。"

其以工辽文著者。仅义宗及萧韩家奴、耶律庶成三数人耳。《辽史》无艺文志，清卢文弨《补辽金元三史艺文志》，载辽人著作，寥寥无几，仅僧行均《龙龛手镜》四卷；耶律俨《皇朝实录》七十卷；萧韩家奴、耶律庶成同撰《遥辇可汗至重熙以来事迹》二十卷；王鼎《焚椒录》一卷；耶律庶成、萧韩家奴《礼书》、《辽朝杂礼》，无卷数；无名氏《七贤传》；王白《百中歌》，亦无卷数；耶律纯《星命秘诀》五卷。

叶氏《语石》，统计辽碑不过数十通，且谓其绝无佳迹：

> 《语石》（叶昌炽）："辽碑文字，皆出自释子及村学究，绝无佳迹。""余著录辽幢五十余通，中多唐、梵两体。惟刘李河白氏两幢，结构尚可观。""此外行列整齐者，如今刻书之宋体字；潦草者，如市中计簿。满幅题名，皆某儿某郎妞之类，北伦乔野之风，于此可见。"

则契丹所得于中国之文化之成绩，亦至鲜矣。惟涿州刻经，远续隋、唐之绪。

> 《金石萃编》（王昶）："涿州白带山云居寺东峰，
> 续镌成四大部经记。幽州沙门释静琬，精有学识，于隋
> 大业中，发心造石经一藏，以备法灭。遂于幽州西南白
> 带山上，凿为石室。以石勒经，藏诸室内，满即用石塞
> 户，以铁锢之。其后虽成其志，未满其愿。以唐贞观
> 十三年奄化归真，门人导公继焉，导公殁，有仪公继
> 焉，仪公殁，有暹公继焉，暹公殁，有法公继焉。自琬
> 至法，凡五代焉，不绝其志。""圣宗皇帝委故瑜伽大师
> 法讳可元提点镌修，勘讹刊谬，补缺续新。兴宗皇帝重
> 熙七年，出御府钱委官吏贮之，岁析轻利，俾供书经镌
> 碑之价。自太平七年至清宁三年，中间续镌造到《大般
> 若经》八十卷，计碑二百四十条，以全其部也。又镌写
> 到《大宝积经》一部，合一百二十卷，计碑三百六十
> 条，以成四大部数也。都总合经碑二千七百三十条。"

虽非创造，亦不可谓非文字之巨工也。

西夏出于拓跋氏，世为唐、宋官，故亦通汉文。元昊之兴，
尤以兼通内外典籍，始能创制物始。

> 《宋史·西夏传》："曩霄本名元昊……性雄毅，多
> 大略，善绘画，能创制物始……晓浮屠学，通蕃、汉文
> 字。""案上置法律，常携《野战歌》、《太乙金鉴诀》。"

设官置吏，亦多本于唐、宋。

《宋史·西夏传》："其官分文武班。曰中书，曰枢密，曰三司，曰御史台，曰开封府，曰翊卫司，曰官计司，曰受纳司，曰农田司，曰群牧司，曰飞龙院，曰磨勘司，曰文思院，曰蕃学，曰汉学。自中书令宰相、枢使、大夫、侍中、太尉已下，皆分命蕃、汉人为之。"

谅祚继世，慕向中国，易服求书，益重文治。

《宋史·西夏传》："谅祚，景宗长子也。""嘉祐六年，上书自言慕中国衣冠，明年当以此迎使者，诏许之。""表求太宗御制诗章隶书石本，且进马五十匹，求《九经》、《唐史》、《册府元龟》及宋正至朝贺仪。诏赐《九经》，还所献马。"

乾顺以降，兴学养贤，崇祀孔子，奕世不衰。

《宋史·西夏传》："建中靖国元年，乾顺始建国学，设弟子员三百，立养贤务，以廪食之。""绍兴十三年，夏改元人庆，始建学校于国中，立小学于禁中，亲为训导。""十五年八月，夏重大汉太学，亲释奠，弟子员赐予有差。十六年，尊孔子为文宣帝。十七年，改元天盛，策举人始立唱名法。十八年，复建内学，选名儒主之，增修律成，赐名鼎新。"

盖夏虽以武力背宋，其于文化，未尝背宋也。即其创制之文字，形式虽殊，仍不出汉字系统。

《宋史·西夏传》："元昊自制蕃书，命野利仁荣演绎之，成十二卷。字形体方整类八分，而画颇重复。教国人纪事用蕃书，而译《孝经》、《尔雅》、《四言杂字》为蕃语。"

以今世所传西夏书考之，其字之分行、楷、篆各体，亦犹汉字之有行、隶、篆诸种也。

《西夏国书略说》（罗福苌）："西夏国有楷书，有行书，有篆书。""《宋史》蕃书字体方整，类八分，而画颇重复，此谓楷书也。今传世石刻及《掌中珠佛经》等，皆是。""西夏之有行书，前籍所未载。日本西本愿寺所得西夏人书残经数纸，书迹至草率，与石刻及他写经不同。以汉字之名定之，则为行书，无可疑也。""《宋史》但言元昊制蕃书，方整类八分，不言有篆书。《金史·西夏传》与《宋史》同，而云又若符篆，《隆平集》亦称元昊自为番书十二卷，文类符篆，均似谓西夏蕃字，既若隶书，又若符篆者。惟《辽史·西夏传》，则言之颇明析，曰李继迁子德明，制番书十二卷。又制字如符篆，盖如隶书者谓楷书，如符篆者谓篆书也。今其传世篆书，有《感通塔记碑》额，盖就其楷书略变为婉曲，可以其楷书推知。惟又有传世西夏铜印，其文则填委屈迭，与其楷书甚远，与《感通塔记》之额亦迥殊。是西夏篆书，亦有二种，殆犹篆书中有模印诸体之别欤？"

契丹文字，传世者少，西夏亦然。然近因东西学者之考订，乃知

西夏遗文传世者尚十余种,

> 《西夏国书略说》(罗福苌)谓:"西夏文字传世者,
> 曩但有金石刻而已。近十余年,欧人始于我西陲,得各
> 种经文等,兹就所知者录之:(一)《重修护国寺感应塔
> 碑》,(二)《黑水河建桥祭神敕》,(三)《莫高窟造像记》,
> (四)《居庸关六体刻经》,(五)西夏官印,(六)西夏
> 国书铜牌,(七)西夏国书钱,(八)陁罗尼镜,(九)《添
> 品妙法莲华经》,(十)残佛经,(十一)《掌中珠字书》。"

且于蕃汉对译之法,亦有所得。以尘霾七百年之文字,乃复为中
外学者所重,亦非野利仁荣等所及矣。

> 《西夏国书略说》:"西历一千九百十年,俄大佐柯
> 智洛夫氏于张掖掘得西夏国书刻本经册十数箱。中有汉
> 语及夏国语对译字书一册,约五十叶,名《掌中珠》。
> 夏国书傍皆注汉字音,汉语傍亦注西夏字音,每字均两
> 对译语,及两国字音,四言骈列,殆即《宋史·夏国
> 传》所谓《四言杂字》者欤?又其所得西夏画像不少。
> 像之下方,多有铭赞,均以其国书书之。并藏于俄都大
> 学附属人种博物馆。"

金之先,出于靺鞨。当唐时,粟末靺鞨尝建渤海国,有文字、礼
乐、官府制度。

> 《金史·世纪》:"金之先,出靺鞨氏。靺鞨本号勿
> 吉。勿吉,古肃慎地也。元魏时,勿吉有七部:曰粟末

> 部，曰伯咄部，曰安车骨部，曰拂涅部，曰号室部，曰
> 黑水部，曰白山部。隋称靺鞨为七部，并同。唐初有黑
> 水靺鞨、粟末靺鞨，其五部无闻。粟末靺鞨始附高丽，
> 姓大氏。李勣破高丽，粟末靺鞨保东牟山，后为渤海，
> 称王，传十余世。有文字、礼乐、官府、制度。"

五代时，渤海亡，而黑水靺鞨之生女真代之而兴。观其初起之情
状，若未受渤海文化之影响。然黑水、粟末实同一种，粟末先
进，既能吸受中国之文教，则女真后起者，虽专以武力胜，故亦
易于濡染华风矣。

石晋文物入于辽，辽亡而金受之。

> 《金史·太祖纪》："太祖天辅五年十一月，命杲、
> 昱、宗翰、宗幹、宗望等伐辽。诏曰：若克中京，所得
> 礼乐、仪仗、图书、文籍，并先次津发赴阙。"

北宋文物萃于汴，汴破而金得之。故辽所得者，止于石晋及唐之
遗；金所得者，兼有辽、宋南北两方之积。北宋文物，经八帝
百八十余年之储蓄创造，迥非石晋可比。虽以女真之虓暴，未必
能一一研索而得其用，然其所承受之丰，自必影响于民族。且契
丹未尝南下，国都僻在东北，金则自燕而汴，都邑屡迁。兵力
所及，远至江浙，其为宋患者滋深，即其受宋教者亦滋巨。《金
史·文艺传》谓金之制作，非辽所及，宜矣。

> 《金史·文艺传》："金初未有文字。世祖以来，渐
> 立条教。太祖既兴，得辽旧人用之，使介往复，其言已
> 文。太宗继统，乃行选举之法，及伐宋，取汴经籍图，

宋士多归之。熙宗款谒先圣，北面如弟子礼。世宗、章宗之世，儒风丕变，庠序日盛，士繇科第位至宰辅者接踵。当时儒者，虽无专门名家之学，然而朝廷典策、邻国书命，粲然有可观者矣。金用武得国，无以异于辽；而一代制作，能自树立唐、宋之间，有非辽世所及，以文而不以武也。"

金自熙宗读书讲学，尊崇孔教，效法中国之帝王，已足为同化于汉之标准。

《金史·熙宗本纪》："（天眷二年六月）己未，上从容谓侍臣曰：'朕每阅《贞观政要》，见其君臣议论，大可规法。'翰林学士韩昉对曰：'皆由太宗温颜访问，房、杜辈竭忠尽诚。其书虽简，足以为法。'上曰：'太宗固一代贤君，明皇何如？'昉曰：'唐自太宗以来，惟明皇、宪宗可数。明皇所谓有始而无终者，初以艰危得位，用姚崇、宋璟，惟正是行，故能成开元之治。末年怠于万机，委政李林甫，奸谀是用，以致天宝之乱。苟能慎终如始，则贞观之风，不难追矣。'上称善。又曰：'周成王何如主？'昉对曰：'古之贤君。'上曰：'成王虽贤，亦周公辅佐之力。后世疑周公杀其兄，以朕观之，为社稷大计，亦不当非也。'""（皇统元年二月）戊子，上亲祭孔子庙，北面再拜。退谓侍臣曰：'朕幼年游侠，不知志学，岁月逾迈，深以为悔。孔子虽无位，其道可尊。使万世景仰。大凡为善，不可不勉。'自是颇读《尚书》、《论语》及《五代》、《辽史》诸书，或以夜继焉。"

世宗嗜读史籍，尤尚儒风，

　　《金史·世宗本纪》：“（大定二十年十月）壬寅，
上谓宰臣曰：‘近览《资治通鉴》，编次累代废兴，甚
有鉴戒。司马光用心如此，古之良史无以加也。校书郎
毛麾，朕屡问以事，善于应对，真该博老儒。可除太常
职事，以备讨论。’”“（二十六年十二月）丙寅，上谓
侍臣曰：‘……朕于圣经不能深解，至于史传，开卷辄
有所益。每见善人不忘忠孝，检身廉洁，皆出天性。至
于常人，多喜为非，有天下者苟无以惩之，何由致治。
孔子为政七日而诛少正卯，圣人尚尔，况余人乎！’”

欲以《五经》译本，遍化女真种人，

　　《金史·世宗本纪》：“二十三年九月……译经所进
所译《易》、《书》、《论语》、《孟子》、《老子》、《杨子》、
《文中子》、《刘子》及《新唐书》。上谓宰臣曰：‘朕所
以令译五经者，正欲女真人知仁义道德所在耳。’命颁
行之。”

猛安谋克，皆须通知古今。

　　《金史·世宗本纪》：“（二十六年三月）丁酉，以
亲军完颜乞奴言：‘制猛安谋克皆先读女真字经史，然
后承袭。’因曰：‘但令稍通古今，则不肯为非。尔一亲
军粗人，乃能言此，审其有益，何惮而不从。’”

毡裘毳幕之俗，至是盖不变矣。

然世宗虽慕华夏文教，仍欲葆其种族旧风。谆谆训诫，屡见于史。

《金史·世宗本纪》："（十三年三月）乙卯，上谓宰臣曰：'会宁乃国家兴王之地，自海陵迁都永安，女真人浸忘旧风。朕时尝见女真风俗，迄今不忘。今之燕饮音乐，皆习汉风，盖以备礼也，非朕心所好。东宫不知女真风俗，第以朕故，犹尚存之。恐异时一变此风，非长久之计。甚欲一至会宁，使子孙得见旧俗，庶几习效之。'""（四月）乙亥，上御睿思殿，命歌者歌女真词，顾谓皇太子及诸王曰：'朕思先朝所行之事，未尝暂忘，故时听此词，亦欲汝辈知之。汝辈自幼惟习汉人风俗，不知女真纯实之风，至于文字语言，或不通晓，是忘本也。汝辈当体朕意，至于子孙，亦当遵朕教诫也。'""（五月）戊戌，禁女真人毋得译为汉姓。'"（十六年正月）丙寅，上与亲王、宰执、从官从容论古今兴废事，曰：'经籍之兴，其来久矣。垂教后世，无不尽善。今之学者，既能诵之，必须行之。然知而不能行者多矣，苟不能行，诵之何益。女真旧风，最为纯直。虽不知书，然其祭天地、敬亲戚、尊耆老、接宾客、信朋友，礼意款曲，皆出自然，其善与古书所载无异。汝辈当习学之，旧风不可忘也。'""（二十五年十二月）丙子，上问宰臣曰：'闻原王见事甚明，予夺皆不失当。……又闻有女真人诉事，以女真语问之；汉人诉事，汉语问之。大抵习本朝语为善，不习，则淳风将弃。'"

种族之念未融，同化之效亦仅矣。按金时所谓汉人，实系辽地杂种，与宋之纯粹夏族者有别。

> 《廿二史劄记》（赵翼）："金、元取中原后俱有汉人、南人之别，金则以先取辽地人为汉人，继取宋河南、山东人为南人，元则以先取金地人为汉人，继取南宋人为南人。《金史·完颜勖传》，女真无文字，及破辽，获契丹汉人，始通契丹汉字。此以辽地为汉人也。《贺扬庭传》，世宗谓扬庭曰：'南人狃直敢为，汉人性奸，临事多避。异时南人不习诗赋，故中第者少，近年河南山东人中第者多，殆胜汉人。'此以河南、山东人为南人也。《元史·百官志序》，诸官职皆以蒙古人为之长，而汉人、南人贰焉。文宗诏各道廉访司官用蒙古二人，畏兀、河西、回回、汉人、南人各一人。是汉人、南人亦各分名目。《程钜夫传》，世祖命钜夫为御史中丞，台臣言钜夫南人，不宜用。帝曰：'汝未用南人，何以知南人不可用？自今省部台院，必参用南人。'按钜夫由南宋人入附，故称南人。此以南宋人为南人也。"

世宗虑其族之染汉俗，盖以辽、宋杂种，多亡国败家之民，未足以胜女真，故宁保其旧风，无污恶习，而于中国圣贤之文化，仍力主导扬，正不可谓其无见。其后清代诸帝，恒引世宗之言以训其族，则其所指之汉人，为全中国之人，与金之所谓汉人，实不相同。是又读史者所不可不析也。

金之暴主曰海陵庶人亮，其荒淫无道极矣。然金之有国学，实始于海陵之时。

《金史·海陵本纪》："天德三年正月甲午，初置国子监。"

世宗、章宗，迭加增益，文教之盛，实轶于辽。

《续文献通考》："辽太祖时，上京置国子监，设祭酒、司业、监丞、主簿等官。太宗时，置南京太学。圣宗统和九年八月，以南京太学生员浸广，特赐水碾庄一区。道宗清宁六年六月，中京置国子监。""金海陵天德三年，始置国子监。后定制，词赋经义生百人，小学生百人，以宗室及外戚皇后大功以上亲、诸功臣及三品以上官兄弟子孙年十五以上者，入学；不及十五者，入小学。""世宗大定六年，置太学。初养士百六十人，后定五品以上官兄弟子孙百五十人，曾得府荐及终场人二百五十人，通四百人。""章宗明昌二年四月，增太学博士助教员。承安四年二月，诏建太学于京城之南，总为屋七十五区。西序置古今文籍、秘省新所赐书，东序置三代鼎彝、俎豆、敦槃、尊罍及春秋释奠合用祭器。""泰和元年九月，更定赡学养士法。生员给民佃官田人六十亩，岁支粟三十石；国子生人百八亩，岁给以所入。"

辽时州府虽亦有学校，其制不详。

《续通考》："辽道宗清宁二年十二月，诏设学养士，颁《五经》传疏，置博士、助教各一员。""时五京黄龙、兴中二府及诸州县皆有学，其设官并同。咸雍时，大公鼎为良乡令，省徭役，务农桑，建孔子庙学，部民服化。太康时，耶律孟简为高州观察使，修学校，招生徒，以循吏著。”

金则京府节镇，各处设学，定额数千。虽至衰世，不废廪给。

《续通考》：“世宗大定十六年四月，诏京府设学养士。”“凡十七处，共千人。”“二十九年，诏计州府户口，增养士之数。”“时上封事者，乞兴学校。下尚书省集百官议，户部尚书邓俨等，谓唐太宗养士至八千人，亡宋两学五千人，今策论《词赋》经义三科取士，而太学所养，止百六十人，外京府或止十人，天下仅及千人。今若每州设学，专除教授，月加考试，每举所取数多者，赏其学官，月试定为三等籍之。一岁中，频在上等者，优复之；不率教、行恶者，黜之，庶几得人之道也。帝从其议，遂计州府户口，于旧制京府十七处千人之外，置节镇、防御刺史州学六十处，增养千人，各设教授一员，选五举终场或进士年五十以上者为之。府学二十有四，学生九百五人；节镇学三十九，六百一十五人；防御州学二十一，二百三十五人，凡千八百人，其长贰官各以进士提控其事。至承安四年八月，诏诸路学校生徒少者罢教官，止以本州府文资官提控。”“宣宗兴定元年二月，尚书省请罢州府学生廪给，不许。”“自章宗泰和元年九月，定赡学养士法。生员给民佃官田人六十亩，岁支粟三十石。至是省臣以军储不足，请罢之。帝曰：‘自古文武并用，向在中都，设学养士，犹未尝废，况今日乎？’其令仍旧给之。”

其国学印行书籍，亦不下于宋监。

> 《续通考》："凡经，《易》用王弼、韩康伯注，《书》
> 用孔安国注，《诗》用毛苌注、郑康成笺，《春秋左氏传》
> 用杜预注，《礼记》用孔颖达疏，《周礼》用郑康成注、
> 贾公彦疏，《论语》用何晏注、邢昺疏，《孟子》用赵岐
> 注、孙奭疏，《孝经》用唐明皇注，《史记》用裴骃注，《前
> 汉书》用颜师古注，《后汉书》用李贤注，《三国志》用
> 裴松之注，及唐太宗《晋书》、沈约《宋书》、萧子显
> 《齐书》、姚思廉《梁书》、《陈书》、魏收《后魏书》、
> 李百药《北齐书》、令狐德棻《周书》、魏徵《隋书》、
> 新旧《唐书》、新旧《五代史》，《老子》用唐明皇注疏，
> 《荀子》用杨倞注，《扬子》用李轨、宋咸、柳宗元、吴
> 秘注，皆自国子监印之，授诸学校。"

世传金刊经籍，雕镂极工，虽南宋精椠不能及。虽未知为金之监
本与否，然亦可见金之朝野极重文事矣。

> 《铁琴铜剑楼藏书目》："《尚书注疏》二十卷，金
> 刊本，蝇头小楷，雕镂极工，虽南宋精椠不能及也。"

女真初兴无文字，完颜希尹始制女真字，其法盖由汉人楷字
及契丹字中脱化而出。

> 《金史·完颜希尹传》："金人初无文字，国势日强，
> 与邻国交好，乃用契丹字。太祖命希尹撰本国字、备制
> 度。希尹乃依仿汉人楷字，因契丹字制度，合本国语，

制女真字。天辅三年八月，字书成。太祖大悦，命颁行之。赐希尹马一匹、衣一袭。其后熙宗亦制女真字，与希尹所制字俱行用。希尹所撰，谓之女真大字，熙宗所撰，谓之小字。"

按女真字之传于今者，有《皇弟都统经略郎君行记》及《国书碑》。

《金石萃编》（王昶）卷一百五十四："《皇弟都统经略郎君行记》，碑高一丈八尺，广八尺三寸，记在碑之中。女真书五行，译正书六行，行二十三字。额题'大金皇弟都统郎君行记'十二字，篆书，在乾州。"又卷一百五十九："《国书碑》……碑连额高七尺，广二尺五寸，二十三行。字数多寡不等，连额并国书。"

孰为大字、小字，不可考。《皇弟都统经略郎君行记》字多集合体，笔画重迭；《国书碑》则较简单，疑前为大字，后则小字也。金用其字教女真人，号为女真学。其教学选举与用汉文者相等。

《续通考》："金世宗大定十三年，置女真国子学。""自大定四年，以女真大小字译《诗》、《书》，颁行诸路。择明安穆昆内良家子弟为学生，至三千人。九年，取其尤俊秀者百人，至京师，以编修官温特赫吉达教之。至是始设国子学，定策论生百人，小学生百人。凡取国子学生之制，皆与词赋经义生同。又定制每穆昆取二人，若宗室每二十户内无愿学者，则取有物力人家子弟年十三以上二十以下者充。凡会课三日，作策论一道，季月私试，如汉生制。"

其通女真字者，均著于史。

> 《金史·宗宪传》："颁行女真字书，年十六，选入
> 学。太宗幸学，宗宪与诸生俱谒。宗宪进止恂雅，太宗
> 召至前，令诵所习，语音清亮，善应对。侍臣奏曰：此
> 左副元帅宗翰弟也。上嗟赏久之。兼通契丹、汉字。"
> 《仲传》："仲本名石古乃，体貌魁伟，通女真、契丹、
> 汉字。"《阿邻传》："颖悟辩敏，通女真、契丹大小字
> 及汉字。"

徒单镒等且以译书教学，广播女真文字。

> 《金史·徒单镒传》："镒颖悟绝伦，甫七岁，习女
> 真字。大定四年，诏以女真字译书籍。五年，翰林侍
> 讲学士徒单子温进所译《贞观政要》、《白氏策林》等
> 书。六年，复进《史记》、《西汉书》，诏颁行之。选诸
> 路学生三十余人，令编修官温迪罕缔达教以古书，习作
> 诗策。镒在选中最精诣，遂通契丹大小字及汉字，该习
> 经史。久之，枢密使完颜思敬请教女真人举进士，下尚
> 书省议。奏曰：初立女真科进士，且免乡、府两试，其
> 礼部试廷试止对策一道，限字五百以上成。在都设国子
> 学，诸路设府学，并以新进士充教授。士民子弟愿学者
> 听，岁久学者当自众，即同汉人进士，三年一试。从
> 之。十三年八月，诏策女真进士，问以求贤为治之道。
> 侍御史完颜蒲涅、太常博士李晏、应奉翰林文字阿不

罕德甫、移剌杰、中都路都转运副使奚颐考试，镒等
二十七人及第。镒授两官，余授一官。上三人为中都路
教授，四名以下，除为各路教授。十五年，诏译诸经。
著作佐郎温迪罕缔达、编修官宗璧、尚书省译史阿鲁、
吏部令史杨克忠译解，翰林修撰移剌杰、应奉翰林文字
移剌履讲究其义。镒自中都路教授选为国子助教。"

不得谓剃头辫发者，无创造文化之力也。

　　《大金国志》："金俗好衣白，编发垂肩，与契丹异。
垂金环，留颅后发，系以色丝，富人用珠金饰，妇人辫
发盘髻，亦无冠。""天会七年六月，行下禁民汉服及削
发，不如式者死。"《曲园杂纂》（俞樾）："剃头发辫，
金人已然。宋汤琦《建炎德安守御录》：'建炎二年十二
月二十八日，有北来一项群贼数万人，皆剃头辫发，作
金人装束。'"

第十六章 宋元之学校及书院

自唐以降，取士皆以科举。学校之制，大抵具文，不足语于教育也。然有宋诸儒，恒思兴起国学，其州郡之学，亦至宋始盛，是亦有足称者。书院之名起于唐，至五代而有讲学之书院。宋、元间儒者多于书院讲学，其风殆盛于国庠及州郡之学，迄明、清犹然。故欲知中国近代教育学术之变迁，不可不知书院之原起及其规制也。兹先略述宋、元学校制度，而次及书院。

唐末，学校颓废，五季区区，莫之能振。经用不足，则命官吏及监生输钱，名为光学。

> 《文献通考》："咸通中，刘允章为礼部侍郎，建言群臣输光学钱，治庠序。宰相五万，节度使四万，刺史万。诏可。""梁开平三年，国子监奏修建文宣王庙，请率在朝及天下见任官俸钱，每贯克留一十五文。""后唐天成五年，国子监奏当监旧例，初补监生，有束脩钱二千。及第后，光学钱一千。当监诸色举人及第后，多不于监司出给光学文钞，及不纳光学钱。"

其窘迫之状可想矣。宋室初兴，增修学舍，而国子监仅容释奠斋庖，太学未尝营建，止假锡庆院廊庑为之，劝学之风，殆亦未盛。

《文献通考》："宋初增修国子监学舍。""熙宁四年，
侍御史邓绾言：国家治平百余年，虽有国子监，仅容释
奠斋庖，而生员无所容。至于太学，未尝营建，止假锡
庆院廊庑数十间，生员才三百人。"

虽有胡瑗、孙觉等，树立师道，稍复古风，而学校规模，犹在
汉、唐之下。

《文献通考》："皇祐末，以胡瑗为国子监讲书，专
管句太学。数年，进天章阁侍讲，犹兼学正。其初人
未甚信服，乃使其徒之已仕者，盛侨、顾临辈，分治
其事，又令孙觉说《孟子》，中都人士，稍稍从之。一
日，升堂讲《易》，音韵高朗，指意明白，众方大服。
然在列者不喜，谤议蜂起，瑗不顾，强力不倦，卒以有
立。""瑗在学时，每公私试罢。掌仪率诸生会于首善，
令雅乐歌诗，乙夜乃散。诸斋亦自歌诗，奏琴瑟之声彻
于外。瑗在湖学，教法最备。始建太学，有司请下湖
学，取瑗之法，以为太学法，至今为著令。"

熙宁、元丰厉行新法，太学三舍规制始宏。

《宋史纪事本末》："熙宁四年十月，立太学生三舍
法……厘生员为三等：始入太学为外舍，定额为七百
人；外舍升内舍，员三百；内舍升上舍，员一百。各执
一经，从所讲官受学，月考试其业，优等以次升舍，上
舍免发解及礼部试，召试赐第。其正、录、学谕，以上
舍生为之，经各二员。学行卓异者，主判、直讲复荐之

于中书，除官。其后增置八十斋，斋三十人，外舍生至二千人。岁一试，补内舍生；间岁一试，补上舍生。弥封、誊录，如贡举法。"

《文献通考》："元丰二年，颁学令。太学置八十斋，斋容三十人。外舍生二千人，内舍生三百人，上舍生百人，总二千四百。"

《宋史·职官志》："凡诸生之隶于太学者，分三舍。始入学，验所隶州公据，以试补，中者充外舍。斋长、谕月书其行艺于籍，行谓率教不戾规矩，艺谓治经程文。季终，考于学谕，次学录，次学正，次博士，然后考于长贰。岁终校定，具注于籍，以俟复试。视其校定之数，参验而序进之。凡私试，孟月经义，仲月论，季月策。公试，初场以经义，次场以论、策。试上舍如省试法。凡内舍行艺与所试之等俱优者，为上舍上等，取旨命官；一优一平为中，以俟殿试；一优一否或俱平为下，以俟省试。唯国子生不预考选。""祭酒掌国子、太学、武学、律学、小学之政令，司业为之贰，丞参领监事。""博士十人，掌分经讲授，考校程文，以德行道艺训导学者。""正、录各五人，掌举行学规，凡诸生之戾规矩者，待以五等之罚。""职事学录五人，掌与正、录通掌学规。学谕二十人，掌以所授经传谕诸生，直学四人，掌诸生之籍，及几察出入。凡八十斋，斋置长、谕各一人，掌表率斋生。凡戾规矩者，纠以斋规五等之罚，仍月考斋生行艺，著于籍。"

崇宁中，罢科举，取士一出于学，而太学生至三千八百人。

《宋史纪事本末》："徽宗崇宁元年八月甲戌，蔡京请兴学贡士。县学生选考，升诸州学，州学生每三年贡太学。考分三等，入上等补上舍，中等补中舍，下等补内舍，余居外舍，诸州军解额各以三分之一充贡士。京又请建外学，乃诏即京城南门外营建，赐名辟雍。外圆内方，为屋千八百七十二楹。太学专处上舍内舍生，而外学则处外舍生。士初贡至皆入外学，经试补入上舍、内舍，始得进处太学。太学外舍，亦令出居外学。于是上舍至二百人，内舍六百人，外舍三千人。""三年九月，罢科举法。时虽设辟雍、太学，以待士之升贡者，然州县犹以科举贡士。蔡京以为言，遂诏天下取士，悉由学校升贡，其州郡发解凡试礼部法皆罢。……四年五月。行三舍法于天下。"

虽其法出于新党，论者多不谓然。

《学校贡举私议》（朱熹）："熙宁以来，所谓太学者，但为声利之场。而掌其教学者，不过取其善为科举之文。师生相视，漠然如行路之人。月书季考，只以促其嗜利苟得、冒昧无耻之心，殊非立学教人之本意。"

《论学校》（叶适）曰："崇、观间，以俊秀闻于学者，旋为大官。宣和、靖康所用误国之臣，大抵学校之名士也。"

然陈东等请诛六贼，用李纲。

《宋史·陈东传》："东字少阳，镇江丹阳人。早

有隽声……以贡入大学。钦宗即位，率其徒伏阙上书
论事，请诛蔡京、梁师成、李彦、朱勔、王黼、童贯
六贼。明年，金人迫京师，李邦彦议与金和，李纲主
战，邦彦因少失利，罢纲而割三镇。东复率诸生，伏
宣德门下上书，请用纲，斥邦彦，军民从者数万。书
闻，传旨慰谕，众莫肯去，舁登闻鼓挝坏之，喧呼震
地。于是亟召纲入，复令行营，遣使抚谕，乃稍引去。
高宗即位五日，相李纲。又五日，召东至，未得对，
会纲去。乃上书乞留纲而罢黄潜善、汪伯彦。潜善激
怒高宗杀之。"

与汉之太学生救鲍宣、褒李膺者，后先相映，亦不可谓非养士之
效也。

《汉书·鲍宣传》："宣坐距闭使者，亡人臣礼，大
不敬，不道，下廷尉狱。博士弟子济南王咸，举幡太学
下，曰：'欲救鲍司隶者，会此下。'诸生会者千余人。
朝日，遮丞相孔光自言，丞相车不得行，又守阙上书。
上遂抵宣罪，减死一等。髡钳。"

《后汉书·党锢传》："太学诸生三万余人，郭林宗、
贾伟节为其冠，并与李膺、陈蕃、王畅更相褒重。"

宋代太学之外，有律、算、书、画、医诸学。

《文献通考》："律学，熙宁六年置，教授四员。凡
命官、举人，皆得自占入学。举人须命官二员任其平
素，先入学听读，而后试补。习断案人，试案一道；习

律令人，试大义五道。月一公试，三私试。""需用古今刑书，许于所属索取。凡朝廷新颁条令，刑部画日关送。""算学，崇宁三年立。其业以《九章》、《周髀》及假设疑数为算问，仍兼《海岛》、《孙子》、《五曹》、《张丘建》、《夏侯阳算法》，并历算、三式、天文书为本科。本科外，人占一小经，愿占大经者听。公私试、三舍法，略如太学。上舍三等推恩，以通仕、登仕、将仕郎为次。""书学、篆、隶、草三体，《说文》、《字说》、《尔雅》、《博雅》、《方言》五书，仍兼通《论语》《孟子》义，愿占大经者听。三舍试补升降，略同算学法，推恩差降一等。""画学，曰佛道、人物、山水、鸟兽、花竹、屋木。以《说文》、《尔雅》、《方言》、《释名》教授，《说文》则令篆字著音训，余书皆设答，以所解义，观其能通画意与否。仍分士流、杂流，别其斋而居之。士流兼习一大经、一小经；杂流则诵小经，或读律。考画之等，以不仿前人而物之情态形色俱若自然，笔韵高简为工。三舍试补升降以及推恩，略同书学。惟杂流授官，止自三班借职以下三等。""医学，初隶太常寺。神宗时，置提举制局，始不隶太常。亦置教授一员。翰林医官以下，与上等学生及在外良医为之。学生常以春试，取三百人为额，三学生愿预者听。仿三学之制立三舍法，为三科，以教诸生。有方脉科、针科、疡科，方脉以《素问》、《难经》、《脉经》为大经，《病源》、《千金翼方》为小经。考察、升补等，略如诸学之法。其选用最高者，为尚药医师，以次医职，余各以等补官，为本学博士、正、录及外州医学教授云。"

又有武学，以兵书、弓马、武艺训诱学者。

《宋史·职官志·武学》："庆历三年，诏置武学于武成王庙，以阮逸为教授。八月，罢武学，以议者言'古名将如诸葛亮、羊祜、杜预等，岂专学孙、吴'故也。熙宁五年，枢密院言：'古者出师受成于学，文武弛张，其道一也，乞复置武学。'诏于武成王庙置学。元丰官制行，改教授为博士。绍兴十六年，诏修建武学，武博、武谕以兵书、弓马、武艺诱诲学者。"

而庆历以后，州郡无不有学。

《宋史·职官志》："景祐四年，诏藩镇立学，他州勿听。庆历四年，诏诸路州、军、监各令立学，学者二百人以上，许更置县学。自是州郡无不有学，始置教授，以经术行义训导诸生，掌其课试之事，而纠正不如规者。委运司及长吏于幕职州县内荐，或本处举人有德艺者充。熙宁六年，诏诸路学官委中书门下选差，至是，始命于朝廷。元丰元年，州、府学官共五十三员，诸路惟大郡有之，军、监未尽置。元祐元年，诏齐、庐、宿、常等州各置教授一员，自是列郡各置教官。建炎三年，教授并罢。绍兴三年，复置四十二州。十二年，诏无教授官州、军，令吏部申尚书省选差。二十六年，诏并不许兼他职，令提举司常切遵守。"

宋儒文集，多有州郡建学碑记，可见一代风气。王昶《金石萃编》载"永兴军牒"及"中书札子"。

> 户部侍郎知永兴军范雍奏：国家剽甲敦儒，宅中开绪云云，臣伏见本府城中，见有系官隙地，欲立学舍五十间。乞于国子监请经典史籍一监，仍拨系官庄田一十顷，以供其费。访经明行修者为之师范，召笃学不倦者补以诸生。候敕旨牒。奉敕：依奏，许建立府学，仍勘会于系官荒闲土地内，量拨伍顷，充府学支用。及令国子监赐与《九经》书籍，不得假借出外，及有损污散失，仍令本军常切选差官一员管句。
>
> 户部侍郎知河阳军范雍奏：臣昨知永兴军，体量得前资寄任官员颇多，子弟辈不预肯构，唯恣嘲谑轻薄，斗谍词讼。自来累有条约，与诸处不同，有过犯情理重者，并奏听敕裁，然终难悛革。盖由别无学校励业之所，是致轻悍成风。臣到任后，奏乞建置府学，兼赐得《九经》书，差官主掌，每日讲授。据本府分析，即今见有本府及诸州修业进士一百三十人在学，关中风俗稍变，颇益文理。见是权节度掌书记陈谕管句，欲乞特降敕命指挥下本府管句官员，令常切遵守所立规绳，不得骤废，候敕旨。右奉圣旨：依奏，札付永兴军准此者。

知宋初各地立学，尚须特奏。关中为自古都会，而学校久废，待范雍而后兴，则自北宋中叶以降，无论路府州军，皆立学校教授，不得谓非文化之巨典也。虽然，宋代学校，究不逮科举之盛。宋之君主，多注重取士，临轩试士，待之极渥。

　　《文献通考》："太祖开宝八年，亲试举人，得王嗣宗等三十六人。""按殿前试士，始于唐武后。然唐制以考功郎中任取士之责，后不过下行其事，以取士誉，非于考功已试之后再试之也。""开宝六年，李昉知举放进士，后下第人徐士廉等打鼓论榜。上遂于讲武殿命题重试，御试自此始。""然是年虽别试，而共为一榜，亦未尝有省试、殿试之分。""至八年，复试礼部贡院合格举人王式等于讲武殿内，出试题，得进士三十六人，而以王嗣宗为首。王式者，礼部所定合格第一人，则居其四。盖自是年御试，始别为升降，始有省试、殿试之分，省元、状元之别云。"

而糊名考校、解衣阅视之令又极严，

　　《文献通考》："淳化三年，诸道举人凡万七千余人，苏易简知举殿试，始令糊名考校。""景德四年，令礼部糊名考校。""大中祥符五年，上闻贡院监门官以诸科举人挟书为私，悉解衣阅视，失取士之体，亟令止之。又令贡院录诸州发解试题以闻，以将廷试，虑或重复，自是用以为例。"

其举也限以年，

　　《文献通考》："英宗治平三年，诏曰：先帝以士久不贡，怠于学，而豪杰者不时举，故下间岁之令。而自更法以来，其弊漫长，里选之牒仍故，而郡国之取减半，计偕之籍屡上，而道涂之劳良苦，朕甚闵焉。其令礼部三岁一贡举。"

其取也判以甲，

> 《文献通考》："太平兴国八年，试进士始分三甲。
> 第一甲并知县。"

定其解额，先以秋试。

> 《文献通考》："绍兴十一年，始就诸路秋试。每五
> 人解一名，省试七人取一名。"

于是天下学者，悉萃精力于考试，反视学校进身不如科举之捷。
虽以王安石之提倡经术，

> 《宋史·选举志》："王安石对曰：'今人材乏少，
> 且其学术不一，异论纷然，不能一道德故也。一道德则
> 修学校，欲修学校，则贡举法不可不变。若谓此科尝多
> 得人，自缘仕进别无他路，其间不容无贤。若谓科法已
> 善，则未也。今以少壮时，正当讲求天下正理，乃闭门
> 学作诗赋，及其入官，世事皆所不习，此科法败坏人
> 才，致不如古。'既而中书门下言：'古之取士，皆本学
> 校，道德一于上，习俗成于下，其人才皆足以有为于
> 世。今欲追复古制，则患于无渐。宜先除去声病对偶
> 之文，使学者得专意经术，以俟朝廷兴建学校，然后
> 讲求三代所以教育选举之法，施于天下，则庶几可以
> 复古矣。'于是改法，罢诗赋、帖经、墨义，士各占治

《易》、《诗》、《书》、《周礼》、《礼记》一经，兼《论语》、《孟子》。每试四场，初大经，次兼经，大义凡十道，次论一首，次策三道，礼部试即增二道。中书撰大义式颁行。试义者须通经，有文采，乃为中格。不但如明经墨义，粗解章句而已。"

蔡京之主废科举，其弊卒不能革。盖利禄之途既开，奔竞之心日甚，亦势之无可如何者也。

南宋学制，亦沿三舍之法，太学初仅养士七百人。

《宋史·选举志》："绍兴八年，叶䌽上书请建学，而廷臣皆以兵兴馈运为辞。十三年，兵事稍宁，始建太学。置祭酒、司业各一员，博士三员，正、录各一员，养士七百人。上舍生三十员，内舍生百员，外舍生五百七十员。"

庆元、嘉定中，增外舍生至千四百员，申严积分之法。

《续文献通考》："庆元、嘉定中，增外舍生至千四百员。内舍校定，不系上舍，试年分以八分为优等，外舍生晏泰亨以七分三厘乞理为三优，朝命不许。遂申严学法，今后及八分者，方许岁校三名。如八分者止有一人，而援次优三优之例者，亦须止少二三厘，方可陈乞特放。"

其学规，有关暇、迁斋、夏楚屏斥诸目。

　　《续文献通考》：“学规五等：轻者关暇几月，不许出入，此前廊所判也。重则前廊关暇，监中所行也。又重则迁斋，或其人果不肖，则所迁之斋亦不受，又迁别斋，必须委曲人情方可。直须本斋同舍力告公堂，方许放还本斋，此则比之徒罪。又重则下自讼斋，比之黥罪，自宿自处，同舍亦不敢过而问焉。又重则夏楚屏斥，比之死罪，自此不与士齿矣。”

吴自牧《梦粱录》详载临安学校规制，观之可以见南宋国学及府县学校之概：

　　太学有二十斋，扁曰服膺、缇身、习是、守约、存心、允蹈、养正、持志、节性、率履、明善、经德、循理、时中、笃信、果行、务本、贯道、观化、立礼。十七斋扁，俱米友仁书。余节性、经德、立礼斋扁，张孝祥书。各斋有楼，揭题名于东西壁。厅之左右为东西序，对列，位后为炉亭，又有亭宇，揭以嘉名甚夥。绍兴年间，太学生员额三百人，后增置一千员，今为额一千七百一十有六员。以上舍额三十人，内舍额二百单六人，外舍额一千四百人，国子生员八十人。诸生衫帽出入，规矩森严。朝家所给学廪，动以万计，日供饮膳，为礼甚丰。宗学在睦亲坊，按国朝宗子分为六宅，宅各有学，学各有训导之官。中兴后，惟睦亲一宅，置诸王宫大小学教授，专以训迪南班子弟。嘉定岁，始改宫学为宗学，凡有籍之宗子，以三岁一试，补入为生员，如太学法。置教授、博士、宗谕，立讲课，隶宗正寺掌之。学立大成殿、御书阁、明伦堂、立教堂、汲古堂。斋舍有六，扁曰贵仁、立爱、大雅、明贤、怀德、升俊。……杭州府学在凌家桥西，士夫嫌其湫隘，故帅臣累增辟规模，广其斋舍，总为十斋，扁曰进德、兴能、登俊、宾贤、持正、崇礼、致道、尚志、率性、养心。又有小学斋舍，在登俊后，以东西二教掌其教训之职，次有前廊录正等生员，各斋有长谕。月书季考，供膳亦厚，学廪不下数千，出纳、学正领其职。仁和、钱塘二县学，在县左，建庙学养士。仁和学有斋舍四，扁曰教文、教行、教忠、教信；钱塘学斋舍六，扁曰友善、辨志、教行、教信、教文、教忠。诸县学亦如之。各县有学官，次有学职。生员日供饮膳，月修课考，悉如州县学。各州县学廪，不下数百，以为养士之供。医学在通江桥北，又名太医局。建殿扁曰神应，奉医师神应王，以岐伯、善济公配祀。讲堂扁曰正纪。朝家以御诊长听充判局职，本学以医官充教授四员，领斋生二百五十人。月季教课，出入冠带如上学礼，学廪饮膳丰厚不苟，大约视学校规式严肃。局有斋舍者八，扁曰守一、全冲、精微、立本、慈和、致用、深明、稽疾。

《癸辛杂识》痛诋当时学者：

> 三学之横，盛于淳祐、景定之际。凡其所欲出者，虽宰相、台谏，亦直攻之使必去，权乃与人主抗衡。或少见施行，则必借秦为谕，动以坑儒恶声加之。时君时相，略不敢过而问焉。其所以招权受赂，豪夺庇奸，动摇国法，作为无名之谤，扣阍上书，经台投卷，人畏之如狼虎。若市井商贾，无不被害，而无所赴诉，非京

尹不敢过问，虽一时权相如史嵩之、丁大全，亦未如之何也。大全时，极力与之为敌，重修丙辰监令，榜之三学，时则方大猷实有力焉。其后诸生竭力合党以攻大全，大全终于得罪而去。至于大猷，实有题名之石，磨去以为败群之罚。自此之后，恣横益甚。至贾似道作相，度其不可以力胜，遂以术笼络，每重其恩数，丰其馈给，增拨学田，种种加厚。于是诸生啖其利而畏其威，虽目击似道之罪，而嗫不敢发一语。

然太学诸生，能直攻宰相、台谏而使之去，其权至与人主抗衡，则正宋室养士之效。以贾似道之奸，而不敢得罪学生，仅思以术笼络，其贤过于今之政府多矣。

元代京师有国子学，及蒙古国子学、回回国子学，盖其文字不专用一国也。蒙古国子学以教蒙文。

《续文献通考》："世祖至元八年正月，立京师蒙古国子学。命于随朝蒙古汉人百官及集赛台官员，选子弟俊秀者入学。并令好学者兼习算学，以《通鉴》节要，用蒙古语言译写教之。俟生员学习成效，出题试问，观其所对，精通者量授官职。十四年，又立蒙古国子监。至成宗大德十年二月，增生员廪膳为六十员。""仁宗延祐二年，生员百人：蒙古五十人，色目二十人，汉人三十人。而百官子弟之就学者，常不下二三百人。"

回回国子学以教回文。

《续文献通考》："至元二十六年八月，置回回国子学。尚书省臣言：亦思替非文字宜施于用，今翰林院伊普迪哈鲁鼎能通其字学，乞授以学士之职。凡公卿大夫与夫富民之子，皆依汉人入学之制，日肄习之。帝可其奏，遂置回回学。""泰定二年闰正月，以入学者众，其学官及生员五十余人，已给饮膳者二十七人，外助教一人，生员二十四人，廪膳并令给之。学之建置，在于国都。凡百司庶府所设译史，皆从本学取以充焉。"

于吾国之文化无大关系。其国子学之教汉文者，则沿宋代之制，建孔子庙，分斋舍，行积分法。

《贾侯修庙学颂序》（吴澄）："世祖皇帝至元二十四年，设国子学，命立孔子庙。暨顺德忠献王哈喇哈孙相仁宗，始克继先志，成其事，而工部郎中贾侯董其役。庙在东北纬涂之南，北东经涂之东。殿四阿，崇十有七仞，南北五寻，东西十筵者三，左右翼之，广亦如之。衡达于两庑，两庑自北而南七十步。中门崇九仞有四尺，修半之，广十有一步。门东、门西之庑各广五十有二步，外门左右，为斋宿之室，以间计，各十有五。神厨、神库、南直殿之左右翼，以间计各七。殿而庑，庑而门，外至于外门，内至于厨、库，凡四百七十有八楹。肇谋于大德三年之春，讫功于大德十年之秋，于是设官教国子已二十年矣。寄寓官舍，不正其名，乃营国学于庙之西。中之堂为监，前以公聚，后以燕处。旁有东西夹，夹之东西各一堂以居博士。东堂之东，西堂之西，有室；东室之东，西室之西，有库。库之前为六馆，东西向，以居弟子员。一馆七室，助教居中以莅之。馆南而东而西为两塾，以属于门，屋四周通百间，逾年而成。"《元史·选举志》："仁宗延祐二年，用集贤学士赵孟頫、礼部尚书元明善等所议，国子学贡试之法更定之。一曰升斋等第。六斋东西相向，下两斋左曰游艺，右曰依仁，凡诵书讲说、小学属对者隶焉；中两斋左曰据德，右曰志道，讲说《四书》、课肄诗律者隶焉；上两斋左曰时习，右曰日新，讲说《易》、《书》、《诗》、《春秋》，科习明经义等程文者隶焉。每斋员数不等，每季考其所习经书课业及不违规矩者，以次递升。二曰私试规矩。汉人验日新、时习两斋，蒙古、色目取志道、据德两斋。本学举实历坐斋二周岁以上未尝犯过者，许令充试；限实历坐斋三周岁以上以充贡举。汉人私试，孟月试经疑一道，仲月试经义一道，季月试策问、表章、诏诰科一道。蒙古、色目人，孟、仲月各试明经一道，季月试策问一道。辞理俱优者为上等，准一分；理优辞平者为中等，准半分。每岁终，通计其年积分，至八分以上者，升充高等。生员以四十名为额，内蒙古、色目各十名，汉人二十名。岁终试贡，员不必备，惟取实才。有分同阙少者，以坐斋月日先后多少为定。其未及等并虽及等无阙未补者，其年积分，并不为用，下年再行积算。每月初二日蚤旦圆揖后，本学博士助教公座面引应试生员，各给印纸，依式出题考试，不许怀挟代笔，各用印纸真楷书写。本学正、录弥封誊录，余并依科举式。助教博士以次考定，次日监官复考，于名簿内籍记各得分数，本学收掌，以俟岁终通考。三曰黜罚科条。应私试积分生员，其有不事课业及一切违戾规矩者，初犯罚一分，再犯罚二分，三犯除

名，从学正、录纠举；正、录知见而不纠举者，从本监
议罚之。应已补高等生员，其有违戾规矩者，初犯殿试
一年，再犯除名，从学正、录纠举；正、录知见而不纠
举者，亦从本监议罚之。应在学生员，岁终实历坐斋不
满半岁者，并行除名。除月假外，其余告假并不准算。
学正、录岁终通行考校，应在学生员，除蒙古、色目别
议外，其余汉人生员三年不能通一经及不肯勤学者，勒
令出学。”

要亦科举之变相，不足以言教育。其府州县学校，则见于史籍
者，为数颇多。

《元史·世祖本纪》：“至元二十三年，大司农司
上诸路学校之数，凡二万一百六十六所。二十五年，
二万四千四百余所。二十八年，二万一千三百余所。”

盖合社学而言，或沿宋、金之制。惟云南创建学校，于推广文
化，有可纪焉。

《续通考》：“至元十九年四月，命云南诸路皆建
学，祀先圣。”“云南俗无礼义，子弟不能读书，且未知
尊孔子，祀王逸少为师。至元三年，赛音谔德齐沙木斯
鼎为云南行省平章，创建孔子庙、明伦堂，购经史，授
学田。十五年，张立道为忠庆路总管，亦首建孔子庙，
置学舍，劝士人子弟以学。择蜀士之贤者，迎以为弟子
师。岁时率诸生行释菜礼，人习礼让，风俗稍变。至是
复有是命。二十九年四月，设云南诸路学校，其教官以

蜀士充。”

书院之名，昉于唐而盛于宋、元。

> 《唐六典》："开元十三年，改集贤殿修书所为集贤
> 殿书院。""有学士、直学士、侍讲学士、修撰官、校理
> 官、知书官等。""集贤院学士掌刊缉古今之经籍，以辨
> 明邦国之大典，而备顾问应对。凡天下图书之遗逸、贤
> 才之隐滞，则承旨而征求焉。其有筹策之可施于时，著
> 述之可行于代者，较其才艺，考其学术，而申表之。凡
> 承旨撰集文章，校理经籍，月终则进课于内。岁终则考
> 最于外。"

宋初有四大书院：曰白鹿洞，曰岳麓，曰应天，曰嵩阳，其建置
实先于各州之学。(《文献通考》称宋初有四书院：庐山白鹿洞，
嵩阳书院，岳麓书院，应天书院，未建州学也。) 王应麟《玉海》
述四书院之历史甚详。今节录之：

白鹿洞书院。

> 唐李渤与兄涉，俱隐白鹿洞，后为江州刺史，即洞
> 创台榭。南唐升元中，因洞建学馆，置田以给诸生。学者
> 大集，以李善道为洞主，掌教授，当时谓之白鹿洞国庠。
> 宋太平兴国三年，知江州周述言庐山白鹿洞学徒数千百
> 人，请赐《九经》书肄习之。诏从之。皇祐五年，孙琛即
> 故址为学馆十间，榜曰白鹿洞之书堂，俾子弟居而学焉。
> 淳熙六年，南康守朱熹重建。八年，赐国子监经书。

岳麓书院。

开宝九年，潭州守朱洞，始于岳麓山抱黄洞下，以待四方学者，作讲堂五间，斋序五十二间。咸平二年，潭守李允则，益崇大其规模，中开讲堂，揭以书楼，塑先师十哲之像，画七十二贤。请下国子监赐诸经释文义疏、《史记》、《玉篇》、《唐韵》。从之。祥符五年，山长周式请于太守刘师道，广其居。八年，拜式为国子主簿，仍增给中秘书，于是书院之称闻天下。

应天府书院。

祥符二年，诏应天府新建书院，以曹诚为助教。国初有戚同文者，通五经业，聚徒百余人。于是诚即同文旧居建学舍百五十间，聚书千五百余卷，愿以学舍入官，令同文孙舜宾主之，故有是命。景祐二年，以书院为府学，给田十顷。

嵩阳书院。

至道二年七月甲辰，赐院额及印本《九经》书疏。祥符三年，赐太室书院《九经》。景祐二年，西京重修太室书院，诏以嵩阳书院为额。

此外则衡州石鼓书院，建置亦甚久。《文献通考》称石鼓书院，唐元和间衡州李宽所建，国初赐额。故言宋初四大书院者，或举石鼓而不及嵩阳，盖嵩阳后来无闻，而石鼓则南宋时犹存也。北宋诸儒，多讲学于私家。南宋诸儒，多讲学于书院，故南宋时书院最盛。

> 《续通考》："宋自白鹿、石鼓、应天、岳麓四书院后，日增月益，书院之建，所在有之。宁宗开禧中，则衡山有南岳书院，掌教有官，育才有田，略仿四书院之制。嘉定中，则涪州有北岩书院。至理宗时尤夥，其得请于朝，或赐额，或赐御书，及间有设官者。应天有明道书院，苏州有鹤山书院，丹阳有丹阳书院，太平有天门书院，徽州有紫阳书院，建阳有考亭书院、庐峰书院，崇安有武夷书院，金华有丽泽书院，宁波有甬东书院，衢州有柯山书院，绍兴有稽山书院，黄州有河东书院，丹徒有淮海书院，道州有濂溪书院，兴化有涵江书院，桂州有宣成书院，全州有清湘书院。度宗朝，则淳安有石峡书院，衢州有清献书院。其他名贤庋止、士大夫讲学之所自为建置者，不与焉。"

其法亦有仿三舍制者。

> 《续通考》："理宗淳祐六年，敕湖广善化县别建湘西书院。""潭州故有岳麓书院，至是御书其额赐之，复于湘水西别建书院。州学生月试积分高等，升湘西、岳麓书院生，又积分高等升岳麓精舍生。潭人谓为三学生。"

按宋时书院性质，殆有官立、私立两种。官立者如白鹿、岳麓等是，私立者如泰山书院、浮沚书院等是。

　　　　《泰山书院记》（石介）曰："泰山先生于泰山之阳，
　　　起学舍讲堂，聚先圣之书满屋，与群弟子居之。"

　　　　《宋元学案》："周行己，字恭叔，永嘉人。大观中，
　　　筑浮沚书院以讲学。"

其由私立改为官立者，如戚同文讲学之所，复改为应天书院是。

　　　　《宋元学案》："戚同文字同文，晋末衰乱，绝意禄
　　　仕，将军赵直为筑室聚徒，请益之人，不远千里而至。"

　　　　《答张征士问四大书院帖子》（全祖望）："戚同文
　　　讲学睢阳，生徒即其居为肄业之地。祥符三年，赐额，
　　　晏元献公延范希文掌教焉。"

《续通考》所未载者，尚有传贻书院（《宋元学案》："辅广，字
汉卿，崇德人。筑传贻书院，教授学者，称传贻先生。"）、石坡
书院（《宋元学案》："桂万荣，字梦协，慈溪人，尝筑石坡书院
讲学。"）、杜洲书院（《宋元学案》："童居易，字行简，慈溪人。
累世讲学，其孙金筑杜洲书院。"）、同人书院（《宋元学案》："高
定，字瞻叔，知夹江县，作同人书院。"）、石洞书院（《宋元学
案》："饶鲁，字伯余，余干人。于家作石洞书院，前有两峰，因
号双峰。"）、象山书院（《宋元学案·彭世昌传》："陆象山奉祠
归家，世昌登应天山，乐之，因为建一精舍，以居象山，即所谓
象山书院也。"）等。其规模大小也不等，如白鹿书院，不过小屋
四五间（朱熹《申修白鹿洞书院小贴子》："所立书院，不过小
屋四五间，不敢妄有破费官钱，伤耗民力。"）、杜洲书院则有礼
殿讲堂等（全祖望《杜洲书院记》："有先圣碑亭，有礼殿，有讲
堂，有六斋，曰志道、曰尚德、曰复礼、曰守约、曰慎独、曰养

浩。有书库，有祭器，门廊庖湢，纤悉毕备。"）。学生膏火，有取之田租者（全祖望《杜洲书院记》："有田租以资学者。"），有取之官费者（朱熹《措置潭州岳麓书院牒》："游学之士，依州学则例。日破米一升四合，钱六十文。其排备斋舍几案床榻之属，并帖钱粮官于本州赡学料次钱及书院学粮内，通融支给。"）。讲学之法，或官吏延师，或主者自教，或别请大儒（《宋元学案》："陆象山至白鹿洞书院，朱子率僚友请其讲义，以警学者。象山为讲'君子喻于义，小人喻于利'一章。"），或代以高等弟子（《宋元学案》："陆象山在应天山精舍，学者坐以齿，傅子云居末席。象山令设一席于旁，时令代讲，或疑之，象山曰：'子云天下英才也。'及出荆门，尽以书院事付之。"），盖亦无一定之规则也。

元代书院视宋尤盛。书院山长，亦为定员。

　　《元史·选举志》："至元二十八年，令江南诸路学及各县学内，设立小学。选老成之士教之，或自愿招师，或自受家学于父兄者，亦从其便。其他先儒过化之地，名贤经行之所，与好事之家，出钱粟赡学者，并立为书院。凡师儒之命于朝廷者，曰教授，路府上中州置之。命于礼部及行省及宣慰司者，曰学正、山长、学录、教谕，路州县及书院置之。路设教授、学正、学录各一员，散府上中州设教授一员，下州设学正一员，县设教谕一员，书院设山长一员。"

书院之著者，不下百数。

　　《续通考》："自太宗八年，行中书省事杨惟中，从

皇子库春伐宋，收集伊、洛诸书，送燕京，立宋儒周敦
颐祠，建太极书院，延儒士赵复、王粹等讲授其间。此
元建书院之始。其后昌平有谏议书院，河间有毛公书
院，景州有董子书院，京兆有鲁斋书院，开州有崇义书
院，宣府有景贤书院，苏州有甫里书院、文正书院、文
学书院，松江有石洞书院，常州有龟山书院，池州有齐
山书院，婺源有明经书院，太原有冠山书院，济南有闵
子书院，曲阜有洙泗书院、尼山书院，东阿有野斋书
院。凤翔有岐阳书院，鄠县有横渠书院，湖州有安定书
院、东湖书院，慈溪有慈湖书院，宁波有鄮山书院，处
州有美化书院，台州有上蔡书院，南昌有宗濂书院，丰
城有贞文书院，余干有南溪书院，安仁有锦江书院，永
丰有阳丰书院，武昌有南湖书院、龙川书院，长沙有东
冈书院、乔冈书院，益阳有庆州书院，常德有沅阳书
院，福州有勉斋书院，同安有大同书院，琼州有东坡书
院，凡此盖约略举之，不能尽载也。"

观其书院之多，足知元虽以蒙古入主中国，而教育之权，仍操之
吾族儒者之手。而宋儒讲学之风，虽易代不衰，亦可见矣。

宋、元之世，自有国学及府县之学，而此外又有书院者，盖
学校多近于科举，不足以餍学者之望，师弟子不能自由讲学，故
必于学校之外，别辟一种讲学机关。其官立者，虽有按年积分之
制，而私家所设，或地方官吏自以其意延师讲授者，初无此等拘
束，故淡于荣利，志在讲求修身治人之法者，多乐趋于书院。此
实当时学校与书院之大区别也。宋时州县学校，皆有田产，以赡
学者。然以属于官吏，亦可为强权所夺。

　　《续通考》："至元二十三年，诏江南学校旧有学
田，复给之以养士。""时江南行省理财方急，卖所在学
田，以价输官，利用监彻尔奉使至，见之，谓曰：'学
有田，所以供祭祀、育人才也，安可鬻？'遽止之。还
朝以闻，帝嘉纳焉。至二十九年正月，诏江南州县学
田，其岁入听其自掌。春秋释奠外，以廪给师生及士之
无告者。贡士庄田，则令核数入官。"

若书院之创自私人者，其田产当然属于书院，不至为政府没收。
第须规制完善，经理得人，其事反视官立学校为可恃。故当时定
令，各地虽皆有学校，而士大夫仍于学校之外，增设书院，不以
并行为病，是亦书院与学校异趣者也。呜呼，讲学自由，经济独
立，非今日学者所渴望者乎？稽之史策，固有前规，凡今人之所
虞，何莫非首人所见及者乎！

第十七章　宋元间之文物

历史进化之迹，随在可见，而民族之能力，亦不必随国运之盛衰为消长。两宋之时，汉族对外之力固甚薄弱，至于元世，则全体受制于蒙古，益似无发展之余地矣。然详考其时之文物，则仍继续进步，纚纚不休。文学、工艺、美术、制造，无不各有所新创。综其全体论之，宋代民族审美之风，实又进于唐代。任就何事观察，皆可见其高尚优美之概，不得谓宋人讲理学，偏于迂腐鄙朴，而薄文艺不屑为也。

宋、元之诗文家极夥。稽其数量，倍蓰于唐。

《旧唐书·经籍志》集部凡八百九十二部，一万二千二十八卷。

《宋史·艺文志》凡集类二千三百六十九部，三万四千九百六十五卷。

《补辽金元艺文志》凡集部六百六家，七千二百三十一卷。

而其作品又多别开户牖，能发唐人之所未发。宋之散文大家，三倍于唐之大家，诗与四六又皆有特造之境，而经义之别为一体者无论矣。（经义始于宋，宋《艺文志》不别为类，《补辽金元艺文志》则有制举类七家，三十二卷。）其他诗话文评，尤多作者。

论其性质，则近世所谓修辞学也。

宋、元文学之特产，尤有三焉：曰词，曰曲，曰小说。词起于唐，

> 《全唐诗注》："唐人乐府，原用律绝等诗杂和声歌之，其并和声作实字，长短其句以就曲折者，为填词。开元、天宝肇其端，元和、太和衍其流，大中、咸通以后，迄于南唐、二蜀，尤家工户习以尽其变。凡有五音二十八调，各有分属，今皆失传。"

渐盛于五代。论者谓南唐二主之词，等于书家之羲、献，其时代皆在宋初，故谓二主词亦宋词可也。北宋之工词者，有晏殊、欧阳修、柳永、张先、苏轼、秦观、周邦彦等；南宋之工词者，有辛弃疾、陈亮、陆游、姜夔、吴文英等，前掩唐而后无元明，盖倚声极盛之时也。词之妙，在声韵，至于有井水处，皆能歌之。

> 《避暑录话》（叶梦得）："尝见一西夏归朝官云：凡有井水饮处，即能歌柳词。"
> 《藏一话腴》（陈郁）："周美成乐府独步，贵人学士、市侩妓女皆知其词可爱。"

盖词尚协律，便于弦歌。由诗而进于词，其体愈美，而其用愈普，是亦可征人事之进化也。

小说家著于《汉志》，后世艺文志鲜及之。而小说之作，实亦日新不已。宋李昉等所集《太平广记》，大都采自唐以前及唐人之小说。

《太平广记跋》(谈恺):"宋太平兴国间,既得诸国图籍,而降王诸臣,皆海内名士,或宣怨言,尽收用之,置之馆阁,厚其廪饩,使修群书。以《修文御览》、《艺文类聚》《文思博要》、经史子集一千六百九十余种,编成一千卷,赐名《太平御览》。又以野史、传记、小说诸家编成五百卷,分五十五部,赐名《太平广记》。"

宋时小说,尤为发达。有演述史事者,

高承《事物纪原》:"宋仁宗时,市人有能谈三国事者,或采其说,加缘饰,作影人。"

有直陈时事者,

郎瑛《七修类稿》:"小说起宋仁宗时,国家闲暇,日欲进一奇怪之事以娱之,故小说'得胜头回'之后,即曰'话说赵宋某年'云云。"

其书以说为主,故多用当时语言,与文章家用古文法纪事者有别。

《梦粱录》(吴自牧)"小说讲经史"一则云:"说话者谓之舌辩,虽有四家数,各有门庭。""谈经者谓演说佛书,说参请者谓宾主参禅悟道等事,有宝庵、管庵、喜然和尚等,又有说诨经者戴忻庵。讲史书者谓讲说《通鉴》、汉、唐历代史书文传兴废争战之事,有戴书生、周进士、张小娘子、宋小娘子、邱机山、徐宣

教。又有王六大夫，原系御前供话，为幕士请给，讲诸
史俱通。于咸淳年间，敷演复华篇及中兴名将传，听者
纷纷，盖讲得字真不俗，记问渊源甚广耳。"

又其述说不限时日，故必多分章回，以便使人听而忘倦。今世所
传《宣和遗事》，即章回小说之最古者也。

合词与小说而为戏曲，亦始于宋时。然宋时杂剧，今多不
传。传于世者，惟元人之传奇。传奇之体，皆代当时之人立言，
或用俗语演述，或用韵文申叙，其韵文则谓之曲。

　　　　《宋元戏曲史》（王国维）："唐代仅有歌舞剧及滑
　　稽剧，至宋、金二代始有纯粹演故事之剧，故谓真正
　　之戏剧起于宋代，无不可也。然宋、金演剧之结构，
　　虽略如上述，而其本则无一存。故当日已有代言体之
　　戏曲否，已不可知。而论真正之戏曲，不能不从元杂
　　剧始。"

曲出于词而较长，各按宫商而为调，元时又有南曲、北曲之分。

　　　　《元曲选序》（臧晋叔）："世称宋词元曲，夫词在
　　唐李白、陈后主皆已优为之，何必称宋？惟曲自元始，
　　有南北各十七宫调。"

北曲字多而声调缓，南曲字少而声调繁，盖因南北习尚，而各为
风气者也。元剧至多，今传于世者，尚有百十六种。

　　　　《宋元戏曲史》："今日确存之元剧，为吾辈所能见

者，实得一百十六种。"

其著名之作者，有关汉卿、马致远、白朴、郑光祖、王实甫等。其词多杂俚语，而表情述事，真挚秀杰，实可称为白话文学。推其所以特盛之故，则由出于考试。

《元曲选序》："或谓元取士有填词科，若今帖括然，取给风檐寸晷之下。故一时名士，虽马致远、乔孟符辈，至第四折，往往强弩之末矣。或又谓主司所定题目外，止曲名及韵耳，其宾白，则演剧时伶人自为之，故多鄙俚蹈袭之语。"

而蒙古以野蛮之族，初通中土语文，故亦不克讲求典雅。近世英、法诸国，翻译元典，殆不下二三十种，盖其文与西洋文学性质相近也。

宋之书家，多由唐人变化而出，未足为一代之特色，而法帖则以宋为盛。集古今名人书札，摹勒上石，名曰法帖，始于南唐。

《辍耕录》（陶宗仪）："江南李后主命徐铉以所藏古今法帖入石，名《升元帖》者，则在淳化之前，当为法帖之祖。"

至宋太宗时，命侍书王著以枣木仿刻，仍题曰勒石。

《辍耕录》："宋太宗留意翰墨。淳化中，出御府所藏，命侍书王著临拓，以枣木镂刻，厘为一十卷。于每

卷末篆题云'淳化三年壬辰岁十一月六日奉圣旨模勒
上石'。"

仁宗时，又诏僧希白刻石于秘阁，

　　《辍耕录》："仁宗尝诏僧希白刻石于秘阁，前有目
　　录，卷尾无篆书题字。"

徽宗时，又刻《续法帖》及《大观帖》。

　　《辍耕录》："徽宗建中靖国间，出内府续所收书，
　　令刻石，即今《续法帖》也。大观中，又奉旨摹拓历代
　　真迹，刻石于太清楼，字行稍高，而先后之次，与淳化
　　则少异。其间数帖，多寡不同，各卷末题云'大观三年
　　正月一日奉圣旨摹勒上石'者，蔡京书也。而以《建中
　　靖国续帖》十卷，易去岁月名衔以为后帖。又刻孙过庭
　　《书谱》及《贞观十七帖》，总为二十二卷，谓之《大
　　观太清楼帖》。"

自是学书者多取法于帖，而法帖亦孳乳浸多，有《绛帖》、《潭帖》
诸本。

　　《辍耕录》："《绛帖》者，尚书郎潘师旦以官帖摹
　　刻于家为石本，而传写字多讹舛，世称为《潘驸马帖》，
　　二十卷。其次序卷帖虽与淳化官帖不同，而实则祖之，
　　特有所增益耳。单炳文曰：淳化官本《法帖》，今不复
　　多见，其次《绛帖》最佳，而旧本亦已艰得。""《潭帖》

者，庆历中，刘丞相帅潭日，以《淳化官帖》命慧照大师希白模刻于石，置之郡斋，增入《伤寒》、《十七日》、王濛、颜真卿诸帖，而字行颇高，与淳化阁本差不同。"

考证批评，亦因以盛，是固一时之风气也。

《文献通考》："《法帖释文》十卷，晁氏曰：《淳化法帖》既以焚板，元祐中，有刘次庄者，模刻之石，复取帖中草书所病读者为释文，行于世。""《法帖刊误》二卷，陈氏曰：黄伯思长睿撰。《淳化帖》出于待诏王著。去取时秘府墨迹，真赝杂居，著不能辨也，但欲备晋、宋间名迹，遂至以江南人一手伪帖，窜入其间，鄙恶之甚。米南宫辨之，十已得七八，至长睿益精详矣。""《绛帖评》二十卷，陈氏曰：鄱阳姜夔尧章撰，山谷黄氏跋：绛本法帖，心能转腕，手能转笔，书字便如人意，古人工书无他异，但能用笔耳。"

又自唐代推崇王羲之所书《兰亭序》，至于宋季，遂有一百一十七刻，

《辍耕录》（陶宗仪）："兰亭一百十七刻，装褫作十册。乃宋理宗内府所藏，每版有内府图书钤缝玉池上，后归贾平章。"

至于偏旁点画，亦一一有所考证，识者讥为玩物丧志。盖审美之极，辨析毫芒，遂至是耳。

　　《文献通考》："《兰亭博议》十五卷，淮海桑世昌
撰。""此书累十余卷，不过为晋人一遗帖作，自是无
益，玩物丧志。"

　　唐代绘事已甚发达，至宋、元而尤为进步。黄筌之花卉，李
公麟之人物，米芾及子友仁之山水，皆卓绝于世。徽宗嗜书画，
尝设书画学及书艺画图等局，

　　《宋史·徽宗本纪》："建中靖国三年六月壬子，置
书画算学。""大观四年三月庚子，诏医学生并入太医
局，算入太史局，书入翰林书艺局，画入翰林画图局，
学官等并罢。"

有书画学博士，

　　《宋史·米芾传》："召为书画学博士。"

故绘事几成专家之学。据《宣和画谱》录画凡十门，

　　《四库全书总目》："《宣和画谱》二十卷，所载共
二百三十一人，计六千三百九十六轴。分为十门：一道
释，二人物，三宫室，四蕃族，五龙鱼，六山水，七鸟
兽，八花木，九墨竹，十蔬果。"

皆御前书画所诸名家所审定。

　　《铁围山丛谈》（蔡絛）："崇宁初，命宋乔年值御

前书画所。乔年后罢去，继以米芾辈，迨至末年，上方
所藏，率至千计。"

提倡美术，殆莫盛于宣和。降及南渡，仍仿宣和故事，置御前画
院。当时待诏，有四大家之称，

《四库全书总目》："南宋仿宣和故事，置御前画院。
有待诏、祗候诸官品，其所作即名为院画。当时如李
唐、刘松年、马远、夏珪等，有四大家之称。"

其余知名者，殆不下百数。

《南宋院画录》（厉鹗）："南宋画家凡九十六人。"
《辍耕录》（陶宗仪）："自高宗建炎初至幼主德祐
乙亥，能画者一百五十一人。"

所谓上有好者，下必有甚焉者也。元承宋绪，画手益多，九十年
间，著名者至二百余人。

《辍耕录》："夏文彦品藻名迹，自至元丙子至今，
九十余年间二百余人。"

盖元文宗能画，

《辍耕录》："文宗居金陵潜邸时，命臣房大年画京
都万岁山，大年辞以未尝至其地。上索纸为运笔，布画
位置，令按稿图上。"

当时有鉴画博士，

> 《四库全书总目》："柯九思在元文宗时，为鉴画
> 博士。"

故画学蝉嫣不衰。《辍耕录》称画家有十三科：佛菩萨相，玉帝
君王道相，金刚鬼神罗汉圣僧，风云龙虎，宿世人物，全境山
水，花竹翎毛，野骡走兽，人间动物，界画楼台，一切傍生，耕
种机织，雕青嵌绿。其分目视《宣和画谱》为多。如宣和只有道
释一门，而元则分佛、道、鬼神等三类，虽其性质相近，知必各
有专精矣。近人论画者，谓宋画集古之大成，为公元十五世纪前
大地万国之最。

> 《万木草堂画目》（康有为）："画至于五代，有唐
> 之朴厚而新，开精深华妙之体。至宋人出而集其成，无
> 体不备，无美不臻。且其时院体争奇竞新，甚且以之试
> 士。此则虽欧、美之重物质，尚未之及。吾遍游欧、美
> 各国，频观于其画院，考其十五世纪前之画，皆为神
> 画，无少变化。若印度、突厥、波斯之画，尤板滞无
> 味，自桧以下矣。故论大地万国之画，当西十五世纪
> 前，无有我中国若。即吾中国动尊张、陆、王、吴，大
> 概亦出于尊古过甚。鄙意以为中国之画，亦到宋而后变
> 化至极，非六朝、唐所能及，如周之文监二代而郁郁，
> 非夏、殷所能比也。故敢谓宋人画为西十五纪前大地万
> 国之最，后有知者，当能证明之。"

又谓欧人油画，出于吾国。

　　《万木草堂画目》：“易元吉《寒梅雀兔图》立轴绢本，油画逼真，奕奕有神。”“宋澥山水册幅一绢本，油画。与欧画全同，乃知油画出自吾中国。吾意马哥波罗得中国油画，传至欧洲，而后基多（Giotto）、琏腻（Leoaardo da Vinci）、拉非尔（Raphael）乃发之。观欧人画院之画，十五世纪前无油画可据。此吾创论，后人当可证明之。”“赵永年《雪犬》册幅一绢本，油画奕奕如生。”“龚吉兔册幅一绢本，油画。”“陈公储画龙册幅一绢本，油画。公储固以龙名，而此为油画，尤足资考证。”

其说之然否，尚待考订。惟谓中国画学之衰，始于元四家，则实为评画至论。

　　《万木草堂画目》：“中国自宋前画皆象形，虽贵气韵生动，而未尝不极尚逼真。院画称界画，实为必然，无可议者，今欧人尤尚之。自东坡谬发高论，以禅品画，谓作画必须似，‘见与儿童邻’，则画马必须在牝牡骊黄之外，于是元四家大痴、云林、叔明、仲圭出，以其高士逸笔，大发写意之论。而攻院体，尤攻界画，远祖荆、关、董、巨，近取营丘、华原，尽扫汉、晋、六朝、唐、宋之画，而以写胸中丘壑为尚，于是明、清从之。……惟是模山范水梅兰竹菊萧条之数笔，则大号曰名家。……盖中国画学之衰，至今为极矣，则不能不追源作俑以归罪于元四家也。”

画必形神兼至，徒得神而遗形，已失画之本意矣。
　　美术与工艺至有关系。宋代绘画极精，故其工艺亦冠绝古今。世所传李诚《营造法式》，详载当时宫殿、户牖、柱阶、檐井建筑雕刻彩画涂墍之法。

> 《江宁图书馆书目》："《营造法式》，三十六卷，宋李诚奉敕撰。"
>
> 《影印营造法式跋》(俞纪琦)："宋李诚《营造法式》三十六卷，内分总例、释例二卷，制度十二卷，工限十卷，料例并工作等三卷，图样六卷。"

至今犹诧为精绝。若僧怀丙、詹成等绝技，世虽不传，要必由普通工艺之精，然后有特殊之人物也。

> 《宋史·方技传》："僧怀丙，真定人。巧思出天性。真定构木为浮图十三级，势尤孤绝，既久而中级大柱坏，欲西北倾，他匠莫能为。怀丙度短长，别作柱，命众工维而上。已而却众工，以一介自从，闭户良久，易柱下，不闻斧凿声。"
>
> 《辍耕录》："詹成者，宋高宗朝匠人，雕刻精妙无比。尝见所造鸟笼，四面花版，皆于竹片上刻成宫室、人物、山水、花木、禽鸟，纤悉俱备。其细若缕，而且玲珑活动，求之二百余年来，无复此一人矣。"

元代亦重工艺，《经世大典·工典》凡列二十二目：一曰宫苑，二曰宫府，三曰仓库，四曰城郭，五曰桥梁，六曰河渠，七曰郊庙，八曰僧寺，九曰道宫，十曰庐帐，十一曰兵器，十二曰卤簿，十三曰玉工，十四曰金工，十五曰木工，十六曰抟埴之工，十七曰石工，十八曰丝枲之工，十九曰皮工，二十曰毡罽之工，二十一曰画塑之工，二十二曰诸匠。诸匠之中，画塑尤精。绘塑佛像，特设专官提举。

> 《元史·职官志·工部》："梵像提举司，董绘画佛像及土木刻削之工。"

画塑之像，并可以丝织之。

> 《元代画塑记》："成宗大德十一年十一月二十七日，敕丞相脱脱、平章秃坚帖木儿等：成宗皇帝、贞慈静懿皇后御影，依大天寿万宁寺内御容织之；南木罕太子及妃、晋王及妃，依帐殿内所画小影织之。"

塑像之艺之精者曰阿尔尼格。

> 《元史》："阿尔尼格，尼博啰国人也。……同学有为绘画妆塑业者，读《尺寸经》，阿尔尼格一闻即记，长善画塑及铸金为像。……从帝师帕克斯巴入朝，帝命取明堂针灸铜像示之，曰：'此安抚王檝使宋时所进，岁久阙坏，无能修完之者，汝能新之乎？'对曰：'臣虽未尝为此，请试之。'至元二年，新像成，关鬲脉络皆备，金工叹其天巧，莫不愧服。凡两京寺观之像，多出其手。为七宝镔铁法轮，车驾行幸，用以前导，原庙列圣御容，织锦为之，图画弗及也。"《元代画塑记》："大德三年，命阿你哥塑三清殿神像。八年，又令阿你哥塑城隍庙三清神像。"

其弟子曰刘元，亦称绝艺。

> 《元史》："有刘元者，尝从阿尔尼格学西天梵相，亦称绝艺。……至元中，凡两都名刹塑土范金抟换为佛像出元手者，神思妙合，天下称之。""抟换者，漫帛土偶上而髹之，已而去其土，髹帛俨然成像云。"

至今燕京寺刹尚有刘元所塑像，此元代之特色也。

宋人之精于天算者，以沈括、苏颂为最。括有浑仪、浮漏、景表三议，见《宋史·天文志》，其《景表议》尤为世所称。

> 《畴人传》（阮元）："沈括于步算之学，深造自得。所上三议，并得要领，其景表一议，尤有特见，所谓烟气尘氛，出浊入浊之节，日日不同，即西人蒙气差所自出也。"

颂于元祐间，与韩公廉创制仪象，著《新仪象法要》三卷，史称其所制仪象，吻合躔度，最为奇巧。

> 《宋史·天文志》："苏颂更作仪象，上置浑仪，中设浑象。旁设昏晓更筹，激水以运之，三器一机，吻合躔度，最为奇巧。"

而秦九韶著《数学九章》，发明立天元一法，尤为有功于算术。

> 《畴人传》："秦九韶字道古，秦、凤间人也。寓居湖州，少为县尉。淳祐四年，以通直郎通判建康府，著

《数学九章》九卷。"《四库全书总目》："《数学九章》十八卷，宋秦九韶撰。是书分为九类：一曰大衍，以奇零求总数，为九类之纲；二曰天时，以步气朔晷影及五星伏见；三曰田域，以推方圆幂积；四曰测望，以推高深广远；五曰赋役，以均租税力役；六曰钱谷，以权轻重出入；七曰营建，以度土功；八曰军旅，以定行阵；九曰市易，以治交易。虽以九章为名，而与古《九章》门目迥别。盖古法设其术，九韶则别其用耳。……此书大衍术中所载立天元一法，能举立法之意而言之。其用虽仅一端，而以零数推总数，足以尽奇偶和较之变，至为精妙。苟得其意而用之，凡诸法所不能得者，皆随所用而无不通。后元郭守敬用之于弧矢，李冶用之于勾股方圆，欧逻巴新法易其名曰借根方，用之于九章八线，其源实开自九韶，亦可谓有功于算术者矣。"

盖宋重算学，设校教士，故古算书多出于是时。学者因之研究精微，以古名家辈出也。

《畴人传》："杨辉著《续古摘奇算法》，言古今算书。元丰七年，刊入秘书省，又刻于汀州学校者十书，曰《黄帝九章》《周髀算经》《五经算法》《海岛算经》、《孙子算法》《张丘建算法》《五曹算法》《缉古算法》、《夏侯算法》、《算术记遗》。元丰、绍兴、淳熙以来刊刻者，有《议古根源》、《益古算法》、《证古算法》、《明古算法》、《辨古算法》、《明源算法》、《金科算法》、《指南算法》、《应用算法》、《曹康算法》、《贾宪九章》、《通征集》、《通机集》、《盘珠集》、《走盘集》、《三元化零

歌》、《钤经》、《钤释》十八种。嘉定、咸淳、德祐等
年所刊。……辉所称算书十书而外，今无一存者。"

元之李冶（亦作治）著《测圆海镜》、《益古演段》，演绎立天元
法益精。

　　《畴人传》："李冶字仁卿，号敬斋，真定栾城人，
晚家元氏，登金进士第。至元二年，召为翰林学士，知
制诰，同修国史，著《测圆海镜》十二卷、《益古演段》
三卷。"

　　《四库全书总目》："《测圆海镜》十二卷，元李冶
撰。……其书以勾股容圆为题，自圆心圆外，纵横取之，
得大小十五形，皆无奇零。次列识别杂记数百条，以穷
其理。次设问一百七十则，以尽其用。探赜索隐，参
伍错综，虽习其法者，不能骤解，而其草则多言立天元
一。按立天元一法见于宋秦九韶《九章》大衍数中，厥
后《授时草》及《四元玉鉴》等书皆屡见之，而此书言
之独详，其关乎数学者甚大。……欧逻巴人始以借根方
进呈圣祖仁皇帝，授蒙养斋诸臣习之，梅珏成乃悟即古
立天元一法，于《赤水遗珍》中详解之。且载西名阿尔
热巴拉（Algebra）即华言东来法，知即冶之遗书，流入
西域，又转而还入中原也。"

而郭守敬之学，尤为集古今天算之大成。

　　《元史·郭守敬传》："守敬字若思，顺德邢台
人……巧思绝人。……至元十三年，帝以守敬与王恂率

南北日官，分掌测验……守敬首言历之本，在于测验，而测验之器，莫先仪表。今司天浑仪，宋皇祐中汴京所造，不与此处天度相符，比量南北二极，约差四度；表石年深，亦复欹侧。守敬乃尽考其失而移置之。既又别图高爽地，以木为重栅，创作简仪、高表，用相比覆。又以为天枢附极而动，昔人尝展管望之，未得其的，作候极仪。极辰既位，天体斯正，作浑天象。象虽形似，莫适所用，作玲珑仪。以表之矩方，测天之正圆，莫若以圆求圆，作仰仪。古有经纬，结而不动，守敬易之，作立运仪。日有中道，月有九行，守敬一之，作证理仪。表高景虚，罔象非真，作景符。月虽有明，察景则难，作窥几。历法之验，在于交会，作日月食仪。天有赤道，轮以当之，两极低昂，标以指之，作星晷定时仪。又作正方案、九表、悬正仪、座正仪，为四方行测者所用。又作《仰规复矩图》、《异方浑盖图》、《日出入永短图》，与上诸仪互相参考。……守敬因奏：'唐一行开元间令南宫说天下测景，书中见者凡十三处。今疆宇比唐尤大，若不远方测验，日月交食分数时刻不同，昼夜长短不同，日月星辰去天高下不同，即目测验人少，可先南北立表，取直测景。'帝可其奏。遂设监候官一十四员，分道而出，东至高丽，西极滇池，南逾朱崖，北尽铁勒，四海测验，凡二十七所。十七年，新历告成，守敬与诸臣同上奏曰：'汉造《三统历》……姚舜辅造《纪元历》……计千一百八十二年，历经七十改，其创法者十有三家。……臣等用创造简仪、高表，凭其测实数，所考正者凡七事。………

《畴人传·郭守敬传》："论推步之要，测与算二者而已。简仪、仰仪、景符、窥几之制，前此言测候者未之及也。垛叠、招差、勾股、弧矢之法，前此言算造者弗能用也。先之以精测，继之以密算，上考下求，若应准绳。施行于世，垂四百年，可谓集古法之大成，为将来之典要者矣。自三统以来，为术者七十余家，莫之伦比也。"

其时回回之法东来，仪器算书，皆可补中土所未备。

《元史·天文志·西域仪象》："世祖至元四年，札马鲁丁造西域仪象。""咱秃哈剌吉，汉言浑天仪也。""咱秃朔八台，汉言测验周天星曜之器也。""鲁哈麻亦渺凹只，汉言春秋分晷影堂。""鲁哈麻亦木思塔余，汉言冬夏至晷影堂。""苦来亦撒麻，汉言浑天图。""苦来亦阿儿子，汉言地理志也。""兀速都儿剌不定，汉言昼夜时刻之器。"

《元秘书监志》（王士点、商企翁）："至元十年十月，北司天台申本台合用文书。""兀忽列的四擘算法段数十五部。""罕里速窟允解算法段目三部。""撒唯那罕答昔牙诸般算法段目并仪式十七部。""麦者思的造司天仪式十五部。""海牙剔穷历法段数七部。""呵些必牙诸般算法八部。""积尺诸家历四十八部。""速瓦里可瓦乞必星纂四部。""撒那的阿剌忒造浑仪香漏八部。""撒非那设般法度纂要十二部。""黑牙里造香漏并诸般机巧二部。""兀速剌八个窟勒小浑天图。""阿剌的杀密剌测太阳晷影一个。""牙秃鲁小浑仪一个。""拍儿可儿潭定方圆尺一个。"

疑守敬所制，必有参取回回之法，而又加以新意者，惜其器之不
尽传也。

宋代地志极夥，今所传者，如《太平寰宇记》、《元丰九域
志》、《舆地广记》等，固为总志之要书，

> 《四库全书总目》："《太平寰宇记》，一百九十三
> 卷，宋乐史撰。……""史《进书序》讥贾耽、李吉甫
> 为漏阙，故其书采摭繁富，惟取赅博，于列朝人物，
> 一一并登。至于题咏古迹，若张祜《金山诗》之类，
> 亦皆并录。后来方志必列人物、艺文者，其体皆始于
> 史。盖地理之书，记载至是书而始详，体例亦自是而大
> 变。""《元丰九域志》，十卷，宋王存等撰。""《舆地
> 广记》，三十八卷，宋欧阳忞撰。"

而郡邑地志，赓续修葺，冠以年号，前后相踵。若《乾道临安
志》、《咸淳临安志》之类，亦始于宋。

> 《四库全书总目》："《乾道临安志》，三卷，宋周
> 宗撰。乾道五年，以右文殿修撰知临安府创为此志……
> 于南宋地志中为最古之本。考武林掌故者，必以是书为
> 称首。""《咸淳临安志》九十三卷，元潜说友撰。"

后世志乘之广，远轶前代，以备史料，以觇文化，信而有征，不
得谓非宋人启之也。宋人志地者，既多附图，或曰图经，或曰图
志，而各种地图著于史籍者尤夥。

> 《宋史·艺文志》载地理图一卷者二，皆不知作者。

又有《南北对镜图》、《混一图》、《指掌图》、《西南蛮夷朝贡图》、《契丹疆宇图》、《契丹地理图》、《交广图》、《福建地理》、《益州地理图》等。

以今所传《契丹国志》之图观之，道里准望，殊未正确，不足称重。然齐刘豫时所刻《禹迹》、《华夷》二图，迄今犹为中外人所称道。

　　《金石萃编》（王昶）："《禹迹图》，高广各三尺四寸二分，在西安府。……图刘豫时刻，考豫以宋绍兴元年为金所立，则是年当丁巳，亦金天会之十五年也。每折地方百里，所载山川，多与古合，唐、宋以来，地图之存，惟此而已。""《华夷图》，高广各三尺四寸二分，在西安府。""有《华夷图》，不著刻人名氏，题云'阜昌七年十月朔岐学上石'，盖刘豫时所刻。其年十一月，豫为金人所废，阜昌之号，终于此矣。唐贞元中，贾耽图《海内华夷》，广三丈，纵三丈三尺，以寸为百里。斯图盖仿其制，而方幅缩其什之九，京府州军之名，皆用宋制。"

　　《语石》（叶昌炽）："齐阜昌之《禹迹图》、《华夷图》，开方记里虽简，实舆图之鼻祖也。山西稷山县有摹本，在保真观，石横二尺五寸，为方七十一，竖三尺，为方八十一，共方五千七百五十一。每方折地百里，志《禹贡》山川古今州郡山水地名极精。阜昌图方广各三尺余，此石旁绱，非得墨本，不能别其同异。"

英伦皇家地理学会《地理月刊》称西元十一二世纪顷，中国测绘之术，有卓越之进步。其地图现存于西安府之石碑者，精致远过于西洋后出之图，即指阜昌《禹迹》、《华夷》二图而言。则宋人在地理上之成绩，亦非无历史上之价值也。元有《元大一统志》，

> 《补辽金元艺文志》："《元大一统志》，一千卷。集贤大学士孛兰肹、昭文馆大学士岳铉等进本。"
>
> 《四库全书总目》："舆志之书，出自官撰者，自唐《元和郡县志》、宋《元丰九域志》外，惟元岳璘等所修《元大一统志》最称繁博。《国史经籍志》载其目共为一千卷，今已散佚无传。虽《永乐大典》中各韵中颇见其文，而割裂丛碎，又多漏脱，不复能排比成帙。惟浙江汪氏所献书内尚存原刊本二卷，颇可以考见其体制。明代修《一统志》，其义例一仍《元志》之旧，故书名亦沿用之。"

其纂修原委，具见于《元秘书志》。

> 《元秘书志》卷四："至元乙酉，欲实著作之职，乃命大集万方图志而一之，以表皇元疆理无外之大。诏大臣近侍提其纲，聘鸿生硕士，立局置属庀其事，凡九年而成书。续得云南、辽阳等书，又纂修九年而始就。今秘府所藏《大一统志》是也。"

其中有中国各地之图，兼有回回等地图，

> 《元秘书志》："至元二十三年，秘书监札马剌丁奏过下项事理：一奏在先汉儿田地些小有来，那地理的文

字册子四五十册有来。如今日头出来处，日头没处，都
是咱每的。有的图子有也者，那远的他每怎生般理会。
回回图子我根底有，都总做一个图子呵，怎生么道奏
呵，那般者么道圣旨了也。"

每路卷首，必有地理小图，

　　《元秘书志》："至元三十一年八月，本监移准中
书兵部关编写《至元大一统志》，每路卷首，必用地理
小图。

各地至上都、大都里数，一一详载，

　　《元秘书志》：元贞二年十一月初二日，著作郎呈
粘连到《大一统志凡例》：（一）某路，所辖几州开，本
路亲管几县开。　（一）建置沿革，《禹贡》州域、天
象分野、历代废置，周、秦、汉、后汉、晋、南北朝、
隋、唐、五代、宋、金、大元。　（一）各州县建置沿
革，依上开。　（一）本路亲管坊郭乡镇，依上开。
（一）本路至上都、大都并里至。　（一）各县至上都、
大都并里至。（一）名山大川。　（一）土山。　（一）
风俗形势。（一）古迹。（一）寺观祠庙。（一）宦迹。
（一）人物。

其书凡六百册，一千三百卷。

　　《元秘书监志》："大德七年五月初二日，集贤大

学士卜兰禧、昭文馆大学士秘书监岳铉等奏，秘书监
修撰《大一统志》。元领奉世祖皇帝圣旨编集，始自至
元二十三年，至今才方成书，以是缮写，总计六百册，
一千三百卷。"

实地志之巨观，惜乎其不存也。

宋代有一最著之美术工艺，为历朝所不及者，曰磁器。江西
景德镇之磁器，虽源于唐，而大著宋真宗之世。

《景德镇陶录》（蓝浦）："景德窑，宋景德年间
烧造。土白壤而埴，质薄腻，色滋润。真宗命进御瓷
器，底书'景德年制'四字。其器尤光致茂美，当时则
效，著行海内。于是天下咸称景德镇瓷器，而南昌之名
遂微。"

然宋代陶瓷之美者，尚不数景镇，而以定、汝、官、哥为最
有名。

《景德镇陶录》："定窑，宋时所烧。出直隶定州，
有南定器、北定器，土脉细腻，质薄，有光素凸花、画
花、印花、绣花诸种。多牡丹、萱草、飞凤花式，以
白色而滋润为正，白骨而加以汋水有如泪痕者佳，俗
呼'粉定'，又称'白定'。其质粗而微黄者低，俗呼
'土定'。东坡《试院煎茶》诗云：'定州花瓷琢红玉。'
蒋记云：'景德镇陶器有饶玉之称，视真定红瓷，足相
竞。'则定器又有红者。间造紫黑定，然惟红白二种，
当时尚之。《唐氏肆考》云：古定器以政和、宣和间窑

为最好。色有竹丝刷纹，其出南渡后者，为南定，北贵于南。汝窑，汝亦汴京所辖。宋以定州白器有芒，不堪用，遂命汝州建青器窑，土细润如铜，体有厚薄，色近雨过天青，汁水莹厚若堆脂，有铜骨无纹、铜骨釉子纹二种。官窑，宋大观、政和间，汴京自置窑烧造，命曰官窑。土脉细润，体薄色青，带粉红，浓淡不一，有蟹爪纹，紫口铁足。大观中，釉尚月白、粉青、大绿三种。政和以后，惟青分浓淡耳。龙泉窑，宋初处州府龙泉县琉田市所烧。上细墀，质颇粗厚，色甚葱翠，亦分浅深，无纹片。哥窑，宋代所烧。本龙泉琉田窑，处州人章姓兄弟分造，兄名生一，当时别其所陶曰哥窑。土脉细紫，质颇薄，色青，浓淡不一。有紫口铁足，多断纹，隐裂如鱼子釉。惟米色、粉青二种汁纯粹者贵。章龙泉窑，即生一之弟章生二所陶者，仍龙泉之旧，又号章窑，或曰处器青器。土脉细腻，质薄，亦有粉青色、翠青色，深浅不一，足亦铁色，但少纹片。"

外此复有吉州、均州、磁州诸窑，及象窑、东窑、建窑、湘湖窑、碎器窑等，盖自唐以来，陶瓷之业，日见发达。五代时，柴窑已为古来诸窑之冠。

《陶录》："柴窑，五代周显德所烧。出北地河南之郑州，其地本宜于陶，以世宗姓柴，故名。然当时亦称御窑，入宋始以柴窑别之。其瓷青如天，明如镜，薄如纸，声如磬，滋润细媚，有细纹，制精色异，为古来诸窑之冠，但足多粗黄土耳。"

《唐氏肆考》云："柴窑起于汴，相传当日请器式，世宗批其状曰：'雨过天青云破处，者般颜色作将来。'"

至于北宋诸帝，皆精研美术，士大夫复提倡品茶绘画诸事，故陶瓷工艺，因之尽美极妍。世称宋代为陶业完成而大放光彩之时代，非虚誉也。

　　《中国陶磁全书》（大西林五郎）："霍布孙氏（R.L.Hobson，著 Chinese Pottery and Porcelain）目宋代为中国陶业之成功时代。盖通计中国古今陶瓷隆盛之时代，惟宋、明二代。就中宋承唐代勃兴之机运，集其大成，更加一段之创意与发明，有华有实，可为陶磁史上特笔大书之时代。""又唐代陶工者之品位，已渐增高。出其佳品良作，受王室及贵绅之待遇，然尚未达于十全之域。及入宋代，陶业咸受王室之保护，彼之定、汝、官、哥诸窑，皆在敕命之下而经营者，于是陶工遂占享受世人崇敬之地步。此宋代陶磁业发达之因由也。"

元有浮梁磁局，专掌景德镇磁器，世称为枢府窑。而民间所造者，则有宣州、临州、南丰诸窑，然其成绩不能超过两宋也。
　　西人之知有火器，始于1354年。相传其法得自东方，盖吾国久有火药，

　　《格致镜原》（清陈元龙）引《物源》云："轩辕作炮，吕望作铳，魏马钧制爆仗，隋炀帝益以火药杂戏。"

至宋而以火药制炮为战具，

《海鳅船赋序》（杨万里）："绍兴辛巳，逆亮至江北，掠民船欲济。虞允文伏舟七宝山后，舟中发一霹雳炮，盖以纸为之，而实以石灰硫黄，炮自空而下，坠水中。硫黄得水，而火自跳出，其声如雷，纸裂而石灰散为烟雾，眯其人马之目，遂压虏舟，人马皆溺，大败之。"

《陔余丛考》（赵翼）："宋史虞允文采石之战，发霹雳炮，以纸为之，实以石灰硫磺，投水中，而火自水跳出，纸裂而石灰散为烟雾，眯其人马，遂败之。又魏胜创炮车，施火石，可二百步。其火药用硝石、硫磺、柳炭为之，此近代用火具之始。"

蒙古得回回人制造大炮，其法益精。

《元史·工艺传》："阿喇卜丹，回回氏，西域茂萨里人也。至元八年，世祖遣使征炮匠于宗王额呼布格，王以阿喇卜丹、伊斯玛音应诏。二人举家驰驿至京师，给以官舍，首造大炮，竖于五门前。帝命试之，赐衣段。十一年，国兵渡江，平章阿尔哈雅遣使求炮手匠，命阿喇卜丹往，破潭州、静江等郡，悉赖其力。十五年，授宣武将军、管军总管。二十二年，改元帅府为回回炮手军匠上万户府，以阿喇卜丹为副万户。""伊斯玛音，回回氏，西域实喇人也，善造炮。至元八年，与阿喇卜丹至京师。十年，从国兵攻襄阳未下，伊斯玛音相地势，置炮于城东南隅，重一百五十斤。机发，声震天地，所击无不摧陷，入地七尺。宋安抚吕文焕惧，以城降。……十一年，以疾卒。子本布袭职，时国兵渡江，

宋兵陈于南岸，拥舟师迎战。本布于北岸竖炮以击之，
舟悉沈没，后每战用之，皆有功。"

元代与欧洲常通使命，故其法流传彼土，而开后来世界火器大兴
之局。故论利用炮火以为战争利器者，不得不首推吾国也。

西人之制航海磁针盘，始于1302年，其法尤后于我国。我
国历史相传，自古已有指南车。

《宋书·礼志》："指南车，其始周公所作，以送
荒外远使。地域平漫，迷于东西，造立此车，使常知
南北。《鬼谷子》云：郑人取玉，必载司南，为其不惑
也。至于秦、汉，其制无闻，后汉张衡始复制造。汉末
丧乱，其器不存。魏高堂隆、秦朗皆博闻之士，争论于
朝，云无指南车，记者虚说。明帝青龙中，令博士马钧
更造之。而车成，晋乱，复亡。石虎使解飞、姚兴使令
狐生又造焉。安帝义熙十三年，宋武帝平长安，始得此
车。其制如鼓车，设木人于车上，举手指南。车虽回
转，所指不移，大驾卤簿，最先启行。范阳人祖冲之有
巧思，常谓宜更构造。宋顺帝升明末，齐王为相，命造
之焉。车成，使抚军丹阳尹王僧虔、御史中丞刘休试
之，其制甚精。百屈千回，未尝移变。晋代又有指南
舟，索虏拓跋焘使工人郭善明造指南车，弥年不就。扶
风人马岳又造，垂成，善明鸩杀之。"

其用磁针与否，虽未能定，惟宋人著述，恒称磁石指南之事。

《梦溪笔谈》(沈括)："方家以磁石磨针锋则能指

南，然常微偏东，不全南也。水浮多荡摇，指爪及碗唇上皆可为之，运转尤速。但坚滑易坠，不若缕悬为最善。其法取新纩中独茧缕，以芥子许蜡缀于针腰，无风处悬之，则针常指南。其中有磨而指北者，予家指南北者皆有之，磁石之指南，犹柏之指西，莫可原其理。"

其时海商多用指南针以定方向，

《萍洲可谈》（朱彧）："海舶大者数百人，小者百余人，以巨商为纲首杂事，市舶司给朱记，许用笞治其徒，有死亡者，籍其财。舶船去以十一月、十二月就北风，来以五月、六月就南风，船方正，若一木斛，非风不能动。其樯直立，而帆侧挂，以一头就樯柱，如门扇，谓之加突，方言也。海中不惟使顺风，开岸就岸风皆可使，惟风逆则倒退，须用碇石使不行。舟师识地理，夜则观星，昼则观日，阴晦观指南针。或以十丈绳，钩取海底泥嗅之，便知所至。海中无雨，凡有雨则近山矣。"

固自早于欧人也。夏德（F.Hirth）《中国古代史》考我国用指南针之事甚详，谓中国之知有磁针，固在最古时代；其用以航海，则由阿剌伯商人之发见。然其所举例证，第以沈括为杭州人推之。

《中国古代史》（夏德）："沈括，杭州人。杭州为当时阿剌伯及波斯之商贾盛行通商之处，其人不惟知悉磁针，且当时一般之方士，为卜方角，恒使用之。故中国人由此而得其制法，进而应用于航海。"

括之祖籍在杭州，然括固常居镇江，未可以此为断也。

宋元之间，工商发达，而以木棉织布，亦以其时始盛行于各地。

> 《大学衍义补》（丘濬）："汉、唐之世，木棉虽入贡，中国未有其种，民未以为服。宋、元间传其种，关、陕、闽、广首得其利，盖闽、广海船通商，关、陕接壤西域故也。"

元代特设专官，提举木棉。

> 《元史·世祖纪》："至元二十六年，置浙东、江东、江西、湖广、福建木棉提举司，责民岁输木棉十万匹，以都提举司总之。"

观其地域，当以浙东、江东、江西、湖广、福建为产棉最多之区，或其地初未有棉，惟以气燠宜种，故设官以教民耳。《辍耕录》载黄道婆自崖州来松江，始教民以纺织。知元初江苏各地织棉之业，尚未大盛矣。

> 《辍耕录》："松江乌泥泾，土田硗瘠，谋食不给，乃觅木棉种于闽、广。初无踏车椎弓之制，率用手去其子，线弦竹弧振掉而成，其功甚艰。有黄道婆自崖州来，教以纺织，人遂大获其利。未几道婆卒，乃立祠祀之。三十年祠毁，乡人赵愚轩重立云。"

唐人之创飞钱，虽为纸币之权舆，而其性质，尚非完全之纸币，实始于宋初蜀中之交子。

> 《宋会要》："蜀人以铁钱重，始为券，谓之交子，以便贸易。诸豪富以时聚首，同用一色纸印造，印文用屋木人物，铺户押字，各自隐密题号，朱墨间错，以为私记。填贯不限多少，收入人户见钱便给交子，无远近行用，动及万百贯。其后富人资稍衰，不能偿所负，争讼数起。寇瑊守蜀，乞禁之。转运使薛田议废交子则贸易不便，请官为置务，禁民造。诏从其请，置交子务于益州。"

其后又有钱引、会子、关于等名，皆纸币也。

> 《文献通考》（马端临）："大观元年，改四川交子为钱引。""绍兴十三年，户部侍郎钱端礼被旨造会子，椿见钱于城内外流转，其合发官钱，并许兑会子，赴左藏库送纳。""会子初止行于两浙，后又诏通行于淮浙、湖北、京西。除亭户盐本并用见钱外，其不通水路去处，上供等钱，许尽用会子解发。其沿流州军钱会中半，民间典卖田宅牛畜车船等如之，或全用会子者听。""隆兴元年，诏官印会子，以隆兴尚书户部官印会子之印为文，更造五百文会，又造二百、三百文会。""绍兴二十九年，印给公据关子，赴三路总领所，淮西、湖广各关子八十万缗，淮东公据四十万缗，自十千至百千凡五等。内关子作三年行使，公据二年，许钱银中半入纳。"

金入宋后，置局于汴京，造官会，谓之交钞，与钱并行。

《续文献通考》："海陵贞元二年五月，始置交钞库。""户部尚书蔡松年请行钞引法，遂设印造钞引库及交钞库，印一贯、二贯、三贯、五贯、十贯五等，谓之大钞；一百、二百、三百、五百、七百五等，谓之小钞，与钱并行，以七年为限。"

章宗时，铸造银锭，而以生银造为元宝之制以兴。

《续文献通考》："章宗承安二年十一月，铸承安宝货。""尚书省议，官俸军需，皆以银钞兼给。旧例，银每锭五十两，其直百贯。民间或有截凿之者，其价亦随低昂，遂改铸银，名承安宝货，一两至十两，分五等。每两折钱二贯，公私同见钱用。"（按元宝每锭五十两之数，始见于此。其名则元初所命也。）

降及元代，遂银钞并用。

《续文献通考》："至元三年，始铸元宝。"
《辍耕录》："银锭上字号扬州元宝，乃至元十三年平宋回至扬州，丞相巴延令搜检将士行李，所得撒花银子，销铸作锭，每重五十两，归朝献纳。世祖宴会，从而颁赐，或用货卖，所以民间有此锭也。后朝廷亦自铸，至元十四年者，重四十九两，十五年者，重四十八两。辽阳元宝，乃至元二十三四年征辽东所得银子铸者。"

　　《元史》："世祖中统元年，始造交钞，以丝为本。每银五十两，易丝钞一千两。诸物之直，并从丝例。是年十月，又造中统元宝钞，其文以十计者四：日一十文、二十文、三十文、五十文。以百计者三：日一百文、二百文、五百文。以贯计者二：日一贯文、二贯文。每一贯同交钞一两，两贯同白银一两。又至元十二年添造厘钞，其例有三：日二文、三文、五文。""初钞印用木为板，十三年铸铜易之。""二十四年，改造至元钞，自二贯至五文，凡十有一等，与中统钞通行，每一贯当中统钞五贯文。""至大二年，武宗复以物重钞轻，改造至大银钞，自二两至二厘，定为一十三等。每一两准至元钞五贯，白银一两，赤金一钱。元之钞法，至是盖三变也。"

然钞法不善，价值与所定者恒不相合，故其时仍多用银。观《元史》所载用银之多，几可称之为专用生银时代。

　　《元史·世祖本纪》："中统元年七月，以史天泽扈从先帝有功，赐银万五千两。""十二月，赐亲王穆哥银二千五百两。诸王按只带、忽剌忽儿、合丹忽剌、出胜纳合儿，银各千两。"（以后逐年均有赐银，不备载。）

盖宋、元之人，只知钞可代钱，而不知储积准备及操纵维持之法，故屡用纸币，而屡致失败。虽别定价值，改立名目，行之不久，其法即敝，仍不得不用现货也。中国各地，习用钱钞，而元代云南尚用贝为钱，不识钞法。

《续文献通考》："至元十三年正月，云南行交会贝子。""云南民以贝代钱。时初行钞法，民不便之。行省赛音谔德齐言'云南不谙钞法，莫若以交会贝子公私通行为便。'从之。至十九年九月，定云南税赋，用金为则，以贝子折纳。每金一钱，直贝子二十索。""王圻曰：云南贝以一为庄，四庄为手，四手为苗，四苗为索。"

降及明代犹然。

《涌幢小品》（朱国祯）："南人用贝一枚曰庄，四庄曰手，四手曰苗，五苗曰索。贝之为索，犹钱之为缗也。"

是则最古之风之流行于近世者矣。

宋代风俗，具见于吴自牧《梦粱录》。如社会、团行等：

《梦粱录》："文士有西湖诗社，此乃行都搢绅之士及四方流寓儒人，寄兴适情赋咏，脍炙人口，流传四方，非其他社集之比。武士有射弓踏弩社，皆能攀弓射弩。武艺精熟，射放娴习，方可入此社耳。更有蹴鞠、打球、射水弩社，则非仕宦者为之，盖一等富室郎君、风流子弟与闲人所习也。奉道者有灵宝会。""诸寨建立圣殿者，俱有社会，诸行亦有献供之社。""诸行市户俱有社会，迎献不一。如府第内官以马为社，七宝行献七宝玩具为社，又有锦绣社、台阁社、穷富赌钱社、遏云社、女童清音社、苏家巷傀儡社、青果行献时果社、东西马塍献异松怪桧奇花社，鱼儿活行以异样龟鱼呈献豪富子弟及绯绿清音社、十间等社。""奉佛者，有上天竺寺光明会。""又有善女人，皆府室宅舍内司之府第娘子夫人等，建庚申会，诵《圆觉经》，俱带珠翠珍宝首饰赴会，人呼曰斗宝会。更有城东、城北善友道者，建茶汤会，遇诸山寺院建会设斋，又神圣诞日，助缘设茶汤供众。""市肆谓之团行者，盖因官府回买而立此名。不以物之大小，皆置为团行。虽医卜工役，亦有差使，则与当行同也。其中亦有不当行者，如酒行、食饭行而借此名；有名为团者，如城西花团、泥路青菜团、后市街柑子团、浑水闸鮝团；又有名为行者，如官巷方梳行、销金行、冠子行、城北鱼行、城东蟹行、姜行、菱行、北猪行、候潮门外南猪行、南上北土门菜行、坝子桥鲜鱼行、横河头布行、鸡鹅行；更有名为市者，如炭桥药市、官巷花市、融和市、南坊珠子市、修义坊肉市、城北米市。""或名为作分者，如碾玉作、钻卷作、篦刀作、腰带作、金银打鈒作、裹贴作、铺翠作、裱褙作、装銮作、油作、木作、砖瓦作、泥水作、石作、竹作、漆作、钉铰作、箍桶作、裁缝作、修香浇烛作、打纸作、冥器作等分；又有异名行者，如买卖七宝者谓之古董行，钻珠子者名曰散儿行，做靴鞋者名双线行，开浴室者名曰香水行。"

皆可考见其时士农工商集合团体共同生活之状况。其慈善事业，如米场、柴场、药局及慈幼局、养济院之类，亦详记其施行之法：

《梦粱录》："或年岁荒歉，米价顿穷，官司置立米场，以官米赈济，或量收价钱，务在实惠及民。更因荧惑为灾，延烧民屋，官司差官吏于火场上具抄被灾之家，各家老小，随口数分大小，给散钱米。官置柴场，城内外共设二十一场，许百司官厅及百姓从便收买，价钱官司量收，与市价大有饶润。民有疾病，州府置施药局于戒子桥西，委官监督，依方修制丸散哎咀。来者诊视，详其病源，给药医治。朝家拨钱一十万贯下局，令帅府多方措置，行以赏罚，课督医员。月以其数上于州家，备申朝省。或民以病状投局，则畀之药，必奏更生之效。局侧有局名慈幼，官给钱典顾乳妇，养在局中。如陋巷贫穷之家，或男女幼而失母，或无力抚养，抛弃于街坊，官收归局养之。月给钱米绢布，使饱暖，养育成人，听其自便生理，官无所拘。若民间之人愿收养者听，官仍月给钱一贯、米三斗，以三年住支。更有老疾孤寡贫乏不能自存及丐者等人，州县陈请于朝，即委钱塘、仁和县官，以病坊改作养济院，籍家姓名，每名官给钱米赡之。"

盖北宋时，已有安济坊、居养院等，以济贫病无告之人。

《续通鉴》："崇宁元年八月辛未，置安济坊，养民之贫病者，仍令诸州县并置。""九月戊子，京师置居养院以处鳏寡孤独，仍以户绝财产给养。"

至南宋又推广之，后世相承，自政府及平民，靡不认慈善事业为公共事业之最要者，其风实自宋启之。是亦宜著之史策，以明吾国人非徒致重于贵族之文艺美术，其于救济社会、扶助贫弱之法，亦远有渊源也。